토론 수업을 위한

응용윤리학

바루흐 브로디 지음

황 경 식 옮김

철학과 현실사

ETHICS
AND ITS
APPLICATIONS

Baruch Brody

ETHICS AND ITS APPLICATIONS

지은이의 말

이 책은 MIT와 라이스 대학에서 '현대윤리의 제문제'라는 과목으로 15년간 강의한 경험에 바탕을 둔 것이다. 그러한 경험을 통해서 필자는, 이러한 과목을 가르치는 최선의 방법은 중요한 도덕이론들이 심각한 현실생활의 도덕문제들에 대해서 갖게 될 의미를 검토하는 일이라는 확신에 이르게 되었다. 이러한 접근 방식은 확실히 학생들로부터 큰 관심을 불러일으켜 왔다. 더욱 중요한 것은 그러한 방법이 이해를 돕는 데 더 나은 방법이라는 점인데, 그 이유는 도덕이론들이 현실세계에 적용되는 방식을 알 수 있게 되었을 때 학생들이 이론들의 의미를 훨씬 더 쉽게 파악했기 때문이다.

강의를 해오는 동안 필자는 현행 관심사들을 모두 망라해서 음미해 보기 위해 특수한 도덕문제의 항목들을 바꾸어가며 다루어왔다. 그러나 최근에 와서는 그 과목에 대해 좀더 장기적인 의미를 부여하기 위한 방도로서 비록 당장 긴박한 것은 아닐지라도 보다 더 항구적인 문제들을 중점적으로 다루게 되었다. 이 책은 바로 그러한 변화를 반영하고 있다. 이 책은 기본적인 도덕이론들을 부의 분배, 형사상의 정의제도, 삶과 죽음의 선택, 그리고 자율성 등에 관한 문제들에 적용하고 있다. 이것들은 앞으로도 사회에 있어서 지속적인 관심사일 것이며 중요시할 만한 가치가 있는 것들이다.

지금까지 나의 강의를 들으며 이러한 문제들에 대해 보다 더 철저히 생각할 수 있도록 도움을 준 많은 학생들에게 가장 큰 빚을 지고 있다. 이러한 훌륭한 학생들을 만난 것은 진정으로 나의 행운이며 그들에게 감사하고 싶다. 이 책의 초고를 비판해 준 오하이오 주립 대학교의 가너(Richard T. Garner), 마이애미 대학교의 골드만(Michael Goldman), 네브래스카 대학교의 존스(Hardy Jones), 노스웨스턴 대학교의 시스킨(Kenneth Seeskin), 산타모니카 대학의 샤메이(Kathy Shamey), 레이크 미시간 대학의 선다램(K. Sundaram), 그리고 샌디에고에 있는 캘리포니아 대학교의 윈터즈(Barbara Winters) 등의 도움에 감사드린다. 끝으로 제대로 갚을 길 없는 조(Jo)의 큰 도움에 빚지고 있음에 보답하는 심정으로 이 책을 그녀에게 바치고자 한다.

바루흐 브로디

Baylor College of Medicine

Rice University

옮긴이의 말

전통적으로 윤리학은 실천철학으로 불려왔다. 그러나 오늘날 윤리학의 전개 양상을 바라볼 때 우리는 이를 실감하지 못하는 것이 사실이다. 윤리학은 단지 이론의 학으로서만 존재할 뿐 우리의 도덕적 현실에 대해서 아무런 일도 하지 못하는 것으로 보인다. 특히 이러한 인상은 20세기 초반부터 1960년대에 이르기까지 위세를 떨치던 영미 분석철학에 바탕을 둔 메타윤리학으로 인한 것으로 생각된다.

그러나 20세기 도덕철학의 전개 선상에서 지난 20여 년간 우리는 새로운 하나의 전환을 감지하게 되었고 그 가장 주목할 만한 발전은 윤리적 주제에 대한 이론적인 탐구에 있어서의 진전보다는 응용윤리학적 논의가 재활된 데 있다고 생각된다. 재활이라는 말이 합당한 이유는 응용윤리학이 철학에 있어서 전혀 새로운 주제는 아니기 때문이다. 가까이는 흄과 밀을 위시하여 18, 19세기의 많은 윤리학자들, 멀리는 플라톤과 아리스토텔레스 이래 많은 도덕철학자들이 현실적인 문제에 고심하여 응용윤리학적 탐구에 골몰했던 것이다.

이런 오랜 전통에도 불구하고 20세기에 들어와 대부분의 도덕철학자들은 현실로부터 일정한 거리를 유지하면서 실천윤리보다는 윤리학의 학문적 성격을 논구하거나 언어철학적 시각에서 도덕판단의 의미를 연구함으로써 메타윤리학이라는 2차적 연구로 물러났던 것이다. 그러나 철학의 문외한들이나 윤리학의 초심자들은 우리의 도덕적 의사결정에 윤리학이 상당한 기여를 하리라는 기대를 여전히 하고 있음은 사실이다.

그런데 현실의 이러한 기대뿐만이 아니라 1960년대 후반 이후 현실세계의 다변적인 변화는 철학자들이 그냥 상아탑 속에 안주하는 것을 용납하지 않았으며 드디어 철학자들은 시민 불복종, 인종차별, 전쟁과 평화 문제 등에 점차 반응을 보이게 되었다. 1970년대 이후 이런 실천윤리 내지 사회윤리적 주제들과 관련된 논문 및 논문집들이 눈에 띄기 시작했고 이어서 창간된 『철학과 공공사』 등의 철학지는 응용철학적인 관점에서 공공사나 사회문제에 관심을 갖는 철학자들에게 본격적인 논의의 마당을 제공하게 되었다.

도덕철학의 전문지식이 현실문제의 해명에 도움이 될 수 있을까? 규범윤리의 이론들이 실제적인 윤리문제에 적용 가능한가? 응용윤리학의 가능성에 대한 이러한 의문을 안은 채 1960년대 후반 미국사회를 소용돌이치게 했던 민권운동, 월남전, 학생운동 등의 대두는 철학자들이 응용윤리적 논의에 가담하는 계기가 되었다. 평등, 정의, 전쟁, 시민 불복종 등의 논의를 시작한 철학자들은 점차 이러한 윤리문제들이 철학적 전통의 일부를 이루었다는 사실을 인식하게 되었고 그러한 문제의 논의에 있어서 철학에서 배우고 가르치며 습득한 분석적 기술이 지극히 유력한 도구라는 확신도 갖게 되었다.

철학 밖의 일반사회에서도 현실문제에 대한 철학자들의 기여가 갖는 가능성과 고유한 가치를 긍정적으로 평가하게 되었고 그것은 성직자나 정치가 혹은 단순한 사상가들의 신념이나 주장과는 다른 철학적 논변의 가치를 확인하게 되었다. 특히 철학자들의 기여는, 의료기술이나 생명과학의 발전이 전대미문의 윤리적 난제들을 제거하게 됨으로써 생겨난 생의윤리학에서 두드러지게 나타났다. 철학자들은 대학의 생명공학 연구계획의 자문과 병원 등 의료기관의 고문역에 천

거되고 생명과 관련된 입법 및 사법 문제에 유력한 조언자가 되었다.

이제 응용윤리학은 영미 문화권 대학에서는 메타윤리학, 규범윤리학과 더불어 대부분의 철학과 교과목의 일부가 되고 있다. 응용윤리학을 배태하게 했던 정치적 급진주의와 학생운동의 분위기가 가라앉긴 했으나 응용윤리학은 그 밖의 다양한 주제들과 관련해서 여전히 활기를 띠고 발전해 가고 있다. 그것이 전혀 놀라운 일이 아닌 까닭은 거기에서 논의되고 있는 문제들이 인간의 삶에 있어서 항구적으로 중요한 관심사일 뿐만 아니라 그러한 문제들이 가능한 한 명료하고 엄밀하게 논의되어야 할 필요성을 철학자들이 충족시키고 있기 때문이다. 철학자들이 실천적 윤리문제에 관심을 가져온 오랜 역사적 배경을 감안할 때 20세기 초반에 윤리학의 응용이 무시되어 온 것이 오히려 놀라운 일이 아닐 수 없는 것이다.

이 책은 윤리학의 이러한 흐름에 대한 이해 아래 씌어진 브로디 교수의 『윤리학과 그 응용』을 우리말로 옮긴 것이다. 이는 형사적 정의, 분배적 정의, 생명과 죽음, 자율과 간섭 등 우리가 현실적으로 당면하는 도덕적 여러 문제에 있어서 도덕적 사고 내지 윤리적 추론이 어떤 일을 할 수 있는지 생생하게 보여준다. 그것은 그야말로 우리의 윤리적 삶에 있어서 철학하는 일이 기여할 수 있는 하나의 본보기이자 20세기 영미윤리학의 비생산적 불모성에 대한 하나의 반증이기도 하다.

이러한 의미에서 이 책은 윤리학을 전공하지 않은 많은 독자들에게 도덕철학에 대한 인상적인 소개서가 될 것이며, 윤리학을 전공할 학생들에게는 이론윤리학의 교재와 더불어 참고할 경우 윤리학 연구에 더욱 생동감을 더해 줄 것이다. 나아가서 이 책은 단지 윤리학 입문서로서만이 아니라 철학 입문서로서도 한몫을 할 것으로 기대된다. 무릇 철학에 대한 가장 근원적인 동기 유발은 그것이 자기구원이든 사회구제든 윤리적인 어떤 것에 있다고 생각되기 때문이다.

이 책으로 철학과 학부 학생들과 함께 몇 차례 강독을 했고 그간에 보여준 학생들의 관심과 흥미는 이를 우리말로 옮겨 좀더 손쉽게 많은 학생들에게 읽히고 싶은 욕심을 내게 했다. 보다 더 읽기 쉬운 우리말로 윤문하는 데 도움을 준 김성옥 씨, 원고정리를 도운 김기찬, 교정을 도운 강유원, 이창후 제군에게 깊이 감사드린다. 그리고 어려운 여건에서도 이 책의 가치를 인정하여 흔쾌히 출판을 허락해 준 철학과 현실사의 노고도 마음에 간직하고자 한다.

2000년 1월

옮긴이

차 례

지은이의 말 … 3
옮긴이의 말 … 5

서 론 … 15
  철학의 성격 / 15
  이론윤리학의 성격 / 21
  응용윤리학의 성격 / 25

제 1 장 결과주의 … 31
  1. 결과주의에 대한 소개 / 31
  2. 결과주의의 유형들 / 35
  3. 결과주의의 강점 / 41
  4. 결과주의의 난점들 / 46
  ▪ 연습문제 / 51

제 2 장 규칙에 의거한 도덕 … 57
  1. 도덕규칙에 대한 설명 / 57
  2. 도덕규칙들의 원천 / 61
  3. 규칙에 의거한 도덕의 강점과 약점 / 70
  ▪ 연습문제 / 75

제 3 장 형사적 정의제도에 관한 가치문제 ··· 79

  1. 제도로서의 형사적 정의 / 80

  2. 범죄의 규정 / 83

  3. 범 죄 자 / 87

  4. 체포와 유죄판결 / 90

  5. 처 벌 / 93

  ▪ 연습문제 / 96

제 4 장 형사상의 정의제도 : 공리주의적 입장 ··· 101

  1. 형사상의 정의제도의 목표로서의 예방 / 101

  2. 범죄 규정에 대한 공리주의적 이론 / 104

  3. 범죄자에 대한 공리주의적 분석 / 108

  4. 법적 절차에 대한 공리주의적 분석 / 110

  5. 처벌에 대한 공리주의적 분석 / 114

  6. 결 론 / 118

  ▪ 연습문제 / 120

제 5 장 형사상의 정의제도 : 의무론적 입장 ··· 125

  1. 형사상의 정의제도의 목표로서의 응보 / 125

  2. 범죄 규정에 대한 의무론적 이론 / 129

  3. 범죄자에 대한 의무론적 분석 / 131

  4. 법적 절차에 대한 의무론적 분석 / 136

  5. 처벌에 대한 의무론적 분석 / 139

  6. 결 론 / 142

  ▪ 연습문제 / 143

제 6 장   부의 분배에 관한 가치문제 … 147

1. 자유시장과 부의 분배 / 149

2. 과세와 부의 분배 / 153

3. 재분배 계획과 부의 분배 / 156

▪ 연습문제 / 162

제 7 장   부의 분배 : 공리주의적 입장 … 167

1. 공리주의적 분석의 기초 / 167

2. 공리주의와 자유시장 / 170

3. 공리주의와 과세 / 176

4. 공리주의와 정부의 재분배 계획 / 179

5. 결   론 / 183

▪ 연습문제 / 184

제 8 장   부의 분배 : 의무론적 입장 … 189

1. 의무론적 분석의 기초 / 189

2. 의무론과 자유시장 / 194

3. 의무론과 과세 / 197

4. 의무론과 정부의 재분배 계획 / 201

5. 결   론 / 205

▪ 연습문제 / 206

제 9 장   삶과 죽음에 관한 가치문제 … 211

1. 들어가는 말 / 211

2. 자살과 안락사 / 214

3. 임신중절 / 220

4. 부족한 의료자원의 할당 / 223
• 연습문제 / 228

제 10 장 삶과 죽음의 문제 : 공리주의적 입장 … 233

1. 공리주의적 분석의 기초 / 234
2. 자살과 안락사에 대한 공리주의적 분석 / 237
3. 임신중절에 대한 공리주의적 분석 / 241
4. 부족한 의료자원의 할당에 대한 공리주의적 분석 / 245
5. 결 론 / 248
• 연습문제 / 250

제 11 장 삶과 죽음의 문제 : 의무론적 입장 … 255

1. 의무론적 분석의 기초 / 255
2. 자살과 안락사에 대한 의무론적 분석 / 260
3. 임신중절에 대한 의무론적 분석 / 264
4. 부족한 의료자원의 할당에 대한 의무론적 분석 / 272
5. 결 론 / 274
• 연습문제 / 275

제 12 장 자율성과 간섭주의 : 몇 가지 가치문제 … 279

1. 기본 개념들 / 279
2. 의료행위 강요 / 282
3. 래트라일 이용 금지 / 284
4. 면허에 대한 요구 / 288
5. 비자발적 시민 감금 / 292
• 연습문제 / 296

제 13 장   자율성과 간섭주의 : 공리주의적 입장 … 301

   1. 공리주의적 분석의 기본 가정들 / 301
   2. 의료행위 요구에 대한 공리주의 이론 / 304
   3. 래트라일 이용 금지에 대한 공리주의 이론 / 308
   4. 면허 요구에 대한 공리주의 이론 / 311
   5. 비자발적인 시민 감금에 대한 공리주의 이론 / 314
   6. 결   론 / 317
   ▪ 연습문제 / 318

제 14 장   자율성과 간섭주의 : 의무론적 입장 … 323

   1. 의무론적 분석의 기본 가정들 / 323
   2. 의료행위 요구에 대한 의무론적 이론 / 326
   3. 래트라일 이용 금지에 대한 의무론적 이론 / 329
   4. 면허 요구에 대한 의무론적 이론 / 333
   5. 비자발적인 시민 감금에 대한 의무론적 이론 / 336
   6. 결   론 / 339
   ▪ 연습문제 / 341

서 론

이 책은 윤리학이라 불리는 철학의 한 분야에 대한 입문서이다. 서론격인 이 장에서 우리는 철학과 윤리학의 성격을 알아보고 아울러 이 책에서 소개하고자 하는 현대의 도덕적 문제들에 대한 윤리적 관심의 성격도 논의해 보고자 한다.

철학의 성격

철학을 몇 가지 짧은 공식으로 규정하려는 시도는 별로 도움이 되지 않는다. 따라서 그러한 시도 대신, 우리는 철학적 문제의 몇 가지 주요한 측면을 열거하고 철학자들이 그것을 해결하고자 하는 몇 가지 방식을 제시함으로써 철학의 성격에 대한 우리의 연구를 시작하고자 한다.

1. 철학은 인간 삶의 다양한 측면의 성격과 그 정당성에 관심을 갖는다. 모든 사회는 그 나름의 사회적 조직이라는 형태를 갖는다. 각각의 형태에 따라서 다르긴 하지만 거의 모든 형태의 사회가 재산, 권력, 특전, 여가 등의 자원을 불균등하게 분배하고 있다. 이러한 불평등은 보통 불가피한 삶의 현실로 받아들여지고 있다. 그러나 이러한

불평등한 분배 형태가 도전을 받게 되는 때가 있는데, 그러한 도전은 자원을 적게 갖고 있어서 더 많은 것을 원하는 사람들에 의해서 행해지거나, 또는 많은 것을 갖고 있으면서도 그것이 불공정한 분배라고 생각하여 괴로움을 느끼는 사람들에 의해서 행해진다. 그러한 때에 사람들은 다음과 같은 의문을 제기한다. 즉, 사회의 자원들은 모든 사람들간에 평등하게 분배되어야 하는가? 아니면 누가 얼마만큼을 소유해야 할지를 어떤 기준에 의거해서 결정할 것인가? 이런 종류의 물음을 제기하면서 사람들은 그들이 속한 사회구조의 정당성에 도전하고 그것을 개선할 방도를 강구하게 된다. 이런 것들이 바로 철학적 문제들이요 철학의 관심사인 것이다.

종교는 자주 철학적 관심거리를 불러일으키는 인간 삶의 또 다른 중요한 영역이다. 대부분의 사람들은 일정한 종교적 신념을 가지고 성장해 간다. 이러한 신념들은 사람들이 마땅히 살아야 할 방식에 대해 중대한 의미를 지닌다. 옛날에는 종교적 신념이 그다지 의혹의 대상이 되지는 않았는데, 그 이유는 일정한 사회의 거의 모든 사람들이 동일한 신념을 가지고 있었기 때문이다. 그러나 이제는 그러한 이야기가 더 이상 합당하지 않다. 예를 들어 우리 자신의 사회에는 각양각색의 종교적 신념이나 관행이 있을 뿐만 아니라 종교적 요소를 완전히 배제하는 많은 이념들도 있다. 이런 다원성으로 인해 사람들은 다음과 같은 의문, 즉 나의 종교적 신념의 성격은 무엇인가, 도대체 다른 종교적 신념이 아닌 나의 종교적 신념을 고수해야 할 이유가 있기나 한가, 종교적 신념으로 인해 내 인생에 있어서 달라지는 것이 무엇인가라는 의문을 제기하게 되는데, 이것들 역시 철학적 문제요 철학의 관심사라 할 것이다.

모든 철학적 문제는 인간 삶의 일정한 영역의 성격과 정당성에 관련된 것이기 때문에 인간 존재의 주요한 각 영역을 이해하는 데 종사하는 철학의 각 분야들이 있게 된다. 예를 들어 사회철학, 종교철학, 과학철학, 인식론 등이 있다. 이와 같이 철학이 모든 것을 망라하는 성격을 지니기 때문에 철학은 많은 다른 학문들과도 관련되며 그런 이유로 인해 옛날부터 많은 사람들이 고민했던 여러 문제들에 대한 해답을 발견하기 위해서 수많은 이들이 이러한 연구 분야에 관심을 기울여온 것이다.

2. 철학의 특정 분야에 대한 관심은 일반적으로 사람들이 그에 해당하는 인간 삶의 영역에 대해 느끼는 고민의 정도에 비례한다. 이 점을 예시하기 위해 종교의 영역이 도움이 될 것이다. 평온한 시대에는 종교적인 사람들이 일반적으로 그들의 신념이나 그 신념이 전제하고 있는 삶에 대해서 의문을 품지 않는다. 이러한 시기에는 추상적이고 지적인 관심거리로서가 아니고는 종교철학에 대하여 생생한 관심을 거의 갖지 않는다. 그러나 변혁기나 절망의 시대가 되면 종교적인 사람들도 자신의 믿음이나 그러한 믿음이 사람들의 삶에 대하여 갖는 의미에 관해 의심을 품게 된다. 예를 들어서 중세에는 아리스토텔레스의 철학이나 그리스의 학문에 대한 관심이 대두됨에 따라 그 당시 일반적으로 지니고 있던 종교적 신념에 대한 엄밀한 지적인 도전이 제시되었다. 그런 점에서 중세가 종교철학의 황금기 가운데 하나임은 전혀 놀라운 일이 아니다. 현재 우리 시대도 그러한 시대 중의 하나이다. 현대과학의 발전과 관련해서 점차 고조되어 가는 세속적인 세계관의 대두는 전통적인 종교적 신념에 심각한 도전을 제기하고 있다. 그래서 종교철학이 현재 활발한 탐구분야가 되고 있다는 것은 놀라운 일이 아닌 것이다.

그와 마찬가지로 경제적 번영과 사회적 화합의 시대에는 사회적 자원의 불평등한 분배에 의문을 제기하는 사람이 거의 없으며 정의의 본성과 정의로운 사회의 본질에 대한 탐구는 대부분의 사람들이 거의 관심을 갖지 않는, 주로 추상적이고 순수한 지적인 문제에 불과하게 된다. 그러나, 그렇지 않은 다른 시대에는 지금까지 인정되어 왔던 그러한 자원의 불평등한 분배에 대해 도전하는 사회적 세력이 생겨나게 된다. 우리의 현 시대가 바로 그러한 시기이며, 따라서 사회철학에 대한 관심이 최근에 크게 증대되는 것은 전혀 놀라운 일이 아니다.

3. 인간 삶의 일정한 영역에 대한 철학적 탐구는 그 영역에 있어서 우리가 처신하게 될 행동 방식을 크게 바꾸어놓는 원인이 될 수 있다. 인간 삶의 주요 영역이 갖는 성격과 그 정당성의 탐구는 그러한 삶의 영역에서의 통상적인 행동 유형에 대하여 부정적인 견해를 제시하게 된다. 이러한 부정적인 평가는 혁명적인 잠재력을 지니게 됨으로써 중대한 변화를 초래할 수가 있다. 이런 이유 때문에 철학은 언제나 기존 질서(status quo)를 옹호하는 자들에게서 상당한 의혹의 눈길을 받게 된다. 사실상, 세계 최초의 위대한 철학자 가운데 한 사람인 소크라테스는, 그의 동료였던 많은 아테네 인들이 그의 철학적 행동으로 인해 젊은이들이 타락한다고 여겼기 때문에 사형선고를 받았던 것이다. 비록 철학적 검토가 일정한 인간 삶의 영역에서 통상적인 활동 유형의 정당성을 뒷받침하는 경우에 있어서조차 그러한 철학적 탐구는 삶의 그러한 차원을 강화해 줌으로써 여전히 대단한 충격 효과를 가져올 수 있다.

종교적 영역에서 찾아볼 수 있는 몇 가지 사례는 바로 이 점을 설명하는 데 도움이 될 것이다. 위대한 희랍 철학자 중의 한 사람인 플라톤은 『유티프로』(Euthyphro)라고 불리는 한 대화편에서 그 당시의 통상적인 그리스 사람들이 가진 종교적 견해의 타당성에 의문을 제기하고 있다. 그것은 바로, 사람이 신이 원하고 필요로 하는 것을 신에게 준다면, 신은 사람이 원하고 필요로 하는 것을 사람에게 주리라는 견해이다. 플라톤은 종교를 이처럼 상거래와 같이 보는 견해는,

모든 면에서 완벽한 신은 인간이 줄 수 있는 어떤 것도 필요로 하지 않는다는 우리의 이해와 상치된다는 점을 지적했다. 이러한 철학적 도전은 그 이후 인간과 신의 관계에 대한 사유에 혁명적인 충격을 가져다주었다. 다른 한편 토마스 아퀴나스는 위대한 중세의 가톨릭 철학자였지만 그와 같은 유형의 혁명적 영향을 주지는 못했다. 이것이 전혀 놀랄 일이 아닌 까닭은, 그의 탐구 결과는 그의 종교 공동체의 신념과 관행의 정당성에 도전하기보다는 그 정당성을 재천명해 주는 것이었기 때문이다. 그러나 그의 철학적 활동은 그러한 종교의 관행(practice)을 강화하고 믿는 이들에게 그들 신념의 내용을 좀더 깊이 이해하도록 함으로써 심대한 영향을 끼치게 된 것이다.

요약해 보면 인간의 활동 영역에 대한 철학적 탐구는 그러한 영역에서 인간이 행위하는 방식에 엄청난 차이를 가져올 수 있다. 그러한 탐구는 현재의 믿음과 관행에 대한 우리의 입장을 강화해 줄 수도 있고 그에 대해서 혁명적인 변화를 가져올 수도 있다.

4. 철학자들은 합리적으로 옹호될 수 있는 해답을 발견하는 데 관심을 갖는다. 예를 들어 '신은 존재하는가'와 같은 문제를 생각해 보자. 이것은 전형적인 하나의 철학적인 문제인데, 그 까닭은 그 물음이 탐구하고자 하는 영역에 있어서의 근본적인 믿음의 타당성, 즉 이 경우에는 많은 종교적 전통들에 있어서의 근본적인 믿음의 타당성을 검토하는 것이기 때문이다. 이 물음에서는 단지 긍정과 부정이라는 두 개의 해답만이 가능할 뿐이다. 그렇다면 그러한 문제의 논의에서 철학자가 어떤 기여를 할 수 있는가? 무엇으로 인해서 — 이 문제를 철학적으로 다룰 경우 — 강력한 영향을 갖는 잠재력이 생겨난다는 말인가?

이러한 질문에 대한 해답은 지극히 간명하다. 철학자들은 단지 그들의 문제에 대한 해답을 발견하는 데만 관심을 갖는 것이 아니라 합리적 논변으로써 옹호될 수 있는 해답을 찾는 데 관심이 있다. 이는 철학자들이 그들의 해답을 뒷받침할 근거를 생각해 낼 필요가 있음을 의미한다. 많은 사람들이 철학적 문제에 해답을 시도한다. 어떤 사람은 개인적인 감정을 바탕으로 해서 해답을 찾고, 어떤 사람은 사회적 전통에서 그것을 찾는다. 그러나 우리는 그러한 종류의 해답에 의해 설득 당할 아무런 이유나 근거가 없는 것이다. 이들과 철학적 접근 방식의 차이점은 철학적 문제에 대한 해답을 이성에 의거해서 찾고자 한다는 점에 있다. 철학자가 성공했을 때 — 다시 말하면, 철학자가 자신의 해답이 받아들여질 수 있는 합리적 근거를 제시했을 경우 — 우리는 그에 의해 설득될 수 있는 것이다. 플라톤이 전통적인 종교관에 대해 반론을 제기했을 때 그것을 추종하고 있던 사람들은 그들의 종교적 신념을 바꾸게 되었는데, 왜냐하면 그들은 (그리고 그 이후에 의견을 같이 한 사람들은) 플라톤이 전통적인 종교관을 거부하게끔 하는 정당한 근거를 제시하고 있음을 확인했기 때문이다. 토마스 아퀴나스가 신이 존재한다는 주장을 했을 때 그의 주장에 의해 사람들의 마음이 움직이게 된 까닭은 그가 자신의 주장을 뒷받침하기 위해 합리적으로 옹호될 수 있는 논변을 제시했기 때문이다.

종교의 영역에서 우리들은 예시적인 사례들을 찾을 수 있다. 그러나 이러한 사례들은 철학이 인간 삶의 어떤 영역을 다루든지간에 영향력을 갖게 되리라는 점을 설명하고 옹호하는 것으로 일반화될 수 있을 것이다. 왜냐하면 철학자는 철학적 질문에 대한 해답을 단순한 믿음이나 직관 혹은 전통으로서가 아니라 합당한 근거에 의해 뒷받침하기 때문이다.

철학의 성격에 대한 이상과 같은 간단한 소개를 하였으므로 이제 우리는 앞서 제시된 네 가지 점을 이 책에서 공부하고자 하는 철학의 특정 분야인 윤리학에 적용할 수 있을 것이다.

이론윤리학의 성격

윤리학(ethics)은 인간 삶의 도덕적 차원을 다루는 한 분야이다. 따라서 앞에서 살핀 철학의 성격에 대한 우리의 논의로부터 다음과 같은 결론이 나온다. 즉 (1) 윤리학은 인간 삶의 도덕적 차원이 갖는 성격과 정당성에 관심을 갖는다. (2) 윤리학에 대한 관심은 일반적으로 사람들이 자신의 삶의 도덕적 차원에 대해 고민을 느끼는 정도에 비례한다. (3) 윤리학적 탐구는 우리의 도덕적 행위에 커다란 변화를 초래할 수 있다. (4) 이러한 영향력은 윤리학자들이 합리적으로 옹호할 만한 해답으로 그들의 철학적 문제에 응답할 수 있기 때문에 가능하다. 이 장에서 우리는 철학자들이 인간 삶의 도덕적 차원이 갖는 성격과 정당성을 분석하는 방식을 살핌으로써 윤리학의 성격에 논의의 초점을 두고자 한다. 입문적인 이 장의 다음절에서는 제1장으로 들어가기에 앞서 윤리학의 다른 특성 세 가지를 살피게 될 것이다.

인간 삶의 도덕적 차원은 다음과 같은 세 가지 점을 전제하고 있는 것으로 보인다.

(1) 옳은 행위와 그른 행위 간에는 중요하고 진정한 차이가 존재한다.

(2) 많은 경우에 우리는 어떤 행위가 옳으며 어떤 행위가 그른지를 알거나, 적어도 그에 대한 정당한 신념을 가질 수 있는 능력이 있다. 그러나 적어도 당분간은 우리가 단지 추정할 수밖에 없는 경우들도 있다.

(3) 무엇이 옳고 그른지에 대한 이러한 지식(혹은 정당한 신념)은 우리의 행위에 영향을 끼칠 수 있다. 특히 때때로 우리가 어떤 행동을 하게 되는 이유는 다만 그 행동이 옳은 일이라는 것을 알게 되었기 때문 — 혹은 옳은 일이라는 정당한 믿음을 가질 수 있었기 때문

— 인 경우가 있다. 그와 유사하게 때때로 어떤 행동을 하지 않게 되는 이유는 다만 그 행동이 그른 일이라는 것을 알게 되었기 때문 — 혹은 그른 일이라는 정당한 믿음을 가질 수 있었기 때문 — 인 경우가 있다.

이제 인간 삶의 도덕적 차원이 이러한 세 가지 신념을 전제하는 이유를 알아보기로 하자.

우리 삶의 도덕적 영역은 다양한 행위들의 옳고 그름에 대한 우리의 신념을 중심으로 해서 긴밀하게 구성된다. 그런데, 옳은 행위와 그른 행위 간에 진정한 차이가 없다고 가정해 보자. 그럴 경우, 그러한 차이가 있음을 전제하고 있는 우리의 모든 도덕적 신념은 부당한 것이 될 것이고 인간생활의 도덕적 차원에는 정당한 것이 거의 없게 될 것이다. 아니면 옳은 행위와 그른 행위들 간에 차이가 있기는 하나 그 차이가 별로 중요하지 않거나 사소한 결과를 갖는다고 가정해 보자. 그럴 경우 우리의 도덕적 신념은 참이거나 거짓이기는 하겠지만 별다른 가치가 없게 될 것이다. 따라서 삶의 도덕적 영역은 옳은 행위와 그른 행위 간에 진정하고 중대한 차이가 있음을 전제로 하는 것이다.

두번째 전제는, 때때로 우리는 어떤 행위가 옳고 어떤 행위가 그른가를 알 수 있다 — 혹은 적어도 그에 대한 정당한 신념을 가질 수 있다 — 는 것이다. 그러한 것을 알 수 없다고 가정해 보자. 그래서 옳고 그른 행위들간에 진정하고 중대한 차이가 있다는 데는 합의하지만 인간은 결코 어떤 행위가 옳고 그른지를 알 수 없으며 나아가 어떤 행위가 옳고 그른지에 대한 정당한 신념조차도 가질 수가 없다고 가정해 보자. 달리 말하면 무엇이 옳고 그른가에 대해서 단지 추측하는 것이 우리가 할 수 있는 전부라고 가정해 보자. 이런 가정은 결국에 가서는 인간 존재의 도덕적 차원이 갖는 정당성을 무너뜨리는 결과를 초래하게 될 것이다. 도덕적으로 행위하고자 함에 있어 우리는 도덕이 우리에게 요구하는 것이 무엇인가에 관해서 추측만을 할 수 있을 뿐이며 그러한 추측의 밑받침이 될 어떤 진지한 근거도 댈 수가 없는 것이다. 따라서 우리가 도덕을 신중하게 받아들인다면 우리는 인간 존재가 어떤 행위가 옳고 그른지를 알 수 있는 능력을 갖거나 아니면 적어도 우리가 어느 것이 옳고 그른가에 대한 정당한 신념을 가질 능력이 있음을 전제해야 할 것이다.

인간생활의 도덕적 차원이 갖는 세번째 전제는 무엇이 옳고 그른가에 대한 그러한 지식(혹은 정당한 신념)이 우리의 행위에 영향을 끼칠 수 있다는 점이다. 특히 때때로 우리가 어떤 행동을 하게 되는 이유는 다만 그 행동이 옳은 일이라는 것을 알게 되었기 때문 — 혹은 옳은 일이라는 정당한 믿음을 가질 수 있었기 때문 — 인 경우가 있다. 그와 유사하게 때때로 어떤 행동을 하지 않게 되는 이유는 다만 그 행동이 그른 일이라는 것을 알게 되었기 때문 — 혹은 그른 일이라는 정당한 믿음을 가질 수 있었기 때문 — 인 경우가 있다. 그런데 사정이 그렇지가 않다고 가정해 보자. 다시 말하면 무엇이 옳고 그른가에 대한 우리의 지식이(혹은 그에 대한 정당한 신념이) 우리의 행위 방식에 아무런 영향도 미치지 못한다고 가정해 보자. 이러한 가정은 인간생활의 도덕적 차원이 갖는 정당성을 크게 무너뜨리게 될 것인데, 그 까닭은 우리의 도덕적 지식이(혹은 정당한 도덕적 신념이) 우리의 행위 방식에 영향을 미칠 수 없는 경우에, 도덕적 지식은 우리가 그에 대해 기대하는 영향력을 전혀 갖지 못하게 될 것이기 때문이다. 이러한 이유 때문에 인간생활의 도덕적 차원은 무엇이 옳고 그른가에 대한 이러한 지식(혹은 정당한 신념)이 우리의 행위에 영향을 끼칠 수 있음을 전제하는 것이다.

물론 모든 윤리학자가 이런 전제들을 기꺼이 받아들였던 것은 아니다. 윤리적 허무주의자(ethical nihilists)라고 불리는 일부의 학자는 옳고 그른 행위 간에 어떤 차이가 있음을 부인한다. 윤리적 주관주의자(ethical subjectivists)라고 불리는 윤리학자들은 옳은 것과 그른 것 사이에는 중대한 차이가 없다고 말하는데, 왜냐하면 어떤 행위가 옳은 것이 되는 것은 그 행위를 내가(혹은 나의 사회가) 시인했기 때문이며, 어떤 행위가 그른 것이 되는 이유는 그 행위를 내가(혹은 나의 사화가) 비난했기 때문으로 생각하는 까닭이다. 또한 도덕적 회의주의자(moral skeptics)들도 있는데 이들은 어떤 행위가 옳고 그른가를 알게 될(혹은 그에 대해 정당한 신념을 갖게 될) 가능성을 부인하는 사람들이다. 끝으로 우리 자신의 도덕적 지식과 독립해서 우리 주위 환경의 요인들로 인해 우리는 우리가 행위하는 그 방식 이외의 방식으로는 행위할 수 없는 까닭에 우리의 도덕적 지식은 아무런 인과적 의의를 가질 수 없다고 주장하는 사람들도 있다.

　이론윤리학(theoretical ethics)은 앞서 논의한 인간 존재의 도덕적 차원의 전제들을 그러한 전제들에 도전하는 이론들에 비추어서 도덕적으로 평가하는 데 관심을 갖는다. 하지만 우리는 이 책에서 이론윤리학을 다루려 하지는 않는다. 따라서 우리는 삶의 도덕적 영역이 갖는 전제들을 일단 받아들이고서 다음절에서 설명될 윤리적 문제들을 다루는 데로 나아가고자 한다. 그러한 전제들을 받아들인다고 해서 이론윤리학이 관심거리가 못된다거나 쉽사리 무시해도 좋다는 뜻은 아니다. 사실상 그것은 독자들이 꼭 연구해 보고 싶을 만큼 어렵지만 매력적인 문제들이다. 우리가 그것을 생략하고자 하는 까닭은 일단 그것이 우리의 논의에 직접적인 관련이 없기 때문이다. 이 책은 응용윤리학(applied ethics)이라 불리는 상이한 철학적 탐구 분야에 바탕을 두고 있다. 다음에서 우리는 이러한 연구 분야 일반의 관심사들을 검토하고 특히 이 책에서 다룰 문제들을 살펴보고자 한다.

응용윤리학의 성격

앞절에서 우리는 이론윤리학이 인간 삶의 도덕적 차원이 갖는 성격과 정당성에 관심을 갖는다는 것을 알았다. 이 절에서 좀더 충분히 논의해 보고자 하는 것은 (1) 윤리학에 대한 관심은 삶의 도덕적 차원에 고민을 느끼는 정도에 일반적으로 비례한다는 점과 (2) 윤리적 탐구가 우리의 도덕적 행위에 상당한 차이를 가져올 수 있다는 점, 그리고 (3) 이러한 영향력은 윤리학자들이 철학적 문제들에 대해 합리적으로 옹호할 수 있는 대답을 제시할 수 있기 때문에 가능하다는 점이다. 우리는 이러한 점들이 현대적인 맥락 속에서 어떻게 우리로 하여금 직접적으로 응용윤리학에 대한 연구를 하지 않을 수 없게 하는지에 대해 살피고자 한다.

사람들이 자신의 삶의 도덕적 영역이 갖는 성격과 정당성에 대해 고민하게 되는 까닭은 무엇인가? 때때로 그들은 자신의 기본적인 윤리적 신념의 일부나 그러한 신념이 전제하는 삶에 대해 도전해 오는 정보들로 인해 고민에 빠지게 된다. 예를 들어 모든 사람이 동일한 가치관을 공유하고 있는 환경에서 성장한 사람은 그와는 전혀 다른 도덕관을 표현하는 사람들에게 처음으로 노출되었을 때 고민에 빠지게 된다. 예컨대, 그는 옳고 그름 간에 차이가 실제로 존재하는지, 혹은 설사 그러한 차이가 있다 할지라도 우리가 과연 무엇이 옳고 그른지를 실제로 알 수 있는지 등에 대해 의심을 품게 된다. 이것은 사람들로 하여금 자기 삶의 도덕적 차원의 이론적 기초에 대해 고민하게끔 만들 수 있는 경험의 한 유형이다. 그러나 그것이 대부분의 현대사회에서 불안의 원인이 될 가능성은 그다지 크지 않다.

오히려 오늘날 많은 사람들이 인간 삶의 도덕적 영역에 대해 고민하는 이유는, 그들이 우리 사회에서 현재 봉착하는 대부분의 도덕적 문제들에 대해 그들의 신념을 제대로 적용하는 방식을 모르고 있기 때문이다. 이 책이 다루고자 하는 윤리학의 한 유형인 응용윤리학은 바로 그러한 문제에 응답하고자 하는 시도이다. 특히 이 책은 현대 미국사회에서 삶의 도덕적 영역에 포함되어 있는 몇 가지 중요한 문제들에 대한 철학적 탐구를 제시하고 있다. 이러한 도덕적 문제들은 다음과 같은 사실 관찰들에서 얻어진 것이다.

1. 새로운 기술의 발전은 새로운 도덕문제를 제기해 왔다. 이에 관한 좋은 사례인 동시에 우리가 분석하고자 하는 주제 중의 하나는 의학의 발달로 인해 인공적으로 사람의 생명을 연장할 수 있기 때문에 생겨난 것이다. 이러한 기술로 인해 우리는 몇 가지 어려운 문제에 봉착하지 않을 수 없게 되는데, 예를 들면 생명은 언제 끝이 나는가, 생명은 언제 마땅히(should) 끝나야 하는가, 생명을 구하는 의학적 치료를 사람들이 거부하는 일을 용납해야 할 것인가 등이다. 이것들은 의료기술의 발전으로 인해 우리가 봉착하지 않을 수 없는 문제들 중 일부에 불과한 것으로서, 이러한 문제를 두고 많은 사람들은 그에 대해서 자신의 윤리적 신념으로 대처할 수 있는 방도를 모르는 까닭에 고민하고 있는 것이다.

2. 우리에게 친숙한 일부 제도가 과거에서와 같이 그 기능을 제대로 발휘하고 있는 것 같지 않다. 이에 대한 좋은 사례이자, 동시에 우리가 분석하고자 하는 또 다른 주제는 형사적 정의체제(criminal justice system)이다. 우리의 형사적 정의체제가 미국에서 범죄를 통제하는 데 실패하고 있다고 생각하는 사람이 더욱 늘어가고 있는 것으로 보인다. 동시에 형사적 정의의 영역에서 우리에게 친숙한 많은 관행들이 범죄자의 권리를 유린한다는 이유로 부당하고 위헌적이라는 생각도 늘어가고 있는 것으로 보인다. 이러한 관찰들로 인해 사람들은 형사적 정의체제의 목표는 무엇인가, 그것은 범죄를 예방하기 위한 것

인가 보복을 하기 위한 것인가, 아니면 그 목적이 무엇인가 등과 같은 문제들을 생각해 보게 되었다. 원하는 목표를 성공적으로 달성하기 위해서 우리가 이용할 수 있는 허용 가능한 방편은 무엇인가? 현재 우리의 제도와는 다른 대안을 찾을 필요가 있는가? 이 점에 있어서도 사람들은 역시 그들이 갖고 있는 윤리설로 이러한 문제에 대처할 수 있는 방식을 모르고 있는 까닭에 곤란을 겪고 있다.

3. 과거에 절대적이었던 것이 이제는 수정이 필요하고 예외를 허용해야 할 것으로 생각된다. 이에 대한 좋은 사례는 세금과 복지에 대한 우리의 현행 제도인데, 이것도 역시 우리가 분석하고자 하는 주요 주제들 중의 하나이다. 몇 해 전만 해도 우리가 미국에서 실현하고자 하는 정의로운 사회는 모든 시민들의 필요를 보살피면서도 동시에 일하는 사람들이 그들의 노동으로부터 이익을 얻는 사회이어야 한다는 데 대해 의문을 제기하는 사람은 거의 없었다. 그러나 최근에 경제 발전으로 문제가 더욱 복잡해짐에 따라 오늘날에 와서는 위에 나온 두 가지 가치기준을 동시에 만족시킬 수 있는 방도를 찾기가 어렵게 되었다. 정의라는 절대적 가치기준을 만족시키기 위해서는 사회복지 혜택이 보다 더 증가될 것이 요구되나, 다른 한편 사람들의 노력이 보상받아야 한다는 절대적 가치기준을 만족시키기 위해서는 더 낮은 세금이 요청되는 것이다. 이 두 가지 가치기준을 조정할 능력이 없다는 점에서 우리는 우리의 낡은 해결책을 재평가하지 않을 수 없게 되었고, 우리의 도덕이론이 그러한 난국을 해결하는 데 도움이 되지 못하는 것으로 보이는 까닭에 우리는 어려움에 처하게 된다.

위에 나온 사례들과 더불어 앞으로 제시될 수 있는 다른 많은 사례들은 현대사회가 인간 삶의 도덕적 차원에 대해서 고민하고 있음을 예시하고 있다. 우리는 우리의 이론적인 도덕적 신념으로는 해결할 수 없는 것으로 보이는 여러 가지 실제상의 도덕적 문제들에 봉착하고 있다. 이러한 문제들은 우리의 삶이 갖는 도덕적 차원의 정당성에 대한 도전은 아니다. 또한 그것은 옳고 그름 간에 아무런 차이도 없다거나 무엇이 옳고 그른지를 알 수 있는 방도가 없다는 것을 의미하지도 않는다. 그러한 문제들이 암시하는 것은 우리가 현재 당면하고 있는 많은 실제적 문제들에 윤리적 지식을 적용하는 데 큰 어려움을 갖고 있다는 점이다.

응용윤리학은 특정한 도덕적 문제들에 대해서 특수한 의미를 갖는 철학적 이론을 전개함으로써 그러한 문제들에 대처하고자 하는 시도이다. 사람들이 이러한 문제들에 대한 해결책을 얻기 위해 응용윤리학에 관심을 돌리는 이유는 그 해결책들이 합리적으로 정당화될 수 있고, 따라서 자신들의 도덕적 행위에 영향을 줄 수 있으며 또한 마땅히 주어야 한다고 생각하기 때문이다.

우리는 응용윤리학에 대한 입문으로서 극단적으로 대립하는 두 가지 도덕이론을 제시하는 일로부터 시작하고자 한다. 이 이론들은 원래 인간의 삶이 갖는 도덕적 차원의 성격과 정당성에 관한 문제에 대해 응답을 제시했던 이론윤리학자들이 전개한 것이다. 그러나 우리는 그로부터 더 나아가 그것을 이용함으로써 그 이론들을 현재 우리 사회가 당면하는 많은 가치문제들에 적용해 보고자 한다.

제 1 장

결과주의

1. 결과주의에 대한 소개

2. 결과주의의 유형들
결과에 대한 평가기준
고려되어야 할 이해관심

3. 결과주의의 강점
도덕의 목표
도덕추론의 과정
신축성과 예외
규칙들간의 상충을 피함

4. 결과주의의 난점들
특수한 의무에 의거한 반론
권리에 의거한 반론
정의에 의거한 반론
결과주의자의 반격

제 1 장

결과주의

1. 결과주의에 대한 소개

도덕적 문제를 해결하기 위한 첫번째 접근 방식으로서 우리가 고찰하고자 하는 것은 흔히 결과주의(consequentialism)로 알려져 있는 것이다. 이 접근 방식의 기본이 되는 입론은 한 행위의 옳고 그름이 그 행위를 수행함으로써 생겨나는 결과에만 전적으로 의존한다는 것으로서 올바른 행위란 최선의 결과를 가져오는 행위라는 입장이다. 이 입론은 간명하고 명백히 옳은 것으로 보이기는 하나 그 기본 공식이 지극히 애매하고 논의의 여지가 있다는 것을 우리는 곧바로 살피게 될 것이다.

결과론자들은 주어진 상황에서 행해야 할 올바른 일이 무엇인가를 결정하기 위해서 어떤 방식으로 접근하는가? 첫째, 그들은 가능한 모든 대안들을 확정하고자 한다. 다음으로, 이러한 대안들의 목록으로부터 그들은 각 대안들을 수행하였을 때 생겨날 결과를 예견하고자 한다. 끝으로, 그들은 그 결과들 중 어느 것이 가장 좋은 것인가를 평가한다. 가장 좋은 결과를 가져올 가능성이 가장 큰 행위가 행해야 할 옳은 행위로 판단되는 것이다. 예를 들어 설명하기 위해서 도덕적 딜레마의 고전적인 사례를 하나 살펴보기로 하자.

1941년 리버풀에서 필라델피아로 항해하고 있던 배인 윌리엄 브라운(William Brown) 호는 빙산에 부딪쳐 침몰하게 되었다. 그다지 안전한 것은 아니었으나 두 개의 구명보트가 내려져 분리되어 띄워졌다. 그 중 하나의 구명보트에는 그것이 거의 움직일 수도 없을 만큼 많은 승객들이 타게 되었다. 구명보트는 기울기 시작했고 물이 스며들게 되었다. 선장은 승선 무게를 줄이지 않으면 모든 사람이 죽게 되리라는 사실을 알았지만 아무도 자발적으로 배 밖으로 뛰어내리고자 하는 사람이 없었던 까닭에 그는 도덕적 딜레마에 봉착하게 되었다. 선장은 어떻게 해야 할 것인가?

결과론자로서 선장이 해야 할 첫번째 일은 그에게 가능한 대안들을 고려하는 것이다. 물론 그 대안 중 한 가지는 아무 일도 하지 않고서 구명보트가 전복하지 않기만을 바라는 일이다. 또 다른 대안은 그 누구도 배 밖으로 뛰어내리도록 강요하지는 않으면서 사람들에게 자발적으로 자신을 희생하도록 권유하는 일이다. 세번째 대안은 강제로 일부의 사람을 배 밖으로 몰아내는 일이다. 이 세번째 선택지는 배 밖으로 밀어낼 사람을 결정하는 데 채택될 절차가 무엇인가에 따라서 여러 가지가 있을 수 있다. 일단 이러한 대안들이 주어질 경우 선장은 그 각 대안이 가져올 듯한 결과들을 확인해야 한다. 아무 일도 하지 않는 첫번째 대안에서 생겨날 듯한 결과는 배가 전복하여 모든 사람이 죽는 일이다. 물론 선장은 그러한 일이 실제로 일어나지 않을 가능성까지 감안해야 한다. 자발적 희생을 권유하는 두번째 대안이 가져올 듯한 결과는 관련된 사람들이 어떤 사람이며 선장의 권유가 어느 정도 효력을 갖는지 등에 달려 있다. 세번째 선택지에서 예견되는 결과는 배 밖으로 떨어진 사람이 죽고 나머지 사람들은 구조되리라는 것이다.

우리가 모든 가능한 대안들을 제대로 고려했는지를 확인하기 위해서는 탁월한 재능이 요청된다. 그리고 결과를 계산함에 있어서 우리는 언제나 불확정의 여지를 남겨두어야 한다. 따라서 의사 결정자는 이미 알려진 사실보다는 통계적 확률로서 만족해야 한다. 예를 들어서 선장은 모든 사람이 보트에 머무를 경우 보트가 반드시 침몰하리라는 것을 확실하게 알 수는 없다. 또한 그는 보트가 결코 침몰하지 않으리라는 사실도 확신할 수 없다. 혹은 비록 침몰하지 않는다 할지라도 보트에 남아 있는 사람들이 구조되리라고 확신할 수도 없다. 끝으로 결과를 비교함에 있어서 그는 과연 무엇이 가장 좋은 결과인가라는 문제를 다루어야 하는데 왜냐하면 어떤 사람에게는 좋은 결과가 다른 사람에게는 나쁜 결과일 수도 있기 때문이다. 일부의 사람을 배 밖으로 밀어내는 일은 남아 있는 사람에게는 좋을지 모르나 밀려난 사람에게는 좋을 리가 없음이 명백하다. 일부에게 이득이 되는 것과 다른 이에게 손실이 되는 것의 비중은 어떻게 잴 것인가?

우리는 잠시 동안 결과주의를 규정하는 문제를 포함하는 이상과 같은 문제들 및 다른 몇 가지 문제들을 좀더 면밀하게 살피게 될 것이다. 그러나 우선 여기에서 중요한 것은 그 일을 잠시 중단하고 지금까지의 논의에 관하여 세 가지 중요한 점을 살피는 일이다.

(1) 많은 사람들에게 세번째 대안은 어떤 형태이든 그른 것이라는 생각이 들 것이다. 이들은 사람을 강제로 배 밖으로 밀어내는 것은 그들을 죽이는 것이며, 살인은 그 결과가 어떻든 그르다고 주장한다. 이런 식으로 말하는 사람은 도덕적 문제를 생각함에 있어서 아주 다른 접근 방식에 의거하고 있다. 그들의 말에 따르면 어떤 행동은 본질적으로 그른 것이어서 설사 그 결과가 바람직하다 할지라도 결코 해서는 안된다는 것이다. 결과론자들은 도덕적 문제를 이런 식으로 생각하는 대안을 거부한다. 결과론자들은, 행위란 본질적 가치를 지니고 있지 않으며 그것이 옳은지 그른지는 주어진 상황에서 그것이 가져올 결과에만 달려 있다고 본다.

(2) 특정한 유형의 행위는 어떤 상황에서는 아주 바람직한 결과를 갖지만 다른 상황에서는 그다지 바람직한 결과를 갖지 못한다. 예를 들어 몇몇 사람을 강제로 배에서 밀어내는 일은 실제로 그것이 모든 사람이 죽는 일을 예방하는 유일한 방도가 되는 바로 이런 상황에서는(in this situation) 전반적으로 좋은 결과를 갖는다고 할 수 있다. 그러나 대부분의 상황에서 사람들을 강제로 배에서 밀어내어 빠져 죽도록 내버려두는 일은 대체로 아주 나쁜 결과를 가져오게 된다. 따라서 행위의 옳고 그름이 결과에 의해서 결정될 경우, 동일한 유형의 행위가 상황에 따라서 옳을 수도 그를 수도 있게 된다. 이런 관점에서 볼 때 결과주의는 상황윤리(situation ethics)의 한 형태로 규정되어도 좋을 것인데, 이는 한 행위의 도덕적 성격이 상황에 따라 달라진다는 견해에 입각해서 도덕적 문제에 접근하는 방식이라 할 수 있다.

(3) 주어진 어떤 상황에서 특정 행위는 일정한 결과를 성취하기 위한 수단으로 간주될 수가 있고 그 결과는 성취될 목적으로 생각될 수 있다. 예를 들어 만일 그 선장이 일부의 사람을 강제로 배에서 몰아낼 경우 그는 원하는 일정한 결과, 즉 다른 사람의 생명을 구하는 일을 성취하기 위한 수단으로서 극단적인 일련의 행위를 선택하는 셈이다. 그리고 이 결과는 그가 추구하는 목적이 된다. 따라서 만일 우리가 결과주의자일 경우 우리는 목적(결과)이 수단(행위)을 정당화한다는 견해를 취하게 된다.

결과주의에 함축된 두번째와 세번째 점이 첫번째로부터 도출된다는 것은 분명하다. 그래서 결과론자들은 행위가 본질적으로 옳거나 그른 것이 아니라 옳고 그름이 그 결과에 달려 있다고 말함으로써, 목적이 수단을 정당화한다는 견해와 행위의 옳고 그름이 상황에 따라 달라진다는 견해를 취하게 되는 셈이다.

이러한 함축들은 결과주의적 접근 방식이 논란의 여지가 있다는 점을 드러내는 데 도움이 된다. 전통적인 서구적 도덕체계의 대부분은, 특정 행위가 본질적으로 옳거나 그르며, 그른 행위일 경우 그것이 아무리 훌륭한 목적을 달성하기 위한 것이라고 해도 결코 수단으로 채택되어서는 안된다는 생각에 바탕을 두고 있다. 그래서 십계명 중 여섯번째 계명 — 너희들은 살인을 범하지 말라 — 은 살인이 나쁜 결과를 가져올 상황에서 살인을 범하지 말라는 의미가 아니고 살인이 좋은 결과를 가져오는 상황에서도 살인을 범해서는 안됨을 의미한다. 적어도 그것이 의미하는 바는 아주 특수한 경우를 제외하고는 아무리 좋은 결과가 생겨난다 할지라도 살인을 범해서는 안된다는 것이다. 따라서 십계명을 믿거나 윤리적 행위에 대한 각종의 전통적인 도덕 명령이나 다양한 금지조항을 믿는 사람들은 도덕적 문제에 대한 결과주의적 접근 방식을 받아들일 수 없는 것이다. 마찬가지로 결과론자들은 본질적으로 옳거나 그른 행위가 있다는, 대부분의 전통적 도덕이 암암리에 전제하고 있는 가정을 거부할 수밖에 없다. 따라서 결과론은 전통도덕에 대해서 매우 혁신적이면서도 논란의 여지가 있는 도전인 것이다.

다음절에서 우리는 결과주의가 말하는 내용이 무엇인지를 좀더 주의깊게 살피고 이어서 결과주의적 접근 방식을 지지하기 위해 제시되는 논변을 검토하고자 한다.

2. 결과주의의 유형들

우리가 지금까지 살펴왔듯이 결과주의의 기본적인 주장은 일정한 상황에서의 옳은 행위는 그 상황에 있어 최선의 결과를 가져오는 행위라는 것이다. 이 명제를 좀더 면밀히 살피게 되면 알 수 있는 것은, 우리가 이 책에서 다루고자 하는 여러 가지 현대적 문제들을 생각함에 있어 결과론적 입론을 이용하기 위해서는 먼저 명료하게 되어야 할 두 가지 근본적인 애매함이 있다는 점이다. 첫째로, 일련의 결과가 다른 결과들보다 더 낫다는 것을 어떤 기준에 의해 결정할 것인가? 그리고 둘째로, 우리가 결과를 평가함에 있어서 누구의 이해관심을 고려해야 할 것인가? 결과주의의 여러 지지자들은 이러한 문제에 대해서 서로 상이한 해답을 제시하고 있다.

결과에 대한 평가기준

결과의 평가기준에 대한 고전적인 해명은 쾌락주의(hedonism)의 입론으로, 이는 최선의 결과란 가장 즐거운 결과라는 믿음이다. 달리 말하면 쾌락주의적 입론은 쾌락의 존재와 고통의 결여가 우리 행위의 결과를 평가해 줄 기준이 된다는 것이다. 요약하면 쾌락은 도덕이 성취의 목표로 삼는 선(good)이라는 것이다.

언뜻 보기에 쾌락주의적 입론은 수긍하기 힘든 것으로 보인다. 선으로 보이는 다른 조건들(이를테면 건강, 사랑, 진리, 미, 지식)도 많이 있기 때문이다. 그런데 왜 하필 우리는 행위의 결과를 그에 관련된 쾌락을 통해서만 평가해야 하며 더 많은 사랑, 더 나은 건강, 혹은 더 많은 지식을 가져온다는 이유에 입각해서 평가해서는 안되는가?

쾌락주의자들은 이러한 반론이 그들의 입론을 오해한 데 기인한다는 근거로 반론을 물리친다. 그들의 주장에 따르면 쾌락은 행위의 결과를 판정하기 위한 궁극적(ultimate) 기준일 뿐이며, 앞에 나온 다른 모든 조건들은 그것이 쾌락을 결과하기 때문에 좋은 것이라고 한다. 이러한 관점에서 볼 때 좋은 건강은 사랑의 경험이나 미의 발견 등이 그러하듯이 큰 즐거움의 원천이다. 따라서 쾌락주의자는 그러한 다른 것들이 좋은 것이라는 점에 동의하기는 하나 그것이 쾌락을 가져오기 때문에 좋은 것일 뿐이라고 주장한다. 쾌락을 결과하지 않는다면 그것들은 무가치한 것이 된다. 그래서 어떤 행위는 아름다운 어떤 것을 산출하는 결과를 가질 수도 있지만 아무도 것을 보지 않을 경우 (그래서 아무도 그것으로부터 즐거움을 얻지 못할 경우) 그러한 아름다운 창조 행위가 단지 있다는 사실만으로는 아무런 가치도 없는 것이다. 그래서 간단히 말하면 쾌락주의자는 쾌락이 결과의 가치를 판정하기 위한 유일한 궁극적 기준이라고 믿는다.

그러나 모든 결과론자들이 쾌락주의자인 것은 아니다. 비쾌락주의적 논변을 이해하기 위해서 우리는 쾌락과 욕구충족 간의 관계를 염두에 두어야 한다. 통상적으로 우리가 쾌락을 느끼는 것은 (1) 어떤 욕구가 충족되고, (2) 그러한 욕구가 충족되었음을 우리가 의식하는 경우에 한정된다. 따라서 결국 쾌락주의자는, 행위 결과를 판정하기 위한 궁극적 기준은 충족된 욕구에 대한 의식이라고 주장하는 셈이 된다. 비쾌락주의적 결과론자(nonhedonistic consequentialists)들은 이러한 입론에 대한 그들의 반론의 근거에 있어서 두 진영으로 나누어진다. 첫번째 무리는, 어떤 욕구의 충족을 가져오는 결과는 비록 우리가 그 욕구가 충족되었다는 것을 의식하지 못할지라도 가치 있는 것일 수 있는 까닭에 쾌락주의자가 그릇되었다고 주장한다. 두번째 무리는, 어떤 욕구의 충족은 그 욕구가 충족되었음을 우리가 의식할 경우에도 가치 없는 경우가 있는 까닭에 쾌락주의자가 그르다고 주장한다. 아래의 두 사례는 쾌락주의에 반대하는 이러한 대안적 입장을 해명하는 데 도움이 될 것이다.

죽음의 침상에서 한 약속(death-bed promise) 죽음의 침상에서 한 친구가 오랫동안 애지중지하던 도자기를 잘 보살펴달라는 부탁을 해서 우리가 그러기로 약속을 했다고 가정해 보자. 그러고서 그 친구는 죽었다. 우리가 약속을 지키는 것은 당연히 행해야 할 옳은 일인가? 만일 우리가 실제로 그 도자기에 흥미도 없고 그 약속을 지키는 문제에도 관심이 없다고 해보자. 그럴 경우 그 도자기를 돌보는 일은 우리에게 아무런 즐거움도 주지 않고 즐거워할 친구도 이 세상에 없는 까닭에 그 일은 반드시 행해야 할 올바른 일이 아닐 수도 있다. 그러나 많은 사람들은 그러한 약속을 지키는 일이 도덕적으로 당연히 행해야 할 올바른 일이라고 느끼고 있다. 이러한 사실이 결과론적 근거에 의해 어떻게 설명될 수 있는가? 쾌락주의자들은 이에 대해 아무런 대답도 할 수 없을 것으로 보인다. 그러나 우리는 다음과 같이 말할 수 있을 것이다. 만약 우리 친구가 그 도자기를 애호했다면 비록 그가 죽어서 더 이상 그의 욕구가 충족되었음을 의식하지는 못할지라도 그의 욕구는 충족된다고 할 것이다. 그 행위는 쾌락을 결과하지 않는 경우에도 욕구를 충족시키는 까닭에 행해야 할 올바른 일인 것이다. 쾌락주의는 욕구를 가진 사람이 욕구의 충족을 반드시 의식해야 하고, 따라서 그 충족으로부터 쾌락을 얻어야 한다고 주장하는 바로 그 이유 때문에 그른 입장이 된다. 그러므로 결과론자들은 쾌락주의를 거부하고 결과를 판정하는 기준이 욕구의 충족(satisfaction of desires)이라고 하는 견해를 채택해야 한다.

가학자(sadists)와 피학자(masochists) 메리는 가학자로서 때림으로써 대단한 쾌락을 얻는 사람이고, 조는 맞음으로써 쾌락을 얻는 피학자라고 생각해 보자. 이 경우 우리는 행위의 결과가 양편 모두에게 즐거움을 준다는 이유로 메리가 조를 때리는 일이 옳은 일이라고 할 것인가? 많은 사람들은 그렇지 않다고 주장 할 것이다. 이들은 특정한(some) 욕구의 충족만이 가치가 있다고 주장할 것이다. 어떤 방식으로든지 우리가 용납할 수 없는 다른 욕구들의 충족은 가치가 없다는 것이다. 이러한 접근 방식에 따르면 쾌락주의에 있어서 잘못된 점은 그것이 충족되었음을 우리가 의식하는 한에서 특정한 일부의 욕구만이 아니라 모든 욕구의 충족을 전부 중요시한다는 점이다.

따라서 행위의 결과를 평가함에 있어 결과론자들이 이용할 수 있는 기준은 여러 가지가 있음이 분명하게 되었다. 그들은 이러한 행위에서 결과되는 쾌락을 살피기도 하고 그러한 행위들에서 결과하는 욕구 충족에 주목하기도 하며, 혹은 그러한 행위에서 결과하는 적절한(proper) 욕구의 충족을 중요시할 수도 있다. 비록 역사적으로 대부분의 결과론자들이 쾌락주의자였기는 하지만 오늘날 대다수의 결과론자들은 두번째 입장을 선호하는 것으로 보이며 따라서 결과를 평가하는 기준이 결과로서 생겨나게 될 욕구의 충족(satisfaction of desire)이라고 생각한다. 앞으로 우리가 이 책의 전편을 통해 채택하고자 하는 것은 바로 이러한 유형의 결과주의이다. 그러나 우리는 여러 곳에서 서로 다른 해답을 채택하는 것이 어떤 식으로 중대한 의미를 갖게 되는지도 보여주고자 한다.

고려되어야 할 이해관심

어떤 행위를 수행해야 할지를 결정함에 있어서 누구의 이해관심(interests)을 고려해야 하는지의 문제에 대한 한 가지 고전적인 해답은, 우리가 우리 자신에게 최선의 결과를 가져올 행위를 선택해야 한다는 것이다. 이것은 바로 이기주의(egoism)의 입론이다.

이기주의자들도 우리의 행위가 타인에게 갖는 의미를 전적으로 무시해도 좋다는 말을 하는 것은 아니다. 한 가지 경우를 예로 들면 다른 사람에게 좋은 일이 일어나게 되면 우리 자신도 이득을 보는 경우가 가끔 있다. 예를 들어 우리가 애지중지하는 사람(가족이나 친구)이 잘 되면 간접적으로 우리도 이득을 보게 된다. 따라서 많은 경우에 있어서 행해야 할 올바른 일은 우리가 사랑하는 사람을 돕는 것이다. 다른 또 한 가지 경우를 들면 우리가 다른 사람들을 도울 경우 그들도 때가 되면 우리에게 도움을 주게 된다는 것이다. 이러한 경우에 합리적인 이기주의자는 다른 사람들에게 최선의 것을 행함으로써 결국에 가서는 자신의 이득을 도모하게 된다. 그럴 경우 이기주의자가 내세우는 바는 그 핵심에 있어서 올바른 행위는 장기적 안목에서 볼 때 결국 자기 자신에게 최선의 결과를 가져올 행위이며, 때때로 이는 다른 사람들이 당장에 이득을 보도록 자신의 근시안적 이해관계를 희생할 수도 있음을 의미하게 된다.

이기주의의 이러한 입론은 대부분의 결과론자들에 의해 거부되어 왔다. 결과론자들의 견해로는, 이기주의란 합리적인 자기 이익에 대한 타당한 설명이 될 수 있을지는 모르나 도덕에 대한 합당한 해명은 아니라는 것이다. 그들의 주장에 따르면 도덕이란 자기 자신에 대해서만이 아니라 타인에 대한 결과까지도 고려하는 것을 포함한다는 것이다.

이러한 비이기주의적 접근 방식은 우리가 어떤 행위로부터 영향을 받는 모든 자에 대한 결과를 고려해야 한다는 점을 내세운다. 따라서 어떤 행위는 그것이 모든 이의 이해득실에 의거한 최선의 결과를 가져올 경우 올바른 것이 된다. 이타주의(altruism)로 알려진 이러한 형태의 결과주의가 바로 우리가 이 책의 나머지 부분에서 주로 채택하게 될 입장이다. 그러면 이러한 접근 방식에 내재해 있는 몇 가지 난점을 알아보기로 하자. 우선 우리가 '영향을 받는 모든 자'라고 말할 경우 그 의미가 무엇인가? 이미 태어난 인간을 가리키는가? 뱃속의 태아도 고려할 것인가? 아직 태어나지 않은 미래의 세대도 고려해야 하는가? 의식을 가진 동물들도 염두에 둘 것인가? 자연 자체도 고려에 넣을 것인가? 이 문제와 그에 대해 우리가 제시할 해답은 우리가 이 책에서 논의하게 될 대부분의 문제들에 대해서 깊은 의미를 갖고 있다. 둘째로, 일단 우리가 영향을 받는 자가 누구인가를 확정했다 할지라도 그들간의 이해득실을 어떻게 비교할 것인가? 일부의 사람에게 가져다줄 욕구의 충족이 다른 일부의 사람들에게 가져다줄 욕구의 좌절을 능가한다는 이유로 어떤 행위가 옳은 것이라고 한다면 그 말이 의미 있는 말이 될 수 있는가?

지금까지 우리는 여러 형태의 결과주의를 고찰해 왔다. 우리가 이 책에서 이용하게 될 한 가지 형태에 따르면, 주어진 상황에서 영향을 받을 모든 이들을 고려할 때 어떤 행위가 가능한 다른 대안적 행위들보다 큰 욕구의 충족을 결과할 경우 그 행위가 옳은 것이 된다. 우리는 이와 같이 이타주의적 결과주의이면서 비쾌락주의적인 형태를 띠는 결과주의를 공리주의(utilitarianism)라 부르고자 한다.

3. 결과주의의 강점

결과주의는 이론이 분분한 입론이기는 하지만 논의의 여지가 있는 측면보다는 그 강점이 더 크다고 생각하는 많은 지지자들을 갖는다. 이러한 접근 방식의 대변자들은 일반적으로 결과주의가 네 가지 강점을 갖는다고 지적한다.

도덕의 목표

어떤 도덕이론이건간에 대답해야 할 어려운 문제 가운데 하나는 어떤 이유 때문에 도덕적 행위가 그렇게도 칭찬할 만한 것인가라는 물음이다. 우리의 도덕적 본능은 도덕이 삶에 있어서 지극히 중대한 차원이며, 따라서 우리는 모두 올바른 행위가 수행되는지에 큰 관심을 가져야 한다는 것을 말해 주는 것으로 보인다. 결과주의는 우리가 그러한 견해를 취하게 되는 이유를 설명함에 있어서 아주 유리한 위치에 있게 되는데, 왜냐하면 그것은 도덕이란 그 목적이 불분명한 일련의 규칙에 단지 복종하는 일이 아니며 도덕적 행위는 우리의 욕구 충족을 결과한다고 설명하고 있기 때문이다. 우리가 도덕을 아주 귀중하게 여기는 것은 도덕적 행위가 바로 이같이 중요한 목표를 달성해 주는 것이기 때문이다.

이 점을 좀더 분명히 하는 일이 중요하다. 결과주의는 (그리고 어떤 이론도) 왜 내가 도덕적이어야 하는가라는 문제에 대해서 단순한 해답을 갖고 있지는 않다. 단지 도덕이 합리적인 자기 이익과 동일하다고 보는 이기주의자들만이 단순한 해답을 갖고 있다. 결과론자가 갖고 있는 것은 도덕의 중대함(importance)이라는 문제에 대한 하나의 해답이다. 결과주의는 옳은 행위의 수행이 인간의 욕구를 일반적으로 충족시키는 결과를 가져오는 까닭에 도덕이 중대하다는 점을 내세우고 있다.

도덕추론의 과정

우리 모두는 자주 도덕적 선택에 직면해야 하는데, 대부분의 경우 옳은 행위 과정이 어떤 것인가에 대해 비교적 분명하게 알 수 있다. 그러나 어떤 경우에는 그러한 확신에 이르지 못하게 된다. 예를 들어 구명보트의 선장은 그가 어떻게 해야 할지에 대해서 확신을 하지 못하고 있으며 그것은 당연한 일이다. 그런데 이러한 사례는 우리가 통상적으로 당면하는 상황보다 분명히 더 극적인 것이긴 하나, 이는 도덕적 의사결정이 지극히 어렵다는 것을 매우 잘 보여주는 경우이다. 어떤 경우 우리는 옳은 행위가 무엇인가를 발견하기 위한 방법에 대해서조차도 확신할 수 없다.

바로 이 점에서 결과주의는 또 다른 설득력을 갖고 있다. 결과주의자는 적어도 행해야 할 올바른 일이 무엇인가를 발견함에 있어서 비교적 분명한 절차를 제시해 주는데, 그것은 대안들의 목록을 정하고 그 가능한 결과들을 평가하며 영향을 받게 될 모든 이에게 그것이 갖는 의의를 고려하여 결과를 평가하라는 것이다. 분명히 이러한 단계들은 여러 가지 문제를 내포하고 있으며 대부분의 경우 그러한 단계들을 모두 적절하게 수행했는지를 확인하기도 쉽지가 않다. 그러나 적어도 우리는 어느 정도의 안내지침은 갖게 되는 셈이다. 그래서 이러한 점에서 볼 때 결과주의는 도덕이론으로서 한 가지 장점을 갖는 것으로 보인다.

신축성과 예외

이미 말한 바와 같이 대부분의 전통적 도덕은 우리가 행해야 할 것과 행해서는 안될 것에 대한, 광범위하게 다양한 규칙들로 이루어져 있다. 대부분의 결과론자들과 대부분의 사람들은 일반적으로 이러한 규칙들이 합당하다는 데 의견을 같이할 것이다. 대부분의 경우 행해야 할 올바른 일은 규칙들을 따르는 일이다. 그러나 규칙을 가장 열렬히 따르는 자조차도 규칙을 무시하는 것이 옳은 일이 되는 특수한 경우가 있다는 데 합의할 것이다.

하나의 극단적인 예를 들어 고문에 반대하는 도덕적 금지조항을 생각해 보기로 하자. 건전한 도덕적 판단력을 가진 자로서 이러한 규칙에 일반적으로 이의를 제기할 자는 거의 없을 것이다. 그러나 이 경우에 있어서조차 예외가 있을 수 있다. 한 폭도가 폭탄을 묻어두어 조만간 그것이 폭발해서 수많은 사람을 살상하게 될 진부한 사례를 생각해 보자. 경찰이 폭도를 체포하긴 했으나 폭탄을 어디에 묻어두었는지 말하기를 거부한다고 해보자. 만일 그 폭도에게 고문을 가해서 경찰이 폭탄의 위치를 알아내어 제 시간에 그것이 폭발하지 못하게 한다거나 그 인근의 사람을 피신시킬 수 있다고 할 때 이러한 행동 방식을 택하는 것은 옳은 일이 아닌가? 이러한 방도를 택하는 것이 썩 내키지 않을지는 모르나 수많은 생명이 걸려 있을 경우 우리가 어떻게 그렇게 하지 않을 수 있단 말인가?

결과주의는 이러한 종류의 딜레마를 해결하는 방식으로서 합당한 도덕적 규칙들을 어길 수 없는 계명으로 보기보다는 유용한 대체적인 규칙들(rules of thumb)로 간주하고자 하는 것으로 보인다. 경험으로부터 우리가 배우는 바는 대부분의 경우에 그러한 규칙을 따르는 것이 최선의 결과를 가져다준다는 점이다. 그러나 상황이 예사롭지 않고 결과들을 검토해 본즉 규칙을 어김으로써 최선의 결과를 도모할 수 있을 경우 우리는 그러한 경우를 예외로 다루어야 한다. 그래서 결과론자들은 폭탄의 위험이 걸린 상황은 특수한 결과와 관련된 예사롭지 않은 경우로 간주하고 최선의 결과, 즉 수많은 생명을 구하는 결과를 달성하기 위해 고문에 반대하는 대체적 금지조항을 유보하게 될 것이다.

요약해 보면, 결과론자들은 도덕이 전통적으로 생각해 온 것에 비해 더 신축성이 있으며 도덕적 딜레마를 해결하기 위한 자신들의 접근 방식이 그러한 신축성을 활용함에 있어 열쇠를 제공한다고 주장한다. 전통적인 도덕규칙에 따름으로써 생기는 결과가 예외를 인정함으로써 생기는 결과보다 더 못하다고 믿을 만한 정당한 이유가 있는 특수한 경우들을 우리가 일단 인정할 필요가 있는 것이다.

규칙들간의 상충을 피함

가장 어려운 도덕적 문제 중의 하나는 두 가지 규칙이 서로 상충하게 된다는 것이다. 이런 경우 각 규칙들은 모두 그 자체로는 합당하지만 두 개의 요구를 모두 따를 길이 없게 된다. 형사법의 한 측면에 대한 현행 논의는 이러한 상충을 보여주는 좋은 사례가 된다.

어떤 경우, 고발된 피고에 대한 정보를 모으고 그에 대한 유인물을 만들 신문의 권리는 고발된 사람이 공정한 재판을 받을 권리와 서로 충돌할 수 있다. 이때 재판관은 그러한 자료를 출판하는 일을 막아야 하는가? 한편으로 우리는 고발된 범인이 공정한 재판을 받을 권리를 박탈당해서는 안된다는 규칙을 받아들인다. 다른 한편 우리는 또한 자유로운 언론이 공공의 이익에 관련된다고 판단되는 정보를 공표하도록 허용해야 한다는 규칙도 받아들이게 된다. 첫번째 규칙은 재판관이 어떤 정보를 공개하는 일을 금지해야 한다고 지시하는 것으로 보이나, 두번째 규칙은 재판관이 그러한 정보의 공개를 막는 어떤 일도 해서는 안된다고 언명하고 있는 듯이 보인다. 어떤 길을 택할 것인가?

결과론자들은 이러한 문제에 대해 손쉬운 답변을 갖고 있다고 주장하지는 않는다. 하지만 그들은 그러한 상충을 해결하는 데 도움이 되는 방편을 제공할 수 있다고 주장한다. 결과론적 관점에서 볼 때 규칙들간에 상충이 있다는 것은 우리가 아무리 합당한 규칙일지라도 단순히 그것에 따르기만 할 수 없는 예외적인 상황들 중 하나에 당면하고 있다는 징표인 것이다. 따라서 결과론자는 재판관으로 하여금 그에게 가능한 각 대안들이 가져올 결과를 검토해서 최선의 결과를 가져다줄 행위를 선택하라고 조언하게 된다. 이 점에 있어서 결과론적 접근 방식이 갖는 강점은 우리가 전통적 도덕규칙들에 의거할 수 없는 경우들을 지적해 준다는 점에 있다.

결과주의가 갖는 이상의 장점들을 내세운다고 해서 그 주장자들이 도덕적 갈등이나 딜레마에 대한 손쉬운 타결책을 우리에게 제시했다고 주장하지는 않는다. 그들은 단지 그들의 이론이 도덕적 문제를 다루는 합리적 방도를 제시함으로써 도덕을 가리고 있는 신비의 베일 벗기는 데 도움을 줄 수 있다고 주장한다. 결국 결과주의가 갖는 매력은 바로 이와 같은 합리적인 주장을 한다는 점이라 할 수 있을 것이다.

4. 결과주의의 난점들

결과주의를 받아들일 수 없다고 주장하는 도덕이론가들도 많다. 우리는 이러한 주장에 대한 서로 다른 이유들을 검토하게 될 것이나, 우선 주목해야 할 점은 이러한 이유들 모두, 결과주의가 도덕에 대해 지나치게 단순한 견해를 제시한다는 전제에 의거하고 있다는 것이다. 이것이 무엇을 의미하는지를 살펴보기로 하자.

결과주의자는 행위를 평가하는 데 이용되어야 할 유일한(sole) 기준이, 관련된 모든 이에게 그 행위가 가져올 결과들이라고 주장한다. 그런데 어떤 행위로 인해 영향을 받게 될 모든 이에게 가져올 결과가 그 행위를 평가함에 있어 확실히 고려되어야 한다는 것을 부인할 사람이 거의 없기는 하지만 결과주의에 대한 비판자들은 그 밖에도 고려되어야 할 요인에는 여러 가지가 있다고 주장한다. 그런데 결과주의는 그러한 것들 중 오직 한 가지만을 고려하고자 하는 까닭에 거부되어 마땅하다는 것이다.

결과주의에 대한 이러한 기본적 반론을 염두에 두고서 그에 대한 다른 반론들도 살펴보기로 하자.

특수한 의무에 의거한 반론

만일 우리가 두 행위, 즉 우리 가족을 이롭게 하는 일과 낯선 사람을 이롭게 하는 일 중에서 선택해야 할 상황에 당면했다고 해보자. 나아가서 낯선 사람에게 줄 이득이 우리 가족에게 줄 이득보다 훨씬 더 크다고 해보자. 결과주의적 기준에 따르게 되면 옳은 행위는 타인을 이롭게 하는 일이라는 결론에 이르게 된다. 물론 타인에게 주는 이득이 가족에게 주는 이득보다 비중이 훨씬 큰 것이어서 결과주의가 제시하는 바가 받아들여질 만한 경우가 있음을 생각할 수 없는 바는 아니다. 그러나 일상적인 경우 반결과론자(anticonsequentialists)들은 타인에게 이로운 일보다 가족에게 이로운 행위를 우리가 행해야 한다고 주장한다.

이러한 사례의 핵심은 결과주의에 대한 주요 반론을 제시해 주는 것으로서, 결과주의가 가족이나 친구, 우리가 약속한 사람, 과거에 우리를 도와준 일이 있어 우리가 은혜를 갚아야 할 사람 등과 같이 특정한 사람들에 대해서 우리가 특수한 의무(special obligations)를 갖게 된다는 사실을 해명해 주지 못하고 있다는 것이다. 이러한 특수한 의무들은 흔히 우리가 타인의 이해관계보다 그러한 특정한 사람의 이해관계를 앞세워야 할 것을 요구하는 것으로 보인다. 하지만 결과주의는 우리로 하여금 모든 사람의 이해관계에 동등한 비중을 부여하게 한다. 그래서 이러한 첫번째 반론은 결과주의가 우리와 특수한 관계를 갖는 사람들에 대한 특수한 도덕적 의무를 고려하지 못한다는 이유로 도덕이론으로서 합당하지 못하다는 것이다.

권리에 의거한 반론

우리가 어느 정도의 재산을 소유하고 있다고 해보자. 통상적으로 소유권은 다른 사람이 우리의 허락 없이는 우리 재산을 이용할 수 없음을 의미한다. 하지만 타인들이 우리 재산을 이용함으로써 그들 자신과 사회 일반에 끼치는 이득이 우리가 그 재산으로부터 이끌어 낼 수 있는 이득보다 훨씬 더 크게 되는 방식으로 그 재산을 이용할 수 있는 경우들도 많이 있다. 결과주의에 따르면 이런 경우에는 언제나 타인들이 우리의 허가 없이 우리의 재산을 이용하는 일이 도덕적으로 올바르다는 결론에 이르게 된다. 그런데 이러한 판정은 그러한 문제에 대한 우리의 통상적인 감정에 역행하는 것으로 보인다. 왜냐하면 대부분의 사람들은 사회적인 요구가 개인의 권리를 능가할 정도로 절실한 경우가 아니고서는 모든 사람이 자기 자신의 재산의 용도를 좌우할 수 있는 권리를 갖는다고 믿기 때문이다.

그래서 이러한 두번째 반론은 도덕적인 문제를 결정함에 있어서 결과주의가 개인의 권리(rights)가 존재한다는 것을 고려하지 않았다는 것이다. 이와 유사한 사례들에는 생명에의 권리, 신체적 상해를 받지 않을 권리, 사생활에 대한 권리 등도 포함된다. 전통적 도덕이 지지하는 견해에 따르면 일반적으로 개인의 인권을 침해함으로써 다소간의 사회적 이득이 달성될 수 있는 경우라 할지라도 타인들이 한 개인의 인권을 침해할 수는 없는 것이다. 결과주의는 개인의 권리를 받아들일 여지가 없는 까닭에 바로 도덕의 이러한 측면을 공정하게 다룰 수 없게 된다.

정의에 의거한 반론

우리는 우리의 정의관에 의거해서 포상을 하고 처벌을 산정한다. 보수는 성취한 정도에 비례해서 성취한 자에게 돌아가야 하고 처벌은 처벌받아 마땅한 정도에 비례해서 마땅한 사람에게 돌아가야 한다. 이러한 견해는 정의(justice)에 대한 우리의 가장 근본적인 직관의 일부를 나타내주는 것으로서 그러한 규칙들이 지켜지지 않을 경우 무언가 부당한 일이 일어나고 있다는 느낌을 갖게 된다. 일부 학생이 비행을 저질렀을 경우 학급 전체에 벌을 주는 교사와 같이, 흔한 단체처벌 사례를 생각해 보자. 잘못을 저지르지 않은 무고한 자는 부당하고 불공정하게 처벌받은 데 대해 의분을 느끼게 된다. 잘못을 저지른 자도 다른 사람과 마찬가지로 벌을 받는 까닭에 그들의 잘못에 대해 본질적으로 가책을 느끼지 않게 된다. 이러한 부당한 처벌이 더욱 광범위하게 행해질 경우, 이를테면 소수의 폭도들의 행위로 인해 모든 시민들에게 처벌을 가할 경우 우리는 엄청난 부정의가 자행되고 있다고 생각하게 된다.

그런데 이런 유의 정의감은 결과론에 심각한 문제를 제기한다. 물론 집단처벌과 같은 방법의 사용으로 인해 유익한 결과가 산출될 수 있을 경우를 상상해 보는 것은 그리 어렵지 않다. 우리는 과연 이러한 결과를 얻기 위하여 집단처벌을 가하는 것이 옳은 일이라고 말하기를 원하는가? 그리고 만일 그러기를 원치 않을 경우 우리가 결과주의를 받아들일 수 있겠는가? 오직 한 가지 요소에만 주의를 기울임으로써 결과론자는 정의와 같이 충분히 고려되어야 할 필요가 있는 다른 중요한 도덕적 요소들을 지나쳐버린 셈이다.

결과주의자의 반격

결과주의자들은 이상의 반론들을 잘 알고 있으며 그것들을 받아넘김에 있어서 그들은 다음의 두 전략 중 한 가지를 채택하게 된다. 첫째, 결과주의가 전통도덕에 대해 부당한 대우를 한다는 지적을 시인하는 자들이 있다. 그러나 결과론자들의 주장에 따르면 우리의 통상적인 의식은 그릇된 도덕적 반성과 훈련의 결과인 까닭에 결과주의적 견해와 상충할 경우에는 오히려 전통적 도덕의 견해를 받아들여서는 안된다는 것이다. 결과주의자의 두번째 전략은 결과주의와 통상적 도덕의식 간의 상충은 피상적인 것으로서 행위의 모든 결과를 충분히 고려할 경우 해소될 수 있는 점이라는 것이다. 이러한 전략을 택하는 진영의 제안에 따르면 특수한 도덕적 의무를 무시하고 개인의 권리를 유린하며 정의에 주목하지 않게 되는 것은 매우 유해한 성질의 미묘한 결과를 가져오게 된다고 한다. 그래서 그러한 결과들이 제대로 고려될 경우 언뜻 보기에 결과론과 전통도덕 간에 있을 듯한 상충은 해소되리라는 것이다.

이 장에서 우리는 결과주의가 갖는 강점과 약점들을 제시해 왔다.

그러나 결과론이 옳은지 어떤지를 우리가 지금 당장 결정해야 할 필요는 없다. 여하튼 이 책은 나머지 부분에서 그러한 결정에 도움이되는 일들을 하게 될 것이다. 일단 여러 가지 구체적인 문제들에 대해서 결과주의가 갖는 의의를 충분히 검토하게 되면 우리는 충분한정보를 갖추고서 옳고 그름을 결정할 수 있는 입장에 서게 될 것이다. 다음장에서 우리는 결과주의에 대해서 중요한 하나의 대안적 접근 방식으로서 규칙에 의거한 도덕을 검토해 보고자 한다.

▪ 아래의 용어들을 우리 자신의 말로 설명해 보자.

1. 결과주의
2. 수단 / 목적의 구분
3. 상황윤리
4. 쾌락주의
5. 욕구-만족 유형의 결과주의
6. 이기주의
7. 이타주의
8. 공리주의
9. 도덕규칙을 대체적 규칙으로 보는 접근 방식
10. 특수한 의무

▪ 복습을 위한 문제

1. 결과주의에서 어떤 행위의 옳고 그름을 결정해 주는 것은 무엇인가?
2. 결과주의가 본질적으로 옳거나 그른 행위가 있다는 견해를 거부하는 입장을 취하는 이유는 무엇인가?
3. 결과주의적 이론은 모두가 상황윤리의 일종인 이유는 무엇인가?
4. 쾌락주의의 장단점은 무엇인가? 욕구-만족형의 결과주의가 갖는 장단점은?
5. 이기주의의 장단점은? 이타주의의 장단점은?
6. 결과주의의 주요한 강점은?
7. 결과주의는 전통적 도덕규칙을 어떻게 보는가?
8. 결과주의에 대한 주요한 반론들은? 이러한 반론에 대처하기 위해 결과론자들이 채택할 수 있는 다른 전략들은 무엇인가?

▪ 더 생각해 볼 문제

1. 많은 사람들은 목적이 수단을 정당화한다는 결과론적 입론에 대해 의심을 품고 있다. 이러한 입론에 대해 전혀 난색을 표현하지 않는 사람들도 있는데 이들의 주장에 따르면 수단을 정당화하기 위해 우리가 가지고 있는 것은 목적이 전부라는 것이다. 이러한 논쟁을 비판적으로 평가해 보자.

2. 죽음의 침상에서 한 약속의 경우나 가학자와 피학자의 경우에 제기되는 반론들에 대해 쾌락주의는 어떻게 응수할 수 있는가?

3. 우리가 이타주의자라고 해보자. 태아에게 미치는 결과를 고려해야 하는가 하는 문제를 해결하기 위해 우리는 어떠한 논변을 제시할 수 있을 것인가? 미래의 세대들에 대해서는? 그리고 동물에 대해서는?

4. 이타주의에 대해 제기된 물음으로 어떤 이의 이득과 다른 이의 손실을 비교하는 방법에 대한 문제는 흔히 효용의 개인간 비교 문제라 불린다. 왜 그것이 그렇게도 어려운 문제가 되는지 그 이유를 설명해 보자. 그에 대한 어떤 해결책이 있다고 생각하는가?

5. 예외를 인정하고 그래서 폭도에게 고문을 가하는 일에 대해 흔히 미끄러운 언덕 반론(slippery slope objection)이라 불리는 다음과 같은 반론을 생각해 보자 : "일단 그 규칙에 대해 한 가지 예외를 인정해서 한 사람에게라도 고문을 가할 경우 그로 인해 우리는 미래에 그러한 고문을 피하기가 더욱 어렵게 된다. 일단 시작하고 나면 멈추기란 어려운 일이다. 따라서 결국 그러한 도덕 규칙에 아예 아무런 예외도 두지 않는 것이 최선의 결과를 보장하는 일이다."
   고문을 금지하는 규칙의 경우에 있어서 결과론자들이 이러한 논변을 받아들여야 한다고 생각하는가? 다른 규칙에 관해서는 어떤가?

6. 결과론자들이, 우리가 우리와 특수한 관계에 있는 사람들의 이해관계를 낯선 사람의 이해관계에 우선시켜야 하는 이유가, 그렇게 함으로써 상당한 욕구 충족의 원천이 되는 특수한 인간관계의 계발이

조장되는 이유에서 최선의 결과를 가져오기 때문이라는 주장을 하게 된다고 해보자. 이러한 주장은 만족할 만한 응수가 될 것인가? 이와 유사한 결과론자의 응수가 권리를 존중하고 정의를 추구하는 일에 있어서도 제시될 수 있을 것인가?

규칙에 의거한 도덕

1. 도덕규칙에 대한 설명

2. 도덕규칙들의 원천

3. 규칙에 의거한 도덕의 강점과 약점
   도덕규칙들간의 상충의 문제
   도덕추론의 절차
   도덕의 목표

제 2 장

규칙에 의거한 도덕

1. 도덕규칙에 대한 설명

앞장에서 우리는 결과주의가 함축하는 한 가지 점은 전통적인 도덕체계가 규칙에의 고수를 지나치게 강조해 왔다는 것임을 살펴보았다. 결과주의자는 도덕규칙이, 어떤 종류의 행위가 통상적으로 최선의 결과를 가져오는지를 말해 주는 대체적인 규칙으로서만 유용한 것이라고 믿는다.

이 장에서 우리는 도덕에 대한 두번째 접근 방식에 대해 살펴보고자 하는데 이는 바로 다음과 같은 점에 있어서 결과주의와 다른 입장이다. 규칙에 의거한 도덕(rule-based morality : 의무론적 혹은 법칙론적인 접근 방식[deontological approach]이라 불리기도 함)은 어떤 행위가 적절한 도덕규칙(이 경우에 그러한 규칙은 반드시 그 행위의 결과에 대해 언급할 필요가 없음)에 부합될 경우 옳은 행위이며 그러한 규칙을 어길 경우에는 그른 행위가 된다고 제안한다. 이러한 두번째 접근 방식에 따르면 도덕규칙은 단순히 대체적인 규칙이 아니라 도덕에 있어서 본질적인 것이 된다.

우리가 예상할 수 있는 바이지만 규칙에 의거한 도덕에도 많은 유형들이 있으며 그러한 유형들은 그것이 내세우는 규칙들 및 그것이 서로 다른 규칙들에 부여하는 비중과 예외를 두는 신축성 등에 따라서 달라진다. 이 점에서 우리는 이러한 도덕체계들이 가장 널리 채택하는 규칙들의 유형을 살펴보기로 한다.

가장 흔히 받아들여지고 있는 유형의 규칙들 가운데에는 어떤 행위에 대해서 본질적 가치(흔히는 부정적인 가치)를 부여하는 규칙들이 있다. 이러한 규칙들의 예로는 살인, 거짓말, 타인의 사생활에 대한 침해 등을 금지하는 조항들이 있다. 이러한 규칙들이 의미하는 바는 어떤 행위들이 갖는 특성, 바로 그것으로 인해서 그 행위가 허용될 수 없다는 점이다.

한 가지 주목해야 할 중요한 점은 이러한 유형의 규칙과 어떤 기본적인 인간의 권리에 대한 믿음 간에 관계가 있다는 점이다. 사람들은 생명에의 권리를 가지며, 따라서 타인들에 대해서는 그에 상응하여 사람을 죽임으로써 그러한 권리를 침해해서는 안된다는 의무가 생긴다는 사실이 널리 받아들여지고 있다. 따라서 살인을 금지하는 도덕규칙은 생명에 대한 권리를 보호한다. 이와 마찬가지로 사람들이 사생활에 대한 권리를 가지며 따라서 타인들은 그러한 사생활을 침해해서는 안될 의무를 갖는다는 사실에 대해서도 널리 의견이 일치되고 있다. 이렇게 해서 타인의 사생활을 침해해서는 안된다는 도덕규칙은 사생활에 대한 권리를 보장하는 셈이다.

도덕에 대한 의무론적 접근 방식에 따르면 해당 규칙이 일정한 유형의 행위를 금지할 경우 그 행위를 수행함으로써 경우에 따라 유익한 결과가 생겨난다 할지라도 그 금지조항은 지켜져야 한다. 이러한 생각의 핵심은, 비록 목적이 좋은 것이라 할지라도 그러한 행위의 수행은 정당화될 수 없는 부당한 수단이라는 점에 있다. 이러한 규칙들을 주장하는 자들 중 어떤 사람은 문제된 금지조항을 절대적인 것으로 간주한다. 또 다른 주장자들은 가장 극단적인 경우에서는 예외를 인정할 용의를 갖기도 한다. 그러나 이러한 규칙들을 내세우는 모든 이들은 적어도 대부분의 경우, 수단은 목적을 정당화할 수 없다고 주장한다. 바로 이 점에서 목적의 좋음이 수단의 나쁨을 능가할 정도로 충분히 큰 것일 경우 목적은 어떤 수단도 정당화할 수 있다는 결과주의와 분명한 대조를 이룬다.

이런 유형의 규칙에 대한 마지막 문제점은 다음과 같다. 규칙이 절대적인 것으로 간주되건 혹은 어떤 극단적인 경우에 예외를 허용할 수 있는 것으로 간주되건 간에 규칙의 주장자들은, 아주 특별한 소수의 경우를 제외하고는 그러한 유형의 행위 수행은 언제나 그르다고 생각한다. 따라서 이와 같이 규칙에 의거한 도덕의 주장자들은 특정한 여건이나 개별적인 상황에 대한 검토를 그다지 강조하지 않는다. 앞에서 지적한 여러 경우와 마찬가지로 이러한 점에서도 그들은 일종의 상황윤리를 내세우는 결과주의자와 크게 의견의 불일치를 보이고 있다.

널리 받아들여지고 있는 두번째 유형의 규칙은 수행된 행위의 성격뿐만 아니라 행위자와 영향받는 당사자들 간의 관계에 대해서도 언급하고 있는 규칙들이다. 이러한 사례들 중에는 우리의 부모를 존중하고 곤궁에 처한 친구를 돕고 우리의 자식들을 양육하고 약속을 지키는 등등의 규칙들이 포함된다. 이러한 각 경우들에서 규칙은 우리가 특수한 관계를 갖는 사람에 대해 어떤 유형의 행위를 할 것을 요구한다. 그와 동일한 유형의 행위가 타인들에 대해서는 요구되지 않는다는 데 주목해야 한다.

앞장에서 우리는 결과주의에 함축된 한 가지 점은 도덕이 우리가 다른 사람들과 맺게 되는 특수한 관계를 고려하지 않는다는 점이었다. 지금 우리가 논의하고 있는 점은 바로 그러한 종류의 관계이며 그것과 관련된 규칙들(이러한 것들이 규칙에 의거한 도덕체계들 속에서 흔히 발견되는데)은 의무론적 도덕체계와 결과론적 도덕체계를 구분하는 데 도움이 된다.

흔히 받아들여지고 있는 도덕규칙들의 세번째 범주에는 우리가 사람들에게 그들의 응분(deserts)에 비례해서 상을 주고 벌을 내릴 것을 요구하는 규칙들이 포함된다. 이러한 유형의 규칙들 가운데는 우리가 범죄자들에게는 그들이 저지른 범죄의 심각성에 비례해서 처벌하고 무언가를 성취한 사람에게는 그들이 성취한 것의 공적에 따라 상을 주라는 요구사항이 들어 있다. 앞장에서 보았듯이 이러한 규칙들은 정의에 대한 우리의 생각에 있어서 아주 핵심적인 것이다.

물론 누가 더 큰 처벌과 더 작은 처벌을 받아 마땅한지, 그리고 누가 더 많은 보상과 더 적은 보상을 받아 마땅한지에 대해서 실제로 상당한 의견의 불일치가 있음은 사실이다. 이러한 불일치는 우수함과 열등함(공과)에 대한 서로 다른 견해들을 반영한다. 예를 들면 어떤 사람은, 학생들은 그들이 성취한 업적의 질에 비례해서 상을 받아야 한다고 말한다. 그러나 다른 사람들은 학생들이 업적을 성취하기 위해 소모한 노력에 비례해서 상을 받는 것이 더 정의로운 방식이라는 생각을 갖고 있다. 여기에서 우리가 그러한 논쟁점을 해결하고자 하는 데 관심을 두는 것은 아니다. 우리가 하고자 하는 바는 오직 각각의 포상체계를 주장하는 자들이 우리가 다루고 있는 것과 같은 유형의 정의에 대한 도덕규칙들을 제시하고 있다는 점을 지적하는 일이다.

널리 인정되고 있는 규칙들의 마지막 유형은 최선의 결과를 산출하는 행위를 하라는 일반적인 도덕규칙이다. 이러한 일반적인 규칙을 포함하는, 규칙에 의거한 도덕체계의 주장자들에게 있어서 규칙에 의거한 도덕과 결과주의자 간의 차이점은, 규칙에 의거한 도덕이 때로는 그러한 일반 규칙보다 우선적인 지위를 차지하는 다른 규칙들도 많이 포함하고 있다는 점이다.

이상과 같은 간단한 고찰은 완전하지는 않지만 도덕에 대한 의무론적이고 규칙 중심적인 접근 방식이 갖는 분명한 강점들을 지적하기에는 충분하다. 우리가 앞장에서 본 바와 같이 결과주의는 행위와 결과 이외에는 아무것도 고려하지 않는 까닭에 그것이 부당한 도덕 이론이라는 느낌을 갖는 사람들이 많다. 그와는 달리 규칙에 의거한 도덕은 바로 이러한 점들을 고려하고 있다. 내세우는 개별 규칙에 따라 여러 가지 입장으로 갈라지기는 하나 의무론적 도덕은 모두 결과 주의가 무시했던 도덕의 여러 가지 측면들을 다룰 수가 있는 것이다.

이 장의 뒷부분에서 규칙에 의거한 도덕이 갖는 강점과 약점들을 살피게 될 것이다. 그러나 그러기에 앞서 우리는 규칙에 의거한 도덕에 대해 두 가지 근본적인 문제를 고찰할 필요가 있다. 그것은 어떤 규칙이 적절한 도덕규칙들인가, 그리고 어떤 규칙이 도덕규칙인지를 어떻게 알 수 있는가 하는 물음이다. 규칙에 의거한 도덕에는 여러 가지 서로 다른 유형들이 있고 그들이 포함하는 도덕규칙들도 서로 다른 까닭에 규칙에 의거한 도덕의 특정한 유형을 내세우는 자라면 누구나 그러한 물음들에 직면하지 않을 수 없다. 우리는 다음절에서 가능한 해답들을 살펴보기로 한다.

2. 도덕규칙들의 원천

방금 제기한 두 가지 문제에 대해 네 가지 중요한 유형의 답변들이 있는데, 즉 신학적 답변, 사회통념적 답변, 결과론적 답변, 직관론적 답변 등이다. 우리는 이들 각각을 차례로 검토해 보기로 한다.

신학적(theological) 답변은 적절한 도덕규칙이란 신이 우리로 하여금 따르기를 바라는 바라고 주장한다. 보통 이러한 답변의 주장자들은, 계속 신은 우리가 살면서 따라야 하는 그런 규칙들을 계시를 통해 제시하므로 우리는 그러한 규칙들이 어떤 것인지를 알게 된다고 주장한다. 이러한 해답에서 문제가 되는 것은 그것이 옹호될 수 없다는 점이다. 신이 바라는 바에 대해서 여러 종교들이 서로 다른 주장들을 내세우고 있고 그들 각각은 신의 계시에 의해 밑받침된 것이라고 주장한다. 신이 바라는 바가 무엇인가와 신이 우리에게 무엇을 계시해 주는가에 대해 많은 의견의 상충이 있는 만큼 적절한 도덕규칙이 무엇인가에 대해서도 그만한 의견의 상충이 있게 되는 셈이다.

이 점을 다른 방식으로 표현해 보자. 우리가 윌리엄 브라운 호의 구명선 선장이라 가정하고 우리는 단지 우리 행위가 가져올 결과를 계산하는 것이 아니라 이 경우에 관련된 적절한 도덕규칙들에 따라야 한다는 믿음을 갖고 있다고 해보자. 그럴 경우에도 우리는 여전히 문제에 봉착할 것이 명백하다. 왜냐하면 사람들이 주장하는 도덕규칙에는 서로 다른 여러 가지가 있으며 그 규칙이 이 경우에 대해서 갖는 함축 또한 다양할 것이기 때문이다.

예를 들어 우리가 무고한 사람을 죽여서는 안된다는 규칙이 있다고 해보자. 이러한 도덕규칙이 합당하다고 믿고 있다면 어떤 사람을 강제로 밀어내기로 결정하는 것은 그른 일이 될 것이다. 반면에 언제나 가능한 한 많은 생명을 구해야 한다는 규칙이 있다. 그런데 이 규칙이 합당한 것이라고 믿을 경우 우리는 다른 모든 사람들의 생명을 구하기 위해서 일부의 사람을 강제로 배 밖으로 내모는 쪽으로 결정을 내려야 한다. 그러나 과연 이러한 규칙들 중에서 어떤 것이 합당한 규칙인가?

그런데 신학적 답변은 그러한 규칙이란 신이 우리로 하여금 따르기를 바라는 규칙이고 그가 바라는 것으로서 우리에게 계시하는 규칙이 적절한 규칙이라고 말하는 것이다. 그러나 어떤 규칙이 바로 그러한 규칙인가? 원래의 도덕적 문제에 대해서 의견이 분분한 것과 꼭 마찬가지로 신학적 문제에 있어서도 수많은 의견의 상충이 존재하는 것은 분명하다. 신이 우리로 하여금 따르기를 원하는 규칙이 올바른 도덕규칙이라는 것이 사실이라고 하더라도 규칙에 의거한 도덕에 대한 신학적 접근 방식은 우리가 어떻게 해야 할지를 결정하는 데 도움을 주지 못한다. 신이 원하는 바, 즉 신의 의지에 대해서 명백한 증거를 갖지 못하는 한 적절한 도덕규칙이 무엇인가에 대해서 정당한 정보를 제공할 수 있는 다른 원천에로 나아가지 않을 수 없는 것이다.

사회통념적(societal) 접근 방식은 이 문제에 대해서 매우 다른 견해를 취하고 있다. 그에 따르면 적합한 도덕규칙은 그 행위자가 속하고 있는 사회의 대부분의 성원들이 믿고 있는 규칙이라는 것이다. 무엇이 옳고 그른가를 결정해 주는 것은 바로 도덕에 대한 이와 같은 사회적 합의이다. 따라서 그 사회가 특정한 일련의 규칙들을 믿고 있는 한 그 사회의 성원들이 그 규칙에 따라서 수행한 행위들은 언제나 도덕적으로 옳은 것이 된다. 그런데 이러한 기준에 의하면 히틀러의 강제수용소나 스탈린의 노동수용소의 감시자들은 도덕적으로 올바른 방식으로 행위한 셈이 된다. 왜냐하면 그들은 그 사회 구성원들의 다수가 믿었던 도덕규칙에 따랐기 때문이다.

우리가 이러한 결과를 거부하고 어떤 행위가 비록 일정한 사회의 대부분의 구성원들의 견해에 부합된다 할지라도 그른 것이라고 말하고자 한다면 우리는 이상과 같은 사회통념적 해답을 거부해야만 한다. 뿐만 아니라 이러한 접근 방식은 우리가 통상적으로 직면하는 모든 어려운 도덕적 경우들에 있어서도 도움이 될지 지극히 의문스럽다. 구명보트의 사례에서 제시될 수 있는 상충하는 도덕규칙들을 다시 한번 생각해 보기로 하자. 선장이 속한 사회의 대부분의 성원들이 어떤 하나의 규칙만을 지지하고 있다는 사실이 분명한가? 특별히 어떤 한 규칙이 다른 규칙들보다 더 선호되고 있지 않을 가능성은 없는가? 사실상 대부분의 사람들이 이러한 경우에 대하여 모두 의문에 빠져 있는 것이 아닌가? 실제로 그 사회에 어떤 합의가 없는 경우 사회통념적 접근 방식에 따르면 적절한 도덕규칙과 같은 것이 없게 되고 따라서 이런 경우에 있어서 옳고 그른 것 간에 아무런 차이도 없게 된다. 만일 우리가 이러한 결과를 받아들일 수 없다면 우리는 사회통념적 접근 방식을 거부할 수밖에 없는 것이다.

신학적 접근 방식에 대한 비판과 사회통념적 접근 방식에 대한 비판 간에는 중대한 차이점이 있다. 옳은 행위는 행위자가 속한 사회의 대부분의 성원이 받아들이는 도덕규칙에 부합하는 행위라고 주장하는 사회통념적 접근 방식은 '올바른' 행위에 대해서 부적합한 정의를 제시하고 있다는 점을 우리가 보여주고자 했던 것이다. 그에 반해서 옳은 행위란 신이 우리로 하여금 따르기를 바라는 도덕규칙에 부합하는 행위라고 주장하는 신학적 접근 방식을 비판했을 경우 우리는 정의 그 자체를 받아들이지 못한다기보다는 오히려 그러한 접근 방식이 우리가 당면할 수밖에 없는 도덕적 문제를 해결하는 데 별로 도움이 되지 못했던 점을 내세웠던 것이다.

이러한 문제들이나 이와 비슷한 성격을 갖는 다른 문제들로 인해서 대부분의 도덕이론가들은 규칙에 의거한 도덕이 신의 의지나 사회의 통념과는 다른 어떤 것에 기초해야 한다는 결론에 이르게 된다. 따라서 오늘날 흔히 채택되고 있는 두 가지 접근 방식은 특정한 일련의 도덕규칙을 택했을 때 생겨나는 결과에 호소하는 입장이거나 아니면 우리가 도덕적 직관이라는 능력을 가지고 있다고 가정하는 데 의거하는 입장인 것이다.

결과주의적(consequentialist) 해답은, 적합한 도덕규칙이란 그것을 따를 경우 다른 대안적 도덕규칙을 따를 때보다 나은 결과가 생기는 것이라고 주장한다. 앞장에서 우리가 살핀 바와 같은 결과주의를 행위 결과주의(actconsequentialism)라 한다면 그와 구별되는 것으로서 여기에서 말하는 결과주의적 해답은 규칙 결과주의(rule consequentialism)라 할 수 있는데, 결국 개별행위의 옳음은 그것이 적합한 도덕규칙에 부합되는지의 여부에 달려 있다고 하는 것이다. 나아가서 도덕규칙의 적합성은 그것을 따름으로써 나타나는 결과의 가치에 달려 있다고 한다. 한 가지 사례를 생각해 보면 그것을 해명하는 데 도움이 될 것이다.

무고한 인간을 죽이는 일을 금지하는 도덕규칙을 생각해 보자. 규칙에 의거한 도덕을 내세우는 대부분의 사람들과 같이 규칙 결과론자들은 이것이 적합한 도덕규칙이라 주장한다. 이러한 주장을 정당화할 때 그들은, 그러한 규칙에 따를 경우 규칙에 따르지 않을 때보다 결국에 가서는 더 좋은 결과를 가져오기 때문에 그것이 적합한 도덕규칙이라고 말한다. 일단 그 규칙이 적절한 도덕규칙으로서 확립되면 그것은 적용되는 모든 경우에 준수되어야 한다. 이렇게 해서 관련된 모든 경우에 있어서 무고한 인간을 죽이지 않는 일은 그것이 적합한 도덕규칙에 부합된다는 이유로 해서 행해져야 할 올바른 일이 된다.

언뜻 보아서는 제1장에서 우리가 논의했던 전형적인 행위 결과주의와 여기에서 논의하는 규칙 결과주의 간에 별다른 차이가 없는 것처럼 보인다. 그러나 더욱 면밀히 검토해 보면 이러한 두 가지 접근 방식간에 상당한 차이가 있다고 사람들이 생각하게 되는 이유를 알게 된다. 여기에서 다시 구명보트의 사례를 이용해 보면 그러한 차이를 이해하는 데 도움이 될 수 있을 것이다. 논의의 편의상 이 경우에 있어 최선의 결과는 일부의 사람을 강제로 배 밖으로 밀어내는 데서 얻어진다고 가정해 보자. 만일 이것이 사실이라면 행위 결과론자는 일부의 사람을 배 밖으로 밀어내는 것이 옳은 행위라고 믿는 입장을 취하게 될 것이다. 왜냐하면 행위 결과론자에 따르면 비록 우리가 통상적으로는 무고한 인간을 죽이지 않음으로써 최선의 결과를 가져온다 할지라도(다시 말하면 무고한 인간을 죽이지 말라는 규칙이 대체로 훌륭한 규칙이기는 하나) 오히려 죽임으로써 더 나은 결과가 생겨나는 이와 같이 드물고도 비극적인 경우에 있어서는 그러한 규칙에 예외를 인정해야 하기 때문이다. 이와 대조적으로 규칙 결과론자는 이 문제를 달리 생각한다. 그에 따르면 무고한 사람을 죽이지 말라는 규칙이 일반적으로 최선의 결과를 가져온다면 그 규칙은 적절한 도덕규칙이므로 그것이 적용되는 모든 경우에 준수되어야 한다는 것이다. 따라서 구명보트의 경우에도(다시 말하면 최선의 결과가 사람을 배 밖으로 밀어냄으로써 얻어진다는 가정 아래서도) 죽이지 말라는 규칙은 여전히 준수되어야 한다.

규칙 결과주의는 결과주의와 규칙에 의거한 도덕, 이 두 가지의 장점을 모두 살리려는 시도임을 주목하자. 규칙 결과주의는 전통적인 행위 결과주의와 마찬가지로, 도덕적인 삶이란 영향을 받게 될 모든 이를 고려함으로써 최선의 결과를 가져오는 것으로 간주한다. 동시에 그것은 도덕규칙에 대해서 단순히 대체적인 규칙 이상의 큰 의의를 부여한다. 규칙 결과주의는 지극히 매력적인 것으로 보인다. 하지만 그것도 몇 가지 주요한 난점들을 나타내고 있다. 그 난점들을 하나하나 살펴보기로 하자.

첫째로, 모든 경우에 있어서 우리가 규칙에 따라야 할 이유를 발견하기가 매우 어렵다는 점이다. 행위 결과주의자와 마찬가지로 규칙 결과주의도 관련된 모든 사람들의 이해관계를 고려함으로써 최선의 결과를 가져온다는 이유 때문에 도덕적 삶이 가치를 갖는다는 점에 의견을 같이 한다. 그렇다면 규칙을 어김으로써 더 나은 결과를 가져올 수 있는 특수한 경우들에 있어서조차 문제의 그 규칙을 어기지 말아야 할 이유가 어디 있는가? 만일 규칙의 정당 근거가 그것을 따름으로써 최선의 결과가 나타나는 것이라면 최선의 결과가 나타나지 않는 경우에도 그 규칙에 따른다는 것은 말이 안되는 것이 아닌가? 간단히 말해서 규칙이 단지 대체적인 규칙 이상의 어떤 것으로 간주될 경우, 규칙 결과론자들은 자신들이 규칙에 그러한 비중을 두는 이유를 설명해 내기가 매우 어렵다는 것을 알게 된다.

둘째로, 행위 결과주의와 규칙 결과주의 간에 실제적인 차이가 과연 있는지도 분명하지가 않다. 앞서의 구명보트의 경우 일부의 사람을 배 밖으로 밀어냄으로써 최선의 결과가 얻어진다고 가정할 때 규칙 결과론자가, 자신은 사람을 배 밖으로 밀어내는 일에 얼마든지 반대할 수 있지만 행위 결과론자는 반드시 그런 일에 찬성해야 한다고 말할지 모른다. 그러나 진정으로 그런 차이가 있는 것인가? 이를 결정하기 위해 다음 두 규칙들을 생각해 보기로 하자.

규칙 1 : 결코 무고한 사람을 죽이지 말라.
규칙 2 : 어떤 무고한 사람이 어떻게든 가까운 장래에 죽게 될 경우에 동시에 그를 죽이는 것이 많은 다른 무고한 사람의 생명을 구하는 데 필수적인 경우인 그런 때를 제외하고는 결코 무고한 사람을 죽이지 말라.

규칙 2는 특수한 상황을 제외하고는 규칙 1의 금지사항을 받아들인다. 규칙 1을 따르는 것보다 규칙 2를 따르는 것이 더 나은 결과를 가져올 가능성은 클 것으로 보인다. 그렇다면 곰곰이 생각해 볼 경우 이같이 특수한 경우에서는 행위 결과주의의 결론과 규칙 결과주의의 결론 간에 진정한 차이는 없는 것으로 나타난다. 그리고 더 일반적으로 말하면 우리가 언제나 우리의 규칙을 더 세밀히 규정해서 그 규칙 속에 유리한 결과와 관련된 예외를 삽입시킬 수가 있다면 행위 결과주의와 규칙 결과주의 간에는 아무런 차이도 없을 가능성이 있는 것으로 보인다. 따라서 행위 결과주의에 대한 대안으로서 규칙에 의거한 도덕을 추구하는 자들은 도덕규칙의 적합성을 위한 근거를 그 규칙에 따름으로써 더 유익한 결과가 생긴다는 것과는 다른 점에서 찾도록 노력하는 것이 좋을 것이다. 그러한 사람들은 그 해답을 도덕적 직관능력 속에서 찾아야 할 것으로 생각된다.

직관주의적(intuitionist) 해답은, 적절한 도덕규칙이란 적절하다는 본질적 특수성을 갖는 규칙이며(이러한 규칙들에 부합하는 것으로 간주되는), 옳은 행위란 옳음이라는 본질적 특성을 갖는 행위라고 주장한다. 우리는 도덕적 직관이라는 우리의 특수한 능력을 통해서 어떤 행위와 규칙이 이러한 본질적 특성을 갖는 것인지를 알게 된다. 이러한 설명을 좀더 자세히 살펴보기로 하자.

이미 우리가 앞에서 살핀 세 가지 해답 — 신학적, 사회통념적, 결과주의적 해답 — 은 모두가 도덕규칙의 적절함이 그 규칙의 본질적 특성이 아니라고 말하는 점에 있어서 의견이 일치한다. 처음의 두 가지 해답에 따르면 규칙의 적절함은 신에 의해서나 혹은 사회에 의해서 도덕규칙에 부여된다. 그리고 세번째 해답에 따르면 규칙의 적절함은 그 규칙에 따름으로써 나타나는 결과에 의존한다. 그런데 직관주의적 해답에 의하면 도덕규칙의 적절함은 그 규칙의 본질적 특성이며 (그 규칙에 부합하는 것으로 간주되는) 개별행위의 옳음도 그 행위의 본질적 특성이라고 주장한다. 요약하면 직관주의자는 도덕이란 세계의 본질적 특성임을 내세운다.

행위의 옳음과 규칙의 적절함을 우리의 감각 지각으로는 알 수가 없다면, 특정한 행위나 규칙이 그러한 특성을 소지하고 있는지를 우리는 어떻게 알게 되는가? 직관주의자에 따르면 마치 우리가 관찰할 수 있는 세계의 특성을 알 수 있는 감각을 지니고 있듯이 규칙의 적절함이나 행위의 옳음을 직관적으로 알 수 있게 하는 특수한 지적 능력을 지니고 있다고 한다.

나아가서 많은 직관주의 학자들은, 도덕적 직관은 절대적으로 확실한 것이며, 즉 그것은 결코 그르지 않으며 따라서 우리는 그것을 수정해야 할 아무런 근거도 없다고 주장한다. 하지만 이 책의 목적상 직관주의적 논변이 그와 같이 극단적인 내용으로 확대되는 일은 피하고자 하며, 단지 규칙의 적절함이나 행위의 옳음에 대해 합당한 믿음을 주는 도덕적 직관능력이 우리에게 있고 이러한 믿음은 — 세계에 대한 다른 합당한 믿음들과 같이 — 추후에 수정될 수 있다고 주장하는 정도로 만족하고자 한다.

많은 직관주의자들이 이러한 접근 방식을 해석함에 따라서 몇 가지로 나누어진다. 어떤 사람은 우리의 도덕적 직관력이 파악할 수 있는 것은 단지 특정한 도덕규칙들의 적합성뿐이라고 주장하고, 다른 이들은 우리의 도덕적 직관은 특정 행위의 옳고 그름만을 파악할 수 있다고 주장한다. 우리가 내세우고자 하는 직관주의의 형태는 이러한 접근 방식들 중 어떤 하나와만 일치하는 것은 아니다. 그것은 두 가지 유형의 직관을 모두 용납하는 것이며 나아가서 각 유형의 서로 다른 유형을 세련시키고 개선하는 과정에 있어서 모두 사용될 수 있음을 내세우는 것이다. 이 점을 예시하기 위해 우리는 다시 구명보트 사례로 되돌아가 보기로 한다.

많은 직관주의자들은 그 경우를 다음과 같이 분석할 것이다. 즉 한편으로 우리는 무고한 생명을 죽이는 것이 그르다는 명백한 직관을 갖는다. 그러나 다른 한편으로 그것은 우리가 아무런 조치도 취하지 않을 경우에는 모든 사람이 조만간 어떻게든 죽게 될 것이나 몇 사람을 죽게 할 경우에는 나머지 생명을 구할 수가 있는 바로 그런 경우이기도 하다. 이 경우에 우리의 직관에 따르면 다른 사람의 생명을 구하기 위해 일부의 생명을 희생하는 것이 옳은 일이다. 따라서 우리는 우리의 직관과 특수한 경우에 대한 우리의 직관 간의 갈등에 직면하게 된다. 이러한 갈등을 해결하기 위해 우리는 우리의 일반적 규칙을 수정해서 지금의 경우와 같은 어떤 극단적인 상황을 예외로 하고서 무고한 사람의 생명을 죽이는 것은 그르다는 주장에 이르게 된다.

직관주의적 입장은 지극히 논란의 여지가 많기는 하나, 규칙에 의거한 도덕의 근거로서는 우리에게 가능한 최선의 것으로 생각된다.

이 책의 나머지 부분에서 우리는 우리가 선정한 형태의 공리주의와 앞에서 논의한 규칙유형들을 내포하는 직관에 의거한 형태의 의무론적 도덕을 대조해 보고자 한다. 하지만 우선 우리는 이 장의 나머지 부분을 규칙에 의거한 도덕의 일반적인 강점과 약점 몇 가지를 평가하는 데 할애하기로 한다.

3. 규칙에 의거한 도덕의 강점과 약점

재미있는 것은 규칙에 의거한 도덕의 강점과 약점이 결과주의의 강점 및 약점과 긴밀히 관련되어 있다는 점이다. 다시 말하면 결과주의가 가진 강점의 대부분은 규칙에 의거한 도덕의 약점이 되고, 규칙에 의거한 도덕은 결과주의가 갖는 문제점의 대부분을 보완하는 것이다. 만일 우리가 이 두 입장을 결합할 수 있는 길을 찾는다면 더없이 좋은 일일 것이나 아직 아무도 적절한 조정안을 제시하고 있지 못한 실정이다.

우리가 살핀 바와 같이 결과주의의 근본적인 약점은 그것이 너무나 단순화된 도덕이론을 나타내고 있다는 점이다. 행위의 도덕성을 평가하는 데 관련된 유일한 요인이 행위의 결과라고 주장함으로써 결과론적 접근 방식은 사람에 대한 특수한 의무나 개인의 권리에 대한 존중, 정의에의 욕구 등 일상적인 도덕의식에 있어서 너무나 많은 중요한 측면을 무시해 버린다. 또한 우리가 고찰한 바와 같이 규칙에 의거한 도덕은 그러한 문제들을 다루기 위한 특수한 규칙들을 제시함으로써 일반적인 도덕의식의 많은 중요한 측면들을 조정할 수 있게 된다. 이것이 바로 규칙에 의거한 도덕이 갖는 명백한 한 가지 장점이다.

나아가서, 비록 예외를 두어야 한다고 생각하는 사람들 중에서도 결과주의는 전통적인 도덕규칙에 대해 지나치게 많은 예외를 허용할 것으로 보는 자들이 많다. 이러한 비판가들의 논의에 따르면 규칙을 어김으로써 생기는 결과가 규칙을 지킴으로써 생기는 결과보다 조금이라도 더 낫다면 결과주의자는 우리로 하여금 규칙을 어기라고 말하게 된다는 것이다. 그들은 결과주의자가 예외를 허용하는 일에 너무나 관대하다고 생각하며, 물론 말이 다소 애매하기는 하나, 상당한 위기의 경우에서만 예외를 두는 일이 적합하며 규칙을 어김으로써 단지 사소하게 더 나은 결과가 생겨나는 경우에는 예외를 두어서는 안된다고 주장한다. 예를 들어서 그들은 (이미 제1장에서 논의된) 폭탄을 묻어두어 그것이 폭발함으로써 수많은 생명을 살상하게 될 테러리스트의 경우에 고문 금지의 규칙에 예외를 둘 필요가 있다는 점에는 합의할 것이다. 그러나 그들은 이 경우에도 그러한 처벌이 폭탄이 숨겨진 지점을 발견하기 위한 정보를 얻는 데 도움이 되는 것이 아니고 단지 죄를 자백받는다는 결과만을 얻고자 할 경우에는 그에게 고문을 가하는 것에 반대할 것이다. 요약하면, 많은 사람들은 결과주의가 도덕규칙을 단지 대체적인 것으로 받아들이는 입장인 까닭에 도덕규칙의 의의를 충분히 고려하지 못하고 있다고 생각한다. 이런 이유 때문에 그들은 규칙에 근거한 도덕을 선호하게 되는데, 물론 여기에서 규칙은 필요한 예외에 대한 우리의 도덕적 직관을 고려하게끔 수정될 수도 있을 것이다.

그렇다면 이제 우리는 규칙에 의거한 도덕이 갖는 몇 가지 약점을 살펴보기로 하자.

도덕규칙들간의 상충의 문제

제1장에서 우리는 도덕문제들 중 가장 어려운 형태의 하나가, 각기 나름대로는 합당한 두 개의 도덕원칙들이 상충하는 문제임을 보

앉다. 그 한 예로서 우리는 고발된 범법자에 대한 정보가 범법자가 공정한 재판을 받을 권리를 침해할 경우 그러한 정보를 신문에 공표하는 일을 막는 문제를 두고서 재판관이 당면한 경우를 이용했었다. 결과주의는 그러한 유형의 문제를 다루기에 적합한 방법을 지니고 있다. 그것은 우선 상충하는 규칙들을 일단 무시하고서 최선의 결과를 가져다줄 것이라는 판단에 따라서 행위하는 것이다. 규칙에 의거한 도덕을 믿는 의무론자들은 이러한 상충을 처리함에 있어서 그러한 간명한 접근 방식을 갖지 못한다. 그 대신 특히 직관주의자들은 규칙에 대한 우리의 직관과 특정 경우에 대한 직관들이 조화되도록 상호 조정을 통해서 그러한 유형의 상충을 피하기에 충분할 만한 일련의 도덕규칙 체계를 제시할 수 있다고 기대한다. 그러나 현재로서는 그것이 한갓 기대에 불과할 뿐 현실적으로 실현된 것이 아니다. 따라서 직관주의적 방식을 포함한 규칙에 의거한 도덕은 도덕규칙의 상충 문제를 제대로 다루고 있지 못한 셈이다.

도덕추론의 절차

도덕추론에 대한 결과론적 접근 방식에는 아주 정연하고 간명한 무엇인가가 있다. 우선 우리는 대안들의 목록을 만들고 각각의 결과들을 확인하여 그 가치들을 평가한다. 물론 이러한 단계들을 수행하는 일은 그 이론이 제시하는 것과 같이 정연하고 간명한 것만은 아닐 수도 있으나 결과론자는 적어도 그가 무엇을 수행하고 있는지만은 알고 있는 것이다. 반면에 의무론자는 이러한 점에서 다소 난처한 지경에 처하게 된다. 규칙에 의거한 도덕들 중 가장 도움이 될 만한 입장인 직관주의적인 방식도 우리의 일반 규칙에 대한 직관을 특정 경우들에 대한 직관과 조정해야 한다는 정밀하지 못한 제안에 의거하고 있다. 나아가서 사람들의 직관이 서로 상충하기 때문에 우리의 직관에 의거해서 무엇이 적절한 규칙인가에 대한 어떤 합의에 도달하지 못할 가능성은 언제나 상존한다. 결과주의자는 이들과 달리, "우리는 결과주의적 추론방법에 최선의 노력을 경주할 수밖에 없다"고 말한다.

물론, 직관주의자는 그러한 결론을 받아들이지 않을 것이다. 그들은 그들의 방식이 결국에 가서는 명료한 결론에 이르게 되는 잠재력을 가지고 있다고 느낄 뿐만 아니라, 결과주의자가 결과주의적 접근방식을 실제로 적용하는 데서 생기는 난점을 과소평가하고 있다고 생각한다. 그들은 도대체 우리가 모든 가능한 행위의 결과를 실제로 확인할 수 있는지, 그리고 그것이 갖는 가치를 제대로 평가할 수 있는지에 의문을 제기한다.

이 책을 읽어나감에 따라 우리는 현실의 도덕적 문제 상황에 당면해서 도덕추론의 과정이 도덕에 대한 직관주의적, 의무론적 접근 방식과 결과론적 접근 방식 중 어느 쪽에서 더 어려운지를 확인할 수 있는 여러 기회를 갖게 될 것이다. 그리고 이 책의 마지막 부분에 가게 되면 각 접근 방식이 도덕추론을 위한 유용한 절차를 제공하는 정도를 판정할 수 있을 만한 합당한 위치에 서게 될 것이다.

도덕의 목표

바로 앞장에서 우리는, 결과주의가 갖는 강점 중 한 가지는 그것이 우리가 도덕을 아주 중대하게 여기는 이유에 대한 설명을 제시하는 점에 있음을 지적했다. 즉 그것은 옳은 일을 행함으로써 관련된 이들에게 최선의 결과를 가져오게 된다고 설명한다. 이에 비해 의무론자들은 도덕이 그렇게 중대하다는 점에 대해서 그와 같이 명료한 근거를 제시하지 못한다. 그들은 도덕이란 그 자체로서 중요한 것이며 그것은 우주에 관한 근본 진리일 뿐이라는 주장에 의거할 수밖에 없는 것이다. 결과주의자들은 이러한 무능함을 규칙에 의거한 도덕이 갖는 중대한 결함으로 간주한다.

이 장과 앞장에서 우리는 도덕에 대한 두 가지 기본적인 접근 방식에 대한 중요한 생각들을 논의해 왔다. 우리는 각 입장의 여러 유형들에 대해 검토해 왔고 그래서 결과주의의 형태 중에서는 공리주의를, 의무론적인 형태들 가운데서는 직관주의적 접근 방식을 우리의 입장으로 선정했다. 앞으로 우리는 이 책의 전편을 통해서 그러한 입장을 지지하는 이론들을 검토할 뿐만 아니라 현대의 다양한 도덕 문제들에서 그것들이 내세우는 실체적인 의미를 검토함으로써 그 입장들이 갖는 강점과 약점을 드러내는 가운데 그러한 두 가지 접근 방식을 대조해 보고자 한다.

연습문제

· 아래의 용어들을 우리 자신의 말로 설명해 보자.

1. 의무론적 접근 방식
2. 도덕규칙에 대한 신학적 접근 방식
3. 도덕규칙에 대한 사회통념적 접근 방식
4. 규칙 결과주의 대 행위 결과주의
5. 도덕적 직관주의
6. 상충하는 도덕규칙들

· 복습을 위한 문제

1. 의무론자에게 있어서 행위의 옳고 그름을 결정하는 것은 무엇인가?
2. 통상적으로 의무론적 도덕 체계에 포함되는 중요한 규칙들의 형태는 어떤 것들인가?
3. 도덕규칙들의 주요 원천들로서 제시된 것은 무엇인가?
4. 도덕규칙에 대한 신학적 원천들의 강점과 약점은 무엇인가?
5. 규칙 결과주의는 행위 결과주의와 의무론적인 도덕 양자의 강점을 어떻게 살리고자 하는가?
6. 이 장에 제시된 형태의 직관주의에 따르면 우리는 어떤 유형의 도덕적 직관을 갖는가? 우리는 이와 같이 서로 다른 유형의 직관들을 어떻게 이용하는가?
7. 의무론적 도덕체계의 주요 강점은 무엇인가? 그것은 결과주의의 약점과 어떤 관계를 갖는가?
8. 의무론적 도덕체계의 주요 약점은 무엇인가? 그것은 결과주의의 강점과 어떤 관계를 갖는가?

- 더 생각해 볼 문제

1. 도덕규칙을 절대적인 것으로 간주하는 사람과, 극단적인 경우에는 예외를 두고자 하는 사람 간의 논쟁을 비판적으로 평가해 보자. 이와 같이 예외를 두고자 하는 입장을 택하고자 할 경우 예외를 결정해 줄 방법이 무엇인가 설명해 보자.

2. 이 장에는 의무론적 체계에 통상적으로 포함되는 몇 가지 중요한 유형의 규칙들의 목록이 나와 있다. 다른 규칙들은 더 없는가? 특히 용기나 절제와 같은 덕에 대해서 특수한 규칙들이 필요한 것인가?

3. 신학적인 접근 방식이나 아니면 사회통념적 접근 방식을 옹호하는 자들은 이 장에서 제기된 반론에 어떤 응수를 할 것인가?

4. 모든 경우에 규칙을 따를 것을 내세우는 규칙 결과론자들의 다음과 같은 옹호론을 고찰해 보자 : "도덕이란 유사한 경우를 유사하게 처리할 것을 요구한다. 만일 우리가 몇몇 경우들에 예외를 두고자 한다면 우리는 불공정하게 되는데, 그것은 유사한 경우들이 서로 다르게 처리되기 때문이다. 바로 이러한 이유 때문에 우리는 도덕규칙을 단순히 대체적인 규칙 이상으로 간주해야 하는 것이다."
   이것은 규칙 결과주의가 규칙을 숭배하는 불합리한 형태라는 주장에 대해서 제시할 적절한 응수가 될 것인가?

5. 우리의 직관이 세계에 객관적으로 존재하는 가치 특성에 대한 통찰의 원천이라고 생각하는가? 아니면 우리의 개인적인 사회적 편견의 위장된 형태일 뿐이라고 생각하는가? 이 문제에 대답함에 있어서 다른 배경을 가진 사람들이 서로 다른 직관을 갖는지 어떤지를 확인하는 일이 중요한가?

6. 의무론적 도덕체계는 수많은 다양한 규칙들을 가지며 그러한 서로 다른 규칙들의 요구를 조정할 방식이 없는 까닭에 그러한 체계를 채택할 수 없다고 생각하는 사람들이 있다. 또 어떤 사람은 그러한 복잡성이 도덕적 현실세계의 복잡성을 그대로 반영하고 있을 뿐이라고 주장한다. 이들간의 논점을 비판적으로 평가해 보자.

제 3 장

형사적 정의제도에 관한 가치문제

1. 제도로서의 형사적 정의
2. 범죄의 규정
3. 범 죄 자
4. 체포와 유죄판결
5. 처 벌

제 3 장

형사적 정의제도에 관한 가치문제

　우리가 고찰하고자 하는 도덕적 문제들 중 첫번째 것은 미국에서의 형사적 정의제도(형사재판제도, criminal justice system)의 목표와 기능에 관련된 것이다. 이 제도는 사회가 제정한 규칙을 어기는 사람을 처벌함으로써 사람들이 행동하는 방식에 제한을 가할 수 있는 것이므로 형사적 정의제도를 중심으로 한 문제가 여러 가지 도덕적 문제들을 제기한다는 것은 놀라운 일이 아니다. 특히 우리는 사회가 이런 방식으로 행동을 제한하는 이유가 무엇이고 규칙을 어길 경우 사람들을 처벌함으로써 사회가 달성하고자 하는 목표가 무엇이며 그리고 그 제도가 마땅히 이용해야 할 처벌의 수단은 어떤 것인가 하는 등의 기본적인 문제들을 다루고자 한다.

　형사적 정의제도의 기초와 그것이 구현하고 있는 가치에 관심의 초점을 두고 있는 까닭에 우리가 논의하게 될 대부분의 내용은 자주 뉴스거리가 되는 법과 질서의 실제적인 문제들에 대해 큰 의미가 있을 것이다. 또한 오늘날 미국에서의 형사적 정의제도의 기본 구조를 고찰함에 있어서 우리는 그 제도에 대한 대안이 될 만한 것들에도 어느 정도 주목하고자 한다. 끝으로, 그리고 가장 중요한 문제로서 우리는 이러한 제도의 각 측면들에 의해 제기되는 기본적인 이론상의 도덕적 문제들을 검토하고자 하며 그럼으로써 다음 두 장의 논의를 위한 바탕을 마련하고자 한다. 제4장에서 우리는 이 문제에 대한 공리주의적 해답을 살펴볼 것이며 제5장에서는 의무론자들이 그 문제에 대해 해답을 제시하는 방식을 살필 것이다.

1. 제도로서의 형사적 정의

흔히 철학자들은 처벌의 이론을 제시해야 할 필요성에 대해서 말하기는 하지만 명심해야 할 중요한 것은 형사적 정의제도에서 처벌이란 아주 복잡한 절차의 최종 단계라는 점이다. 따라서 우리가 제시해야 할 필요가 있는 것은 그 제도의 각 요소들과 관련해서 제기되는 여러 가지 문제들을 해결할 수 있는 이론인 것이다. 이 절에서 우리는 형사적 정의제도의 기본 특성에 대한 윤곽을 그려보고 다음절에서 그 제도와 관련된 중요한 이론적이고 도덕적인 문제들을 탐구하고자 한다.

형사적 정의제도는 다음과 같은 네 가지 주요 요소로 되어 있다고 생각하는 것이 도움이 될 것이다. 즉, 일정한 행위를 금지하고 형벌을 지정하는 과정, 이러한 금지사항을 위반한 행위자, 위반을 수사하고 범죄자를 규정하는 절차, 위반한 자에 대한 적절한 처벌이 그것이다. 우리는 이러한 요소들 각각을 차례로 살피고자 한다.

행위를 금지하고 형벌을 지정하는 과정 미국에는 여러 가지 형사적 정의제도가 있다. 예를 들어 연방제도가 있고 각 주마다 독립된 제도가 있다. 모든 형사적 정의제도는 각종 행위들을 금지하고 이러한 금지를 어기는 데 대한 형벌을 지정하는 어떤 절차를 갖추어야 한다.

대표적인 예를 들면 각 주에서 금하고 또한 범죄로 취급하는 일부 행위는 영국의 전통적인 관습법(Common Law)에서 금지되었던 행위들이다. 그러나 주 제도에서 인정되는 대부분의 범죄는 입법 절차를 통해 제정된 것들이며 따라서 형사적 정의제도의 이러한 요소는 본질적으로 입법적 요소임을 주목해야 한다. 입법부가 하는 일은 일정한 유형의 행위를 금지하고 범행에 대한 형벌이나 형벌의 범위를 지정하는 것이다. 따라서 범죄와 그에 따르는 형벌의 규정은 어떤 특정한 경우들을 다룰 수 있는 것도 아니고 다루지도 않는다. 그러나 특정한 범죄행위들은 특정한 여건에서 특정한 사람들에 의해 행해지며, 따라서 나중에 이 장에서 살피겠지만 형사적 정의제도와 관련된 가치문제의 일부는 일반적인 입법상의 행위와 특수한 범죄행위 간의 차이에 근거를 두고 있는 것이다.

이러한 금지조항을 위반하는 행위자 형사적 정의제도의 두번째 요소는 범죄자이다. 앞으로 살피게 되겠지만 여러 종류의 범죄자들이 있기는 하나 법이 다룰 수 있는 가장 무난한 경우는 합리적 정신상태에서 개인적인 이익을 추구하고자 하는 동기에서 자유로운 선택과 계산을 통해서 사회의 규칙을 어긴 성인이다(그런데 모든 범죄자가 이러한 무난한 모형에 속하지 않는다는 것은 불행한 일이다). 사실상 많은 중요한 범죄들이 청소년들에 의해 저질러지고 있으며 청소년 범죄는 형사적 정의제도에 있어서 중대한 문제를 제기하고 있다. 또 다른 중대한 문제는 감정적으로 흥분된 상태나 취중에 저질러진 범죄자를 처리하는 방식과 관련된 것인데 이는 이들의 불법행위는 계산된 것도 합리적으로 자행된 것도 아니기 때문이다. 이러한 것들은 무난한 경우에 속하지 않는 여러 유형들 중 몇 가지 사례들이다. 따라서 이들로 인해 우리는 모든 범죄자가 동일한 형사적 정의제도에 의해 처리될 수 있는지의 문제에 직면하지 않을 수 없게 된다.

위반을 수사하고 범죄자를 결정하는 기구 형사적 정의제도의 이 요인은 경찰, 지역검사, 재판관, 배심원 등이 수행하는 역할들로 이루어진다. 경찰은 범법 행위를 찾아내고 가능한 혐의자들을 체포하며 지방검사는 혐의자를 재판에 회부하기에 증거가 충분한지를 결정하고 재판관과 배심원은 피고가 실제로 죄가 있는지를 결정한다.

최근 면밀한 검토와 아울러 격렬한 비판의 대상이 되고 있는 것은 바로 형사적 정의제도의 이 부분이다. 그에 대해서는 몇 가지 이유들이 있다. 우선, 많은 범죄들이 신중히 수사되지도 않으며 수사된 범죄라도 많은 경우들에 있어서 혐의자가 체포조차 되지 않는다. 나아가서 체포된 혐의자들 중에도 일부만이 고발조치가 되고 그 중 일부분만이 유죄판결을 받는다. 결국 행해진 범죄 중에서 아주 작은 비율의 범법자만이 유죄판결을 받고 처벌되는 식으로 종결된다. 많은 비판가들은 우리 사회에 있어서 법과 질서의 퇴조에 대한 일차적 책임이 이러한 측면에 있어서의 형사적 정의제도의 실패에 있다고 주장한다. 둘째로 유죄혐의를 받은 자들 중에서도 아주 소수만이 실제로 재판에 회부되고 자신이 저지른 범죄에 대해 유죄판결을 받는다. 혐의자가 체포된 대부분의 범죄는 플리 바기닝(plea bargaining)이라는 청원 교섭으로 알려진 절차에 의해 해결된다. 그러한 절차를 통해서 범죄자가 죄를 자백하고 그럼으로써 국가는 그를 재판하는 절차를 생략할 수 있게 되고 그 대가로서 그가 실제로 저지른 범죄보다 적은 범죄에 해당하는 것으로 감형되고 벌금도 적게 물게 되는 것이다. 많은 비판가들은 이것이 사회에 있어서 법과 질서가 문란해지는 데 책임을 져야 할 또 하나의 요인이라고 생각하고 있다.

범법자에 따라 계량된 처벌 현대사회에서 주요한 네 가지 유형의 형벌이 있는데 벌금, 집행유예, 징역, 사형이 그것이다. 근래에 이르러 사형은 극히 드물게만 적용되고 그것의 합헌성 여부에 관해서도 계속적인 논쟁이 일고 있다.

현대의 형사적 정의제도가 갖는 두드러진 특성들 중의 한 가지는 집행유예나 징역에 강한 비중을 둔다는 점이다. 과거에 가장 흔히 부과된 처벌은 무거운 벌금이나 신체적 형벌이었다. 이러한 경향은 많은 비판자들로 하여금 징역이나 집행유예 제도가 제 기능을 수행하기에 부적합하다는 생각을 하게끔 했다. 징역은 형사적 정의제도의 불가피한 측면이 아니라는 점을 기억하는 것이 좋을 것이다.

입법부가 일정한 유형의 범죄에 형벌을 지정하는 책임이 있는 대표적인 기관인 반면, 재판관은 특정한 범죄에 유죄선고를 하는 데 책임이 있는 대표적 기관이다. 어떤 경우에 입법부는 재판관에게 특정한 범인을 처벌하는 방식을 결정하는 일에 있어 상당한 재량권을 준다. 다른 경우에는 입법부가 재판부에게 아무런 재량도 허용하지 않으면서 특정한 형벌을 지정해 준다. 흔히 전자와 같은 접근 방식은 불공평성을 야기한다고 주장되는데, 왜냐하면 그럴 경우에는 서로 다른 재판관이 특정한 범죄자에게 판결을 내리는 데 있어서 서로 다른 기준을 사용할 수 있기 때문이다. 같은 이유로 인해 다른 사람들은 후자의 방법이 불공평하다고 주장하는데, 왜냐하면 그것은 특정한 경우나 특수한 여건을 다루는 데 있어서 요구되는 신축성을 허용하지 않기 때문이다. 현행 형사적 정의제도의 주요한 요소에 대해 이와 같은 간략한 고찰을 통해 이제 우리는 그것이 제시하는 가치문제를 검토함으로써 그 각각을 더 깊이 살필 수 있는 입장에 이르게 되었다.

2. 범죄의 규정

국가가 특정한 행위를 금지하고 위반자들에게 처벌을 통해 위협할 경우 그것은 결국 사람들도 하여금 일정한 방식으로 행위하게끔 강제하고자 하는 것이다. 따라서 형사적 정의제도에 대한 분석은 어떤 근본적인 가치문제에 직면하는 것으로부터 시작해야 한다. 그 문제란 어떤 행위가 법에 의해 금지되어야만 하느냐와 사람들이 그러한 행위를 하지 못하게끔 국가가 강제적 방편을 사용하도록 허용해야 할 이유는 무엇인가 등이다.

이러한 문제들에 대해서 흔히 제시되는 대표적인 해답은 해악의 원리(harm principle)로 알려진 것인데, 국가는 어떤 행위의 수행으로 인해 그 행위를 수행하지 않은 사람이나 그 행위의 수행에 동조하지 않은 사람들에게 해악이 결과될 경우 오직 그 경우에게만 그러한 행위를 금지해야 한다는 것이다. 따라서, 예를 들면 국가가 살인을 금하고 살인을 자행한 자에게는 엄중한 처벌로 위협을 주는 일이 허용되는 이유는, 살인 행위는 그 해악에 동의하지 않는 자에게 해악을 결과하기 때문이다. 따라서 국가는 처벌로 위협을 가함으로써 살인 행위를 중단시키고자 하는 권리를 갖는다.

이러한 추론 과정을 통해서 생각할 때, 과거에 여러 국가들이 했던 것처럼 국가가 사람들로 하여금 특정한 종교적 신념을 갖지 못하게 금지하는 것은 그릇된 일이다. 왜냐하면 단지 그러한 신념을 갖는 것만으로는 다른 이에게 아무런 해악도 줄 수 없기 때문이다. 따라서 사람들은 이러한 신념을 가질 권리를 지니며 국가는 그러한 활동을 금할 수가 없는 것이다. 해악의 원리는 매우 그럴 듯하게 들리며 널리 받아들여지고 있다. 그러나 그것도 여러 가지 방식으로 비판받을 수가 있다.

피해자 없는 범죄   미국의 모든 판결들에서 형법은 최악의 경우 행위자 자신만을 해치거나 그 행위가 이루어지는 것에 찬동한 자만을 해치는 많은 행위들도 금지하고 있다. 자살이나 매음은 가장 대표적인 두 가지 사례이다. 다른 예로는 약물 이용, 고리대금, 헬멧

없이 오토바이를 운전하는 일 등이 있다. 결국 피해자 없는 범죄의 여러 가지 서로 다른 유형들이나 혹은 기껏해야 범행을 한 자신이나 자발적으로 그 범행에 동의한 성인들만을 해치게 되는 범죄에 대해서도 수많은 금지조항들이 있다.

많은 사람들은 이와 같이 대부분의 피해자 없는 범죄(victimless crime)들을 그대로 제외해 두고자 할 것이다. 그들은 형사적 정의제도가 마리화나의 사용이나 합의한 성인들간의 매음, 자살 그리고 그와 같은 다른 활동들을 합법화해야 한다고 주장한다. 그러나 피해자 없는 범죄 모두를 그대로 방치하라고 주장하는 사람은 극히 소수에 불과하다. 예를 들면 대부분의 사람들은 고리대금업이 마땅히 범죄로 규정되어야 한다는 생각을 지지하며 많은 사람들이 오토바이를 탈 경우 헬멧을 써야 한다는 쪽을 찬성하고 있다. 따라서 우리가 피해자 없는 범죄 모두를 방임할 뜻이 없다면 우리는 해악의 원리를 받아들여서는 안되며 그러한 행위들이 법에 의해 마땅히 금지되는, 좀더 만족스러운 어떤 이론을 찾아내야만 한다.

음모와 기도 대부분의 판결에서 사람들은 특정한 범죄 행위를 기도한(attempting) 데 대해, 그리고 다른 사람들과 더불어 그러한 범죄를 음모한(conspiring) 데 대해 처벌을 받을 수 있다. 따라서 기도된 살인은 비록 그 기도가 무참하게 실패로 돌아가 아무도 상해를 입은 자가 없다 할지라도 범죄가 된다. 이와 마찬가지로, 어떤 사람을 납치하고자 하는 음모는 비록 그 음모가 전혀 수행되지 못해 아무도 상해를 입지 않았다 할지라도 범죄가 되는 것이다. 법은 범죄 행위에 대한 (처벌받을 수 없는) 단순한 생각과 (처벌의 대상이 되는) 실질적인 기도나 음모를 구분해야 하는 어려운 문제에 봉착하고 있다. 그러나 상해를 입은 사람이 아무도 없기는 하나 통상적으로 처벌되어야 할, 실질적으로 기도나 음모에 해당하는 명백한 경우들이 많이 있다. 사실상 어떤 사람들은, 예를 들어, 살인 미수는 실제의 살인과 동일한 처벌을 받아야 한다고 생각한다. 결국 그들의 주장에 따르면 그 양 경우들에 있어서 범죄자는 동일한 행위를 하고자 한다는 것이며 단지 실패했다는 이유만으로 처벌을 적게 받아야 할 까닭이 없다는 것이다. 이러한 문제를 제쳐놓더라도 기도된 범죄나 음모에 대한 형사적 처벌이 현존하고 있다는 것은 그러한 행위가 법에 의해 마땅히 처벌되어야 할 것인지에 관한 좀더 만족할 만한 이론이 필요하다는 것을 의미한다.

정당한 해악 만일 당신이 식료품 상점을 갖고 있는데 내가 길 건너에 또 하나의 가게를 차려 당신과 아주 효과적인 방식으로 경쟁을 벌인다고 해보자. 나의 행위는 틀림없이 당신에게 해악을 미칠 것이다. 더욱이 해악을 미치는 나의 행위에 당신이 동의할 가능성은 없는 것이다. 그러나 내기 대체로 불공정하거나 부당하게 보이는 방식으로 경쟁을 하지 않는 한 내 행위가 범죄를 구성할 것 같지는 않다. 역사적으로 보면 성업 중인 사업에 다른 사람이 경쟁하는 일을 금지했던 사회가 있기는 했다. 그러나 우리의 자유 기업 체제 아래에서 경쟁은 건전하고 사회에 이득이 되는 것으로 생각된다. 그렇다면 우리는 이러한 두 가지 견해를 어떻게 조정해야 할 것인가? 이웃에 해악을 끼치는 경쟁적인 사업을 시작하는 것이 범죄 행위가 아니라고 한다면 우리는 해악의 원리를 받아들일 수가 없을 것이다. 해악의 원리는 사람들의 행위가 그로 인한 해악에 합의하지 않는 타인에게 해악을 미치는 경우, 오직 그 경우에만 처벌을 받아야 한다고 말하기 때문이다.

분명히 우리는 이상에 나온 행위들 중 어느 것을 범죄로 취급해야 할 것인지에 대하여 만족스러운 원리를 발견해야 할 필요가 있다. 이러한 원리는 해악의 원리에 대해 제기 되는 여러 가지 반대 사례에 까지도 적용될 수 있어야만 할 것이다. 그것은 또한 합법적인 경우에 는 국가가 사람들에게 정당하게 강요할 수 있는 이유에 대해 만족스러운 설명을 우리에게 제공해 주어야 할 것이다. 다음 두 장에서 우리는 공리주의자와 의무론자가 각각 그러한 문제를 다루는 방식을 살펴보고자 한다.

3. 범 죄 자

역사적으로 보면 범죄 행위를 한 모든 사람이 처벌을 받고 동일한 범행을 한 모든 사람이 동일한 정도로 처벌을 받는 사회의 사례를 발견할 수 있다. 그러나 좀더 유형별로 보면 사회는 범죄 행위에 대해 다양한 면책조건, 감형조건, 정당화조건을 인정하고 있다.

면책조건(excuse)이란, 범행이 실제로 이루어졌고 그른 행위가 수행되기는 했으나 범죄자가 자신이 행한 바에 대해 책임이 없는 까닭에 어떻든 처벌되어서는 안된다는 취지의 논거이다. 법에서 인정하고 있는 한 가지 잘 알려진 면책조건은 정신이상의 경우이다. 따라서 정신이상자가 어떤 사람을 사살했을 경우, 우리의 법에서는 비록 그의 행위가 그릇된 것이기는 하나 그는 자신의 행위에 대해 책임이 없는 까닭에 처벌되어서는 안된다고 한다(물론 그는 정신병동 같은 곳에 수감될 수는 있다).

감형조건(mitigation)은, 어떤 사람이 범죄를 저지르긴 했으나 그 범행이 통상적인 경우만큼 나쁘다고 생각되지 않거나 범행자가 자신의 행위에 대해 전적인 책임이 있지는 않은 까닭에 통상적인 경우만큼 처벌되어서는 안된다는 취지의 논거이다. 예를 들어 어떤 사람이 자신의 처와 자기의 가장 절친한 친구가 한 침대 위에 누워 있는 것을 보고 그 친구를 사살했다고 해보자. 우리의 형사적 정의제도는 대부분의 다른 살인자보다 그 남편에게 가벼운 처벌을 하게 되는데, 그 이유는 한편으로 이 살인자는 격정의 상태에서 행동했으며 따라서 통상적인 경우보다 행위에 대한 책임이 적기 때문이고, 다른 한편으로는 그의 행동을 유발한 상황에 비추어볼 때 그 행위가 그릇된 행위이긴 하나 통상적인 경우들만큼 나쁘지는 않기 때문이다.

정당화조건(justification)은, 어떤 사람이 범행을 저지르긴 했으나 그 특정 경우에서는 그런 행위를 저지르는 것이 그릇된 것은 아니라는 취지의 논거이다. 한 가지 좋은 사례는 범죄가 자신을 상해로부터 보호하기 위해서 이루어졌다고 주장하는 정당방위이다.

논의의 요점은 사회가 범죄 행위를 중심으로 해서 아주 다양한 면책조건, 감형조건, 정당화조건을 인정하고 있다는 점이며, 처벌이 위법 행위가 이루어졌다는 단 한 가지 근거에 의해서만 수행될 수는 없다는 점이다. 더 이상의 근거들이 제시되어야 한다. 대표적인 법적 공식은 범행할 마음(a guilty mind)이 범죄 행위를 수반할 경우에만 처벌이 요구된다는 것이다. 그러나 이러한 공식은 누가 처벌을 받아 마땅하고 누가 처벌받아서는 안될지를 결정하는 데 그다지 도움이 되지 않는다. 왜냐하면 범행의 마음을 구성하는 것이 무엇인지를 그 공식이 말해 주지 않기 때문이다. 그러나 그 공식은 처벌의 행위가 범죄자와 범행의 마음에 대한 일정한 해석을 전제한다는 것을 우리에게 일깨워준다는 점에서 도움이 된다.

1절에서 진술한 바와 같이, 우리는 합리적인 계산 끝에 사적인 이득을 도모하려는 동기로 타인의 권리를 침해함으로써 타인에게 해악을 끼치는 방식으로, 형법의 위반을 자유로이 선택한 정상적인 성인의 경우에 가장 안심하고 처벌을 하게 된다. 이러한 경우에는 면책조건, 감형조건, 정당화조건들이 거의 없다. 그러나 우리는 이러한 모형에 들어맞지 않는 경우들이 많이 있다는 것을 보았다. 그리고 우리는 어떤 사람이 처벌되어 마땅한지를 결정해야 할 곤란한 처지에 자주 처하게 된다. 이러한 결정에 도움을 받기 위해 우리는 범죄자가 마땅히 처벌되기 이전에 도대체 범죄자가 어떤 존재인지를 말해 줄 이론을 필요로 한다.

이러한 이론은 두 가지 기능을 할 수 있어야 한다. 첫째로 그것은 면책조건, 감형조건, 정당화조건에 있어서 정당한 경우와 부당한 경우들을 구분하는 방식을 제시함으로써 예외적인 모든 경우들을 처리할 수 있어야만 한다. 둘째로 그것은, 범법자는 환자와 같이 취급되어져야 하고 처벌되기보다는 치료되어야 한다는 논변과 같이 형사법 체계 전반에 대한 어떤 근본적인 도전에 응답하는 데도 도움이 되어야 한다. 이러한 논변들에 따르면 범행을 한다는 것은 병이 드는 것과 같다. 범행에 책임이 있는 것은 그 사람이 어쩔 도리가 없는 심리적인 강제들이며, 범죄자는 그의 병 증세에 대해서 치료를 받아 마땅한 것이다. 또 어떤 사람들은, 범죄는 일차적으로 기아와 가난의 소산이라고 주장한다. 이런 견해에 따르면 범죄는 처벌이나 치료를 요구하는 것이 아니라 범죄를 결과하는 조건의 제거와 더불어 빈곤 구제 계획을 필요로 한다는 것이다.

현행 제도에 대한 이 두 가지 도전적 견해는 우리가 범죄자를 적절하게 이해하게 되면 반드시 처벌제도를 폐기하게 된다고 주장한다. 그래서 범죄자에 대한 적합한 이론은 그러한 주장들에 대한 적합한 응답까지도 제시할 수 있어야 한다.

다음 두 장에서 우리는 공리주의자들과 의무론자들이 범죄자에 대한 그들의 견해를 구체화시키기 위해 구성한 이론들을 검토하게 될 것이다. 각 이론들은 면책조건, 감형조건, 정당화조건에 대한 대안적인 입장들을 제시하고 있으며, 또한 각 입장은 앞에 나온 근본적인 반론들을 처리하는 대안적인 방식들도 제시한다.

4. 체포와 유죄판결

범죄자의 수사, 체포, 유죄판결 부문에 있어서의 근본적인 문제는 형사적 정의제도가 서로 상충하는 목표를 갖는다는 사실에서 생겨난다. 한 가지 중요한 목표는 범죄자를 체포하여 판결하는 것이다. 이러한 목표에 따르면 범죄 행위로 체포되어 유죄판결을 받은 사람의 수를 극대화하게끔 제도가 구성되어야 한다는 것이다. 제도가 갖는 또 하나의 중요한 목표는 무고한 자를 보호한다는 것이다. 이 목표가 제시하는 것은 부당하게 간섭받고 체포되어 유죄판결을 받는 무고한 당사자들의 수를 극소화시키게끔 제도가 구성되어야 한다는 것이다.

이러한 두 가지 목표가 어떻게 조정될 수 있는지를 살피기 이전에 그것들이 어떻게 해서 서로 상충하게 되는지를 이해하는 일이 중요하다. 상충의 핵심에 놓여 있는 문제는 어떤 사람이 유죄판결을 받기 위해서 어느 정도의 증거가 요구되는가 하는 것이다. 요구되는 증거가 많을수록 체포되어 유죄판결을 받는 범죄자의 수가 적어지게 된다. 즉 죄를 지은 자가 그들의 범죄를 입증할 충분한 증거가 없다는 이유로 법망을 피할 수가 있게 된다. 증거에 대한 요구가 낮으면 법망을 피할 수 있는 범죄자는 줄어들겠지만 증거에 대한 요구가 크지 않다는 이유로 인해 무고한 자들이 부당하게 체포되어 유죄판결을 받도록 연루되는 경우가 증대하게 된다. 요약하면, 어떤 사람이 유죄판결을 받기 위해 요구되는 증거가 어느 정도인가의 문제는 단순한 법의 기술적인 문제 이상의 것이다. 그것은 우리가 근본적인 사회적 가치를 대하는 방식에 따라 그 해결책이 달라지는 문제인 것이다.

흔히 미국의 법은 죄 있는 자가 유죄판결을 받는 것을 보장하는 일보다 무고한 자들이 부당하게 고발되지 않도록 보호하는 데 더 큰 비중을 두고 있다고 한다. 우리의 법 제도는 형사 판결이 합당한 어떤 의심의 여지도 없을 정도로 범죄를 입증해 줄 만한 증거에 기초해야 한다는 요구를 부과하고 있는 까닭에 무고한 한 사람이 유죄판결을 받고 처벌되는 것보다 천 명의 죄인이 방면되는 편이 낫다는 믿음을 택하고 있는 것으로 보인다.

전반적 조망을 위해 우리가 염두에 두어야 할 것은 "합당한 어떤 의심의 여지도 없을 정도로"(beyond any reasonable doubt)라는 구절이 배심원에게 별다른 실제적 지침이 되지 못하며 별다른 이론적 내용도 포함하지 않는다는 점이다. 우리의 재판제도가 유죄판결을 위해 요구하는 증거의 정도는 정확히 무엇인가? 우리는 무고한 한 사람이 유죄판결을 받는 것보다 천 명의 죄인이 방면되는 것이 낫다고 진정으로 믿고 있는가? 우리가 무엇을 믿는가에 상관없이 우리가 이러한 문제들에 대해서 어떤 생각을 해야 할 것인가? 이러한 것들은 중대한 문제로서 다음 두 장에서 우리는 공리주의자들과 의무론자들이 이 문제에 대해 어떤 이야기를 하게 될 것인지 살피고자 한다.

체포와 유죄판결 제도와 관련된 또 하나의 중대한 가치문제는 증거를 입수하는 방식에 대한 강력한 도덕적 문제이다. 예를 들어 우리는 통상적으로 고문을 이용해서 증거를 입수하는 제도에 대해서 만족하지 않을 것이다. 한편에 있어서 우리가 그러한 제도를 믿지 못하는 이유는, 고문을 당할 경우 대부분의 사람들은 어떤 내용이든 불어 버리게 될 것이기 때문이다. 그러나 그러한 제도에 대해 우리가 일차적으로 만족하지 못하는 것은, 정보를 입수하는 어떤 방편은 도덕적으로 그른 것이며 이용되어서는 안된다는 우리의 믿음 때문이다.

정보를 얻는 방법과 관련하여 우리의 헌법상의 규칙에 명시되어 있는 일정한 요구사항과 제한사항들이 있다. 즉, 불법적인 수색과 체포에 대한 금지, 재판시 증언을 거부할 권리, 적당한 법적 절차를 요구할 권리 등이 그 몇 가지 사례들이다. 최근에 이르러 이러한 요구사항들이 광범위하게 상세화되어 왔는데, 거기에는 혐의자들도 매우 다양한 여러 단계들에서 상담할 자격을 가질 권리가 있다는 사실에 대해 일깨워져야 한다는 등 여러 가지가 있다.

분명히 우리는 우리의 형사적 정의제도가 죄 있는 사람을 체포하고 유죄판결하기를 원한다. 동시에 우리는 이러한 과정 중에 오직 정당한 방편만을 활용하기를 원한다. 그리고 또 이러한 두 가지 목표를 만족시키기 위해 요구되는 조정 절차가 있게 된다. 체포와 유죄판결의 제도에 부과되는 제약조건이 적을수록 죄인이 체포되고 유죄판결을 받게 될 가능성이 증가한다. 그러나 그렇게 함으로써 우리가 치르게 되는 대가는 혐의자의 권리가 다소 무시된다는 점이다. 이러한 권리에 더 관심을 기울일수록, 즉 체포와 유죄판결의 과정에 더 큰 제약조건을 부과할수록 우리가 체포하고 유죄판결을 내릴 수 있는 범죄자의 수는 감소하게 된다. 근래에 이르러 이러한 문제들은 사람들이 그러한 두 목표를 조정함에 있어서 적절한 선택을 했는지를 문제삼게 됨에 따라 많은 논란의 대상이 되고 있다.

어떤 사람들은 최근 2년간에 내려진 대법원의 판결이 혐의자의 권리 보호를 지나치게 강조해 왔다고 주장한다. 또 다른 사람들은 여러 가지 수사 절차들은 아직도 혐의자의 권리를 침해하고 있고, 따라서 우리는 이러한 권리를 보호하고 적절한 법의 절차를 보장하기에 충분할 만한 일을 하지 못했다고 주장한다. 다음 두 장에서 우리는 이러한 문제들에 대한 공리주의적 접근과 의무론적 접근에 함축된 의미들을 분석해 보고자 한다.

형사적 정의제도의 이러한 측면들에 대해 고찰해야 할 일련의 문제들이 더 남아 있다. 우리가 1절에서 지적한 바와 같이 범죄를 저지른 사람들 중 일부만이 실제로 고발되어 유죄판결을 받는다. 뿐만 아니라 이렇게 유죄판결을 받는 사람들 중에서도 대부분은 플리 바기닝이라는 청원 교섭의 결과로 주어진 자백에 근거해서 판결을 받는다. 다시 말하면 형벌을 더 경감해 준다는 약속의 대가 혹은 좀더 가벼운 범죄의 책임을 지운다는 약속의 대가로 범죄자는 재판 없이 범죄를 자백하고 재판관이 약속한 바에 따라 형을 선고받게 된다.

　우리의 제도에서 이러한 측면은 바람직한 것일까? 플리 바기닝은 신속한 판결을 보장하고 법원이 소송사건들로 붐비는 것을 막아주는 데 도움이 되며 죄인들이 적어도 어느 정도까지는 처벌받게 됨을 보증해 준다. 또한 플리 바기닝은 유죄판결을 보증하기에 증거가 충분하지 못한 경우에 유죄를 조작하는 데 이용될 수 있다는 주장들도 있다. 혐의자들은 재판에 회부될 경우 더 곤란한 처지에 빠진다는 말을 듣고 두려움이나 무지로 인해서 그들이 행하지도 않은 범죄를 자백하게 된다. 플리 바기닝에 반대하는 자들은 그러한 제도에 반대하는 이유로, 한편으로는 유죄판결이 조작될 수 있다는 점과 다른 한편으로는 그것이 도덕적인 근거에서 의문의 여지가 있는 제도와 관련된다는 점을 들고 있다. 우리는 다음 두 장에서 이러한 문제들을 더 자세히 살피기로 한다.

5. 처　벌

　범죄자의 처벌이라는 형사상의 정의제도의 최종 단계에 관해서도 여러 가지 문제들이 있다. 이 문제에는 적절한 처벌의 유형과 적절한 처벌의 정도가 포함된다. 차례로 그 각각의 문제를 살펴보기로 하자.

　앞에서 주목한 바와 같이 우리 제도가 채택하고 있는 주요 처벌은 벌금, 집행유예, 징역이다. 우리는 이러한 유형의 처벌들에 아주 친숙해 있어서 흔히 그것들이 역사적으로 보아 얼마나 최근에 와서야 이용되기 시작한 것인지를 잊고 있다. 징역이 주요 처벌 형태로 이용된 것은 19세기의 대혁신으로서 서구 사회에 나타났다. 초기에 징역을 내세운 자들은 그것을 강제노동, 체형, 사형 등에 대한 인간주의적 대안으로서 생각했다. 이와 같이 인간적인 제도라는 맥락에서 처벌 이후에 복권(원상 회복)이 이루어짐으로써 범죄자나 사회에 더 유리한 것으로 생각되었다.

19세기 이 같은 큰 희망은 감옥생활의 실상에 대한 모든 연구들에 의해 신랄한 공격을 받게 되었다. 복권계획은 거의 성공을 거두지 못했고 대체로 보아 이제는 단지 명목상으로만 그러한 목표를 내세우는 것으로 되었다. 더욱이 교도소 내의 짐승 같은 생활조건은 부분적으로는 재정 부족의 결과이자 부분적으로는 한 장소에 너무 많은 사람들이 수감된 결과인데, 이제는 연방법원이 개입하여 적어도 최소한의 인간다운 생활수준을 보장하기 위해 노력하지 않을 수 없는 그러한 지경에 이르게 되었다.

좋은 의도에서 시작되긴 했으나 인간을 개조하겠다는 시도는 이제 한갓 비웃음거리가 되고 말았다. 어떻게 해서 이런 일이 일어나게 되었을까? 그에 대한 대답을 위해 우리는 다음과 같은 두 가지 근본적인 물음에 답해야 한다. 즉, 인간적으로 처벌한다는 것이 가능한가? 그리고 징역이 우리의 목적을 달성하기 위한 합당한 방편인가?

검토되어야 할 또 한 가지 역사적 변화는 사형제도의 이용이 퇴조하고 있다는 점이다. 사람들은 서로 다른 여러 가지 근본적인 가치관에 의거해서 이러한 현상을 정당화하고자 한다. 가장 널리 인용되고 있는 것들 중 하나는, 비록 범죄자를 처벌한다는 의도로서 시행되기는 하나 사람의 생명을 인위적으로 빼앗은 것은 그르다는 견해이다. 이러한 견해와 강하게 대립하는 견해는 사형보다 가벼운 처벌로는 공정한 처벌이 될 수 없을 정도로 극악한 유형의 행위(가장 뚜렷한 것으로는 살인)가 있다고 진술하는 견해이다. 사형이라는 처벌제도에 대한 열띤 논의에 불을 붙이는 것은 바로 이와 같은 근본적인 가치관의 불일치이다.

처벌의 강도에 관해서는 여러 가지 근본적인 논란이 제기되고 있다. 우선, 우리의 형법의 배경에는 특정 유형의 범죄에 어느 정도의 처벌을 지정할지를 결정하는 데 도움이 될 어떤 체계적인 이론이 없다. 이 때문에 사태가 제멋대로 돌아가기에 이르렀다. 그 결과로서 많은 사람들은 우리가 어떤 범죄는 너무 가혹하게, 어떤 범죄는 너무 관대하게 처벌함으로써 불공정한 결과를 낳게 되었다고 믿게 되었다. 예를 들어서 공금 횡령이나 가격 협정과 같은 화이트칼라 범죄는 절도나 폭력 같은 길거리의 범죄와 비교해 볼 때 너무 관대하게 처벌되고 있다고 흔히 말해진다.

두번째 유형의 문제는 재판관의 자유재량의 문제와 관련된다. 입법부가 일정한 범죄에 대해서 넓은 범위의 가능한 형벌들을 지정해 두고서 그 중에서 실제적인 형벌은 재판관에 의해 결정되도록 위임할 경우 그로 인해 생겨날 좋은 점과 나쁜 점의 비중이 가려져야 한다. 주요한 장점은 그것이 재판관으로 하여금 각 경우의 특수 여건에 따라 형벌을 조정할 수 있게끔 한다는 점이다. 이러한 신축성은 어떤 유형의 공정성을 가능하게 하는 것으로 보인다. 반면 주요한 단점은 서로 다른 재판관들이 사태를 달리 봄으로써 그 결과 선고에서 큰 격차가 생겨날 수 있다는 점이다. 이는 우리의 형평 감각에 어긋나는 일이다.

결론적으로 우리는 형사상의 정의제도의 모든 다른 측면과 마찬가지로 처벌의 영역에 있어서도 여러 가지 가치문제들이 관련된다는 것을 알게 되었다. 이것이 암시하는 바는 명백하다고 생각된다. 우리는 그러한 문제들에 대한 해답을 발견하는 데 도움이 될 체계적인 도덕적 접근 방식을 필요로 한다. 다음 장에서 이러한 두 가지 서로 상충하는 접근 방식을 각각 검토할 것이다.

연습문제

· 아래의 용어들을 우리 자신의 말로 설명해 보자.

1. 형사상의 정의제도
2. 플리 바기닝
3. 해악의 원리
4. 피해자 없는 범죄
5. 면책조건
6. 감형조건
7. 정당화조건
8. 정당한 법적 절차
9. 처벌의 목표로서의 복권(원상 회복)

· 복습을 위한 문제

1. 어떤 형사상의 정의제도에 있어서 주요 요소들은 무엇인가? 미국의 법 제도에서는 이러한 요소들이 어떤 점에서 발견되는가?
2. 해악의 원리가 갖는 강점과 약점은 무엇인가?
3. 피해자 없는 범죄란 무엇인가? 피해자 없는 범죄가 해악의 원리를 믿는 자들에게 문제시되는 이유는?
4. 분명히 범죄를 저지른 사람을 우리가 처벌하지 않고 종종 방면하는 까닭은 무엇인가? 이에 대한 대답이 범죄 행위에는 반드시 범죄의 마음이 동반되어야 한다는 요구사항과 어떤 관계가 있는가?
5. 범죄자를 체포하고 판결하는 제도의 서로 다른 목표는 무엇인가? 어떻게 이러한 목표들이 때때로 상충하게 되는가?
6. 정당한 법적 절차의 보증사항으로 요약되는 특정 유형의 요구사항은 무엇인가?

7. 플리 바기닝의 이점과 결점은 무엇인가?
8. 처벌의 형태로서 징역이 갖는 이점과 결점은 무엇인가?

▪ 더 생각해 볼 문제

1. 피해자 없는 범죄가 실제로 존재하는가? 피해자 없는 범죄로 추정
   되는 이러한 것들이 모두 실제로는 타인들에 대한 간접적인 해악을
   내포하는 것이 아닌가?
2. 우리가 형사상 정의제도 속에 도입하고 싶은 중요한 면책조건, 감형
   조건, 정당화조건들은 어떤 것인가? 이러한 것들이 우리의 현행 형
   사적 정의제도에서 실제로 발견되는 것과 어떤 점에서 비교되는가?
3. 다음의 논변을 비판적으로 평가해 보자 : "많은 사람들이 절망과 가
   난이라는 조건 속에서 태어나지만 범죄를 저지르지는 않는다. 많은
   사람들이 범죄자에게 작용하는 것과 동일한 심리적 상태에 처하게
   되지만 범죄를 저지르지는 않는다. 따라서 이러한 외적인 힘들이 범
   죄의 원인은 될 수 없다."
4. 미국에서 유죄판결을 위해 요구되는 증거의 정도와 절차의 유형 모
   두에 대해 이같이 엄격한 요구조건을 부과하는 이유는 무엇인가?
   이것이 우리의 역사적 경험과 어떤 관계를 맺고 있는가?
5. 합당한 어떤 의심의 여지도 없을 정도로 범죄를 확증하는 증거의
   요구란 실제로 무엇을 의미하는가? 이러한 요구사항에 대한 대안은
   무엇인가?
6. 현재 우리가 채택하고 있는 처벌들을 대신해서 제시할 수 있는 대
   안적 처벌 형태는 무엇인가? 이러한 대안적 처벌 형태가 갖는 이점
   과 결점은 무엇이 될 것인가?

형사상의 정의제도 : 공리주의적 입장

1. 형사상의 정의제도의 목표로서의 예방
2. 범죄 규정에 대한 공리주의적 이론
3. 범죄자에 대한 공리주의적 분석
4. 법적 절차에 대한 공리주의적 분석
5. 처벌에 대한 공리주의적 분석
6. 결 론

제 4 장

형사상의 정의제도 : 공리주의적 입장

이 장에서 우리는 형사상의 정의제도와 관련된 도덕적 문제를 공리주의적 관점에서 살피고자 한다. 하지만 한 가지 주의할 것이 있다. 즉 모든 공리주의자들이 이러한 입장의 바탕이 되는 기본적인 이론체계를 합의하고 있기는 하나, 우리가 여기에서 관심을 두고 있는 구체적인 도덕문제들에 대해서 모든 공리주의자들이 동일한 분석을 제시하지는 않는다. 이 점은 놀라운 일이 아니다. 동일한 체계 속에서 일하고 있기는 하나 서로 다른 공리주의자들은 최선의 결과를 가져오는 제안이 어떤 것인가에 대해서 쉽사리 의견을 달리 할 수 있다. 그래서 이 장에서 제시되고 있는 것은 형사상의 정의제도에 대해서 유일한 공리주의적 입장이라기보다는 공리주의적 입장들 중의 하나임을 염두에 두어야 한다.

1. 형사상의 정의제도의 목표로서의 예방

형사상의 정의제도의 문제들에 대한 공리주의적 입장의 배후에는 이러한 제도가 사람들이 범죄 행위에 가담하는 일을 예방하기 위해 마련된 필요악이라는 생각이 근본적으로 깔려 있다. 처벌을 필요악으로 보는 견해를 뒷받침하는 기본적인 논변에는 두 가지가 있다. 첫째, 이러한 제도를 구성하고 그것을 운용하는 데는 대단히 많은 자원이 요구된다. 사회는 경찰, 법원, 감옥에 엄청난 투자를 해야 한다. 그런데 이러한 제도들에 자원을 소모함으로써 사람들이 갖게 될 광범위하게 다양한 다른 선호들을 충족시키는 데는 그것을 사용할 수가 없게 된다. 이러한 다른 선호들이 충족되지 못하는 그 정도만큼 형사상의 정의제도가 존립하고 그것이 운용된다는 바로 그 사실 자체가 악이 되는 것이다. 둘째로, 형사상의 정의제도로 인해서 누군가가 처벌될 경우 그것은 또한 악을 산출한다. 결국 어떤 처벌이건, 적어도 범죄자의 선호들 중 일부를 좌절시키게 된다. 왜냐하면 만일 그렇지 않을 경우에는 범죄자가 처벌되지 않을 것이기 때문이다.

이 마지막 논점에 대해서는 좀더 설명할 가치가 있다. 범죄자는 처벌받아 마땅하기 때문에 이러한 처벌이 시행될 경우 정의가 실현되며 정의는 본래적 선인 까닭에 범죄자를 처벌하는 것도 본래적 선이라고 내세우는 이론도 있다. 하지만 공리주의는 누구의 선호이건 그것이 좌절된다는 것은 악이라는 근거에서 그러한 이론을 거부한다. 그것이 누구의 선호이든 상관이 없으며 설사 그것이 성격상 범죄자의 것이라 할지라도 마찬가지라는 것이다.

공리주의자들은 처벌을 악으로 보는 견해를 갖기는 하나 처벌이 필요한 것이라는 것도 동의한다. 그들이 처벌을 필요악이라고 말하는 것도 바로 그러한 의미에서이다. 그들은 처벌이 가져올 나쁜 결과보다 처벌을 함으로써 생겨날 좋은 결과가 더 중요하다고 생각하는 까닭에 처벌이 필요하다고 본다.

여기에서 말하는 좋은 결과란 무엇인가? 공리주의자들의 대표적인 주장은 형사상의 정의제도가 갖는 예방의 효과(deterrent effect)가 바로 좋은 결과의 내용이라는 것이다. 이로써 공리주의자들이 의미하는 바는 형사상의 정의제도가 존립하고 그것을 활용함으로써 사람들의 범죄를 예방한다는 것이다. 체포되어 처벌받는 것을 아주 두려워하는 자는 범죄를 저지르지 않게 될 것이다.

공리주의자들은 두 가지 유형의 예방, 즉 특수한 예방과 일반적 예방을 구분한다. 특수한 예방이 생겨나는 경우는 체포되어 처벌되는 범죄자가 (1) 처벌로 인해서(즉 징역을 살거나 사형당함으로써) 범행을 더 이상 할 수 없게 되거나, 혹은 (2) 더 이상 처벌받고 싶지 않은 까닭에 범행을 두려워한다는 어느 한 가지 이유 때문에 다시는 범죄를 저지르지 않게 될 때이다. 일반적 예방이 생겨나는 경우는 어떤 범죄자의 체포와 처벌이 혹시 범죄를 저지를지도 모를 다른 (other) 잠재적 범죄자가 범행을 하지 않게 되는 결과를 가져올 때이다. 일반적 예방의 한 사례는 경찰이 속도위반 차량에 스티커를 주는 것을 보고서 우리가 속도를 줄일 경우이다.

공리주의들은 형사상의 정의제도가 확립되고 운용된다는 것이 필요악이라고 생각하는 까닭에, 그들은 또한 그러한 제도의 활용은 오직 실제로 생겨날 악보다 결과하는 예방효과가 더 큰 경우에만 한정되어야 한다고 믿는다. 따라서 공리주의자들의 주장에 따르면 바라는 예방효과의 수준에 이르는 데 필요한 정도를 넘어선다는 의미에서 범죄자를 과도하게 처벌해서는 안된다는 것이다. 19세기에 공리주의자들은 형사상의 정의제도에 있어서 인간적인 개혁을 성취하는데 매우 적극적이었다. 그들이 제시하는 논변의 주요 핵심은 그 당시 활용되던 수준보다 더 온건한 처벌 대책을 통해 예방에 대한 사회적 선호를 만족시킬 수 있다는 것이었다. 따라서 형사상의 정의제도의 과대한 적용은 폐기되어야 할 불필요한 악이었다.

마지막 한 가지 문제점은 다음과 같다. 어떤 사람들은 형사상의 정의제도가 범죄 행위를 예방한다는 가정에 의문을 제기한다. 그들의 지적에 따르면, 인류 역사를 통해서 모든 범죄는 형사상의 정의제도가 있었음에도 불구하고 발생했다는 것이다. 그래서 그들은 그러한 제도가 범죄 행위를 예방할 수 있다고 어떻게 믿을 수 있겠는가라고 묻는다. 이것이 타당한 논변이 되지 못하는 까닭은 잠시만 생각해 보아도 알 수가 있다. 우리가 아는 바로는 형사상의 정의제도가 없을 경우 훨씬 더 많은 범죄가 저질러지리라는 점이다. 형사상의 정의제도가 모든 범죄를 예방하지 못했다는 사실은 그것이 상당한 정도의 범죄를 예방하지 못했다는 것을 의미하지 않는다. 그런데 이 마지막 논변은 그릇된 점이 있기는 하나 유용한 점도 있다. 즉, 그러한 논변은 형사적 정의제도에 대한 공리주의의 모든 입장이 그러한 제도가 있음으로써 범죄에 대한 일정한 예방효과가 있다는 경험적 가정에 의거하고 있는 방식을 지적해 준다는 점에서 그 유용성이 있다는 것이다.

2. 범죄 규정에 대한 공리주의적 이론

형사적 정의제도와 관련해서 우리가 다루게 될 첫번째 도덕적 문제는 입법부가 어떤 행위를 불법적인 것으로 규정해야 하는가라는 문제이다. 입법부가 어떤 것을 범죄로 규정할 때면 그것은 언제나 행위를 지도하기 위한 강권력으로서 형사적 정의제도를 이용하게 된다는 점을 상기해야 한다. 이러한 이유 때문에 우리는 어떤 행위가 범죄로 규정되어야 하느냐 뿐만 아니라 그것이 범죄로 규정되는 이유도 이해해야만 한다.

공리주의적 관점에서 볼 때 일정한 유형의 행위를 범죄로 공표하는 결정은 다른 모든 결정과 마찬가지로 그 행위를 수행함으로써 생기는 결과에 의해 정당화되어야 한다. 물론 어떤 유형의 행위를 범죄로 규정함으로써 어떤 나쁜 결과가 생기게 될 수도 있다. 우선 그러한 행위를 수행하고자 하는 욕구를 가진 많은 사람들은 처벌의 두려움 때문에 그러한 행위를 하지 못함으로써 그들의 욕구가 좌절된다는 것을 알게 될 것이다. 둘째로, 사회는 새로운 범죄를 처벌하고 시행하는 데 필요한 인적·물적 자원을 공급함으로써 추가되는 경비를 들이게 된다. 그 결과 그러한 자원은 다른 선호의 충족을 위해서 사용될 수가 없게 된다. 끝으로 새로운 범죄를 저질러 체포된 사람은 처벌을 받을 것인데, 이것 역시 1절에서 본 바와 같이 공리주의적 관점에서 볼 때 손실로 간주된다. 반면에 어떤 행위를 범죄로 규정함으로써 좋은 결과도 생기게 된다. 그러한 행위를 행했을지도 모를 많은 사람들이 처벌의 두려움 때문에 그러한 행위를 하지 않게 된다. 문제의 그 행위가 타인에게 해를 끼칠 수 있는 것이라면 그것을 범죄로 규정하는 결정은 일부의 사람들을 상해로부터 구제하게 된다.

좋은 결과와 나쁜 결과의 목록을 모두 작성하고 서로의 비중을 젤 경우 공리주의자는 하나의 결정에 이르게 된다. 손실이 더 클 경우 그 행위는 범죄로 규정되어서는 안되며 이득이 클 경우 그것은 범죄로 규정되어야 한다.

이러한 공리주의적 분석을 해악의 원리와 비교해 보면 어떻게 되는가? 대부분의 경우에 그 두 가지는 일치하게 될 것이다. 그에 동의하지 않는 타인에게 해를 주는 어떤 유형의 행위가 있다고 가정해 보자. 이 경우에 공리주의자들은 그 행위가 범죄로 규정되어야 한다고 하는 점에 있어서 대체로 해악의 원리와 일치하게 된다. 결국 행위를 범죄로 규정함으로써 생기는 이득(상해받게 될 사람을 상해로부터 보호함)이 그것을 범죄로 규정함으로써 생기게 될 손실(추가되는 행정적 비용, 잠재적 범죄자의 좌절된 욕구)을 능가할 가능성이 있다. 따라서, 예를 들어 살인은 범죄로 규정되어야 하는데, 그 까닭은 대부분의 경우 살인을 방지함으로써 생기는 이득이 형사적 정의제도에 추가되는 행정적 부담과 잠재적 살인자의 좌절된 욕구 등의 손실을 능가하기 때문이다.

그런데 아무에게도 해를 주지 않거나 행위자 자신이나 그런 행위에 동의한 자에게만 해를 끼치는 그런 유형의 행위가 있다고 하자. 이런 경우에도 역시 공리주의자들은 그런 행위가 범죄로 규정되어서는 안된다고 하는 점에서 대체로 해악의 원리에 합의할 가능성이 있다. 이 경우에 그 행위로 인해 해악을 입을 사람이 없는 까닭에 그것을 금지함으로써 아무런 이득도 생길 수가 없다. 그런데 비록 범죄자나 그에 동의한 자가 해악을 입을 수 있다 할지라도 (적어도 그 손실을 감수하게 될 자가 보기에는 대단한 것이 아닐지는 모르나) 그 해악을 방지함으로써 생기는 이득보다 그렇게 하기 위해 드는 추가 경비가 더 클 가능성이 있다.

그래서 공리주의적 분석이 옳다면 예를 들어 마리화나 사용은 범죄로 규정되어서는 안되는데, 왜냐하면 공리주의자는 마리화나 사용자에게 별다른 해악이 없거나 아니면 설사 해악이 있다 할지라도 그에게 주는 이득이 해악보다 크다고 판단하기 때문이다. 이런 경우에 형사적 정의제도를 관리하는 데 드는 비용과 사용자들의 욕구를 좌절시킴으로써 생기는 불이익이 그러한 약물 사용을 금지함으로써 생겨나는 어떤 이득보다 큰 것일 가능성이 있다.

일반적으로 공리주의적 분석은 해악의 원리와 동일한 결론에 이르게 될 것이다. 그러나 이에는 예외가 있을 수 있다. 두 가지 중요한 유형의 예외로는 (1) 관리하는 데 드는 비용이 지나치게 큰 경우들과 (2) 범죄자가 자신이 감수하게 될 손실을 알아차리지 못하는 경우들이 있다. 이러한 각각의 경우들을 차례로 살펴보기로 하자.

논의의 편의상 금욕주의자들의 말이 옳다고 가정하여, 음주를 허용하면 대부분의 경우 과음으로 인한 손실이 적절한 음주로 인해 생기는 이득을 능가해 버리는 비극적 결과를 가져온다고 해보자. 만일 사실이 그러할 경우 해악의 원리에 따르면 술을 생산하고 판매하는 일은 범죄로 규정되어야 할 것이다. 왜냐하면 그것은 상당한 해악을 결과하는 활동이기 때문이다. 그러나 실제상의 경험이 보여주는 바, 술과 같이 수많은 사람들이 원하고 있고 계속 사용하게 될 어떤 것을 금지하는 일은 그러한 법을 시행하는 데 드는 경비가 대단하여 그것이 어떤 이득보다도 크게 될 것이므로 결코 이로운 결과를 가져올 가능성이 없다. 그래서 이런 유형의 경우에는 공리주의적 관점이 해악의 원리와 일치하지 않게 된다.

두번째 예외에는 고리대금법에 의해 잘 예시될 수 있는 유형과 같은 경우가 포함된다. 고리로 돈을 빌리고자 하는 사람들은 통상적으로 지극히 어려운 처지에서 그렇게 한다. 이러한 처지에서 그들은 자신에게 지극히 불리한 대부를 받아들이게 되는, 그런 종류의 그릇된 판단을 내리는 경향이 있다. 이런 경우에 비록 그가 그 행위에 동의했다 할지라도 피해자에게 돌아갈 손실은 엄청난 것인 까닭에 공리주의적 분석에서 고리대부를 금지함으로써 생기는 이득이 그것을 불법화하는 데 드는 비용을 능가한다는 결론에 이르는 것은 타당한 것이다. 그래서 사람들이 자신에게 돌아올 이득과 손실의 전모를 제대로 판단할 수 없을 경우 공리주의적 분석은 해악의 원리가 제시하는 것과는 다른 결론에 이르게 된다.

이제 우리는 공리주의적 분석이 우리에게 제시하는 범죄의 규정이 어떤 것인가를 알 수 있게 되었다. 첫째로 그것에 따르면 범죄로 규정되어야 하는 행위는 그것을 금지함으로써 생기는 이득이 그것을 금지함으로써 생기는 손실을 능가하는 그런 행위라는 것이다. 그리고 둘째로, 공리주의적 분석에 따르면 이러한 행위를 범죄로 규정하는 이유는 그렇게 함으로써 생기는 결과가 유익하기 때문이며 우리는 언제나 유익한 결과를 가져오는 일을 행해야 한다. 그래서 우리는 이런 식으로 해서 어떤 행위가 범죄로 규정되어야 하는가에 대한 공리주의적 분석뿐만 아니라 어떤 유형의 행위를 범죄로 규정해야 하는 이유도 명료하게 이해하게 되었다.

3. 범죄자에 대한 공리주의적 분석

공리주의자에 따르면 형사적 정의제도의 전체적 목표는 범죄자들을 처벌로 위협함으로써 범죄를 예방하는 것이다. 처벌의 위협이 어떤 식으로 작용할 것인가? 그 기본적인 생각은 매우 간단하다. 사람들이 범죄를 저지르는 이유는 돈으로 환산되든 안되든 간에 그에게 생길 이득이 그에게 올 손실을 능가한다고 믿기 때문이다. 처벌의 위협은 바로 그러한 계산에 변화를 줄 것으로 생각된다. 만일 우리가 형사상의 정의제도를 제대로 마련한다면 잠재적 범죄자는 그의 이득과 손실을 다시 평가하게 될 것이고 범죄를 행함으로써 오는 손실(처벌)이 이득을 능가하게 된다고 결론을 내림으로써 그가 범죄를 저지르는 일은 예방되는 것이다.

범죄의 예방이 어떻게 이루어지는지에 대한 이러한 간단한 해명 속에 전제되어 있는 범죄인 상(picture of the criminal)은 어떤 것인가? 분명히 범죄자는 특이한 형태의 추론을 행하고 무절제한 행동을 하는 비합리적 존재로 비치고 있지는 않다. 반대로 그들은 우리 보통 사람들과 똑같은 방식으로 사태를 생각하는 사람으로 간주된다. 우리가 어떤 일을 해야 할지를 결정하는 경우 우리는 이득과 손실을 대조해서 비중을 잰다. 잠재적 범죄자는 그의 범죄 행위를 기도함에 있어 똑같은 일을 행한다. 달리 말하면 그는 단지 그러한 범죄를 저지르는 것이 그에게 이득이 될지 어떨지를 추산해 보고자 한다. 형사적 정의제도의 목표는 범행으로 인해 이득이 없다는 결론을 내리기에 충분할 정도로 여건을 변화시키고자 하는 것이다.

이상과 같이 잠재적 범죄인 상은 그에게 작용하는 심리적 혹은 사회적 영향력에 대해서 전적으로 중립적인 것이다. 사실상, 그러한 범죄인 상은 범죄인으로 하여금 범행을 하게 하는 것이 그가 처한 사회적 여건이라는 견해와 양립하며 또한 그로 하여금 범행을 하게 한 것은 그의 성장과정 중에 생겨난 심리적 요인들이라는 견해와도 양립이 가능하다. 이러한 범죄인 상이 요구하는 것은 범죄자가 범행의 결과가 수지타산에 맞는지 어떤지를 평가할 능력이 있다는 것이 전부이다. 이러한 평가에 따라 그가 범행하는 것이 타산에 맞지 않다고 결론을 내리게 되는 한에서 형사상의 정의제도가 있어야 할 합당한 목적이 있게 되는 것이다. 따라서 범죄자에 대한 공리주의적 견해는 우리가 제3장 3절에서 논의한 형사상의 정의제도에 대한 대표적인 반론들에 의해 난관에 처하게 되지는 않는다. 공리주의자들은 그러한 반론들이 가정하고 있는 심리학적이고 사회학적인 결정론을 받아들일 수가 있다.

면책조건과 감형조건 문제에 대해서는 어떤가? 정신이상이라는 주요한 면책조건의 근거에 대해 제레미 벤담(Jeremy Bentham)이 제시한 고전적인 공리주의적 해명을 생각해 보자. 정신이상의 범죄자는 정신이상인 까닭에 처벌의 위협에 의해서도 범죄가 예방될 가능성이 없으며 따라서 그를 처벌한다고 해도 아무런 이득이 없다. 그러나 공리주의적 관점에서 볼 때 모든 처벌은 범죄자가 고통을 받는 까닭에 손실을 내포하게 된다. 그러므로 벤담에 따르면 우리는 정신이상의 범죄자는 면책해야 한다. 이런 식으로 해서 벤담은 면책조건과 감형조건을 지지하는 공리주의적 이론을 세우고자 했다.

불행하게도 벤담의 논변은 한 가지 중요한 오류를 내포하고 있다. 비록 우리가 정신이상의 범죄자들이 처벌의 두려움에 의해 범행을 그만두지 않게 된다는 데 합의한다 할지라도, 그렇다고 해서 정신이상인 범죄자를 처벌하는 것이 아무런 예방효과도 갖지 않는다는 것을 의미하지는 않는다. 그것이 정신이상이 아닌 자들의 범행을 예방하는 데 도움이 되지 않을 이유가 있는가? 우선, 만일 우리가 정신이상이든 아니든 모든 범죄자를 처벌할 경우 그것은 정상적인 잠재적 범죄자들에게 범죄를 저지를 경우 면책조건이나 감형조건에 의해 모면할 기회를 가질 수 없다는 분명한 경고의 효과가 있게 된다. 둘째로 우리가 처벌하는 범죄자가 많을수록 처벌의 위협은 더 엄중한 것으로 받아들여지게 될 것이다. 따라서 비록 처벌받을 자가 통상적으로 정당한 면책조건의 이유로서 생각되는 (정신이상과 같은) 사유를 갖는다 할지라도 그의 처벌은 예방의 효과가 있다는 근거에서 정당화될 수가 있다. 공리주의적 처벌 이론은 면책조건이나 감형조건을 무시해야 한다는 결론에 이르게 된다. 독자는 이러한 결론을 받아들일 만한 것인지를 스스로 결정해야 할 것이다.

공리주의자들이 정당화조건의 문제를 다루게 될 경우에는 좀더 견고한 근거에 입각하게 된다. 정당화조건의 전체적인 핵심은, 문제의 행위가 통상적인 경우에는 범죄지만 이 경우에는 범죄가 되어서는 안되는 이유를 제시하는 것이다. 공리주의적 이론은 정당화조건을 받아들이지만 우리가 사람들이 그런 행위를 했으면 하고 바라는 그런 행위들에 대해서만 받아들인다. 따라서, 예를 들어 정당방위가 사회적으로 바람직한 결과를 가져온다고 생각될 경우 우리가 2절에서 살핀 공리주의적 분석에 따라서 그러한 행위는 범죄가 되어서는 안된다는 결론에 이르게 된다. 그리고 그러한 행위들이 범죄가 아닐 경우 우리는 그러한 행위를 수행하는 사람을 처벌하지 않게 된다. 따라서 공리주의에 있어서 문제점은 면책조건이나 감형조건에 있는 것이지 정당화의 경우에 있는 것이 아니다.

4. 법적 절차에 대한 공리주의적 분석

제3장 4절에서 살핀 바와 같이 법적 절차를 고찰할 경우 다루어야 할 두 가지 중요한 가치문제가 있다. 첫째는 무고한 사람이 유죄판결을 받지 않게 보호하는 목표와 죄인이 유죄판결을 받게 하는 목표가

상대적으로 중요하다는 것이다. 우리는 이러한 문제가 유죄판결을 위해 요구되는 증거 수준이 어느 정도인가라는 문제와 직접 관련된다는 점을 살폈다. 즉 무고한 자를 보호하는 일에 더 관심을 기울일수록 우리는 더 높은 수준의 증거를 요구해야 한다는 것이다. 두번째 문제는 우리가 범인을 수사하고 혐의자를 체포하는 데 이용할 수 있는 기술의 유형에 관련된 것인데, 여기에는 혐의자들이 가져야 할 절차상의 권리들도 포함된다. 이러한 두 가지 가치문제는 모두 플리 바기닝의 절차와 관련해서도 일어난다. 이 절에서 우리는 공리주의자들이 이러한 문제를 다루는 방식을 살피고자 한다.

공리주의적 관점에서 볼 때 죄인이든 무고한 자이든 간에 어떤 사람을 처벌한다는 것은 나쁜 일이다. 따라서 죄 없는 자를 처벌한다고 해서 죄 있는 자를 처벌하는 것보다 더 나쁜 것은 아니다. 하지만, 죄 있는 것으로 알려진 사람을 처벌하는 것은 범죄를 예방해 주지만 죄 없는 것으로 알려진 사람을 처벌하는 것은 범죄를 예방해 주지 않는 까닭에 공리주의자는 다른 사람들과 마찬가지로 무고한 자가 아니라 죄 있는 사람을 처벌해야 한다고 믿는다. 하지만 만일 우리가 실수를 해서 어떤 사람이 죄가 있다고 오판을 한 경우에는 공리주의자의 관점에서 볼 때 그가 받은 처벌은 죄 있는 자가 받은 처벌보다 더 나쁜 악은 아닌 것이다. 더욱이 그 사람이 죄인이라고 모든 사람이 생각하는 한에서는 그의 처벌이 그가 참으로 죄인인 경우와 동일한 예방효과를 갖는 것이 된다.

이상과 같은 관찰은 우리의 현행 형사적 정의제도에 대해서 지극히 놀라운 결과를 가져다준다. 아직은 아무도 그로 인해 유죄판결을 받아 처벌된 자가 없는 신종 범죄가 많다는 것은 잘 알려져 있다. 우리가 살핀 바와 같이 그에 대한 한 가지 이유는 증거에 대한 아주 엄격한 요구 때문이다. 합당한 어떤 의심의 여지도 없을 정도로 범죄를 입증해야 할 필요가 있을 경우, 흔히 경찰은 어떤 사람이 죄인이라는 것을 뻔히 알면서도 그의 죄를 입증할 수가 없는 까닭에 체포하지 못하게 되며 지방검사도 동일한 이유로 인해서 그러한 사람을 재판에 회부하지 못하게 되는 일 등이 생긴다. 그 결과 형사적 정의 제도의 예방효과는 줄어든다. 많은 범죄자들은 그들이 조심만 하면 범죄를 행하고도 피할 수 있다는 결론을 내릴 수 있음은 당연한 일이다. 만일 우리가 증거에 대한 요구사항의 수준을 낮추어서 증거의 우세(preponderance)가 유죄를 입증하게 된다는 정도만을 요구한다고 해보자. 그럴 경우 분명히 훨씬 더 많은 범죄자들이 처벌되고 예방의 수준도 증대하게 될 것이다. 그래서 어떻게 되는가? 결국 요구되는 증거의 수준이 합당하게 높은 한에 있어서 우리는 증거가 우세한 사람들이 죄인이라는 것을 계속 믿게 될 것이고 그들을 처벌함으로써 예방효과 또한 거두게 될 것이다. 그래서 공리주의적 관점에서 볼 때 무고한 자의 처벌이 유죄한 자의 처벌보다 더 나빠야 할 아무런 이유가 없는 것이다.

요약하면, 만일 우리가 부당하게 처벌받는 자의 고통이 정당하게 처벌받는 자의 고통보다 훨씬 더 나쁜 것이라는 견해를 갖는다면 우리는 증거에 대한 엄격한 요구를 하는 현행 제도를 정당화할 수가 있다. 나아가서 이러한 믿음을 통해서 우리는 한 사람의 무고한 자가 처벌받는 것보다 천 명의 죄인이 처벌받지 않게 되는 일이 (설사 그로 인해 범죄의 상당한 증가를 가져온다 할지라도) 더 나은 이유를 이해할 수 있게 된다. 그러나 만일 우리가 공리주의자라면(죄인을 처벌하는 일이 그 자체로서는 정당한 것이 아니라고 생각하며 따라서 무고한 자의 처벌이 죄인의 처벌보다 훨씬 더 나쁘다고 생각하지는 않는 자라면) 이상과 같은 점들은 무의미하게 된다. 우리는 좀더 합당한 수준, 즉 단지 증거가 더 우세하면 유죄를 의미하게 됨을 요구하는 수준으로 요구되는 증거의 정도를 낮추어야 하며 그럼으로써 우리는 더 많은 유죄선고를 하게 되고 그래서 범죄 수준의 실질적인 감소를 초래해야 한다. 이것이 만족스러운 제안인지는 독자 스스로 판단을 내려야 할 것이다.

절차상의 보장과 정당한 법의 절차문제에 대한 공리주의적 견해는 조금 더 복잡하다. 절차상의 보장 가운데 어떤 것은 무고한 자가 실수로 유죄판결을 받지 않게끔 보호하기 의한 것이다. 예를 들어 유죄선고를 하게 되는 과정의 모든 단계를 변호사가 배석해야 한다는 요구사항은 역사적으로 볼 때 변호사가 임석하지 않았을 경우에는 변호사가 임석했을 경우보다 경찰이 무고한 자들로부터 보다 더 많은 자백을 — 고의적으로가 아니라 실수로 그랬기를 바라지만 — 받아내었다는 사실에서 생겨난 것이다. 절차상의 요구사항이 부당한 유죄판결로부터 무고한 자를 보호하고자 하는 한 가지 방식일 뿐이라고 보는 한에서 그것은 요구되는 증거의 정도에 대한 우리의 분석과 유사한 방식으로 다루어져야만 할 것이다. 공리주의자들은 더 높은 비율의 유죄판결을 가져오는 데 도움을 주기 위해 보호조항을 당연히 수정하고자 할 것이다. 그러나 이러한 요구사항 중 어떤 것은 전혀 다른 방식으로 볼 수가 있다. 예를 들어서 경찰은 불법적인 수사와 체포를 해서는 안된다는 요구사항이 있다. 이는 사람들의 사생활 특히 그들 가정의 사생활을 보호하기 위한 보장사항이다. 이런 요구사항을 없애버릴 경우 무고한 자의 유죄판결과 아무런 상관이 없는 여러 가지 바람직하지 못한 결과들이 생겨날 것이다. 사람들의 사생활과 그들의 가정생활의 안전함이 파괴될 것이다. 따라서 불법적인 수사와 체포로부터의 보호와 같은 절차상의 요구사항은 공리주의적 관점에서 볼 때도 당연히 정당화될 수가 있는 것이다.

이상의 논변에 비추어서 플리 바기닝 제도를 공리주의적 관점에서 살펴보기로 하자. 앞에서 설명한 바와 같이 플리 바기닝은 처벌을 경감해 준다는 약속의 대가로 자백을 받아내는 일종의 흥정이다. 플리 바기닝은 여러 가지 바람직한 결과들을 유발하는데 그것은 많은 소송들이 법정 밖에서 해결 가능하게 함으로써 형사상의 정의제도의 비용을 경감시켜 주고 또한 그것은 유죄판결을 받는 범죄자의 수를 증대시킴으로써 바람직한 예방효과도 갖는다는 것이다. 그런데 사람들이 플리 바기닝을 비판하는 이유는 무엇인가? 첫째로, 그것은 일부 무고한 사람들에게 유죄판결을 내리게 되는 결과를 가져오게 되는데 이들은 이러저러한 이유로 인해 재판을 받는 것이 두려워서 유죄를 자백하게 되는 자들이다. 우리가 이미 알고 있는 바와 같이 공리주의적인 관점에서 볼 때 이는 그다지 강력한 논변이 되지 못한다. 공리주의자들은 예방효과에 있어서 아주 대단한 증거가 있다면 그 대가로서 어느 정도 높은 빈도의 부당한 처벌은 받아들일 각오가 되어 있다. 다른 사람들은 절차상의 근거에 의해 플리 바기닝에 반대하는데, 그 이유는 그것이 정당한 법적 절차를 침해하기 때문이라고 주장한다. 그러나 이것이 플리 바기닝이 갖는 여러 가지 이점들을 상쇄할 정도로 충분히 나쁜 다른 결과들을 가져온다는 것을 입증할 수 없다면 공리주의자들은 그러한 제도가 유지되어야 한다고 결론짓지 않을 수 없는 것이다.

5. 처벌에 대한 공리주의적 분석

우리가 제3장 5절에서 본 바와 같이 오늘날 형사적 정의제도에서 주요한 문제들 중의 하나는 그것이 할당하는 처벌의 수준이 지극히 불공평하다는 점이다. 상이한 범죄들이 서로 다른 때에 법체계 속에 도입되었고 각 유형의 범죄들이 다른 유형의 범죄들과 비교해서 적정한 수준의 처벌이 주어지도록 처벌 도를 정립하고자 하는 시도가 이루어지지 않았기 때문이다. 처벌에 대한 공리주의적 분석이 갖는 주요 강점 중의 하나는 그것이 우리에게 처벌에 대한 체계적인 이론을 정립할 가능성을 제시하고 있다는 점이다. 공리주의적 분석이 어떻게 그러한 가능성을 제시할 수 있는지를 이해하기 위해서 우리는 공리주의적 접근에 있어서의 두 가지 점을 상기해야만 한다.

(1) 공리주의는 범죄자를, 그가 염두에 두고 있는 범죄를 행했을 때 그것이 그에게 이득이 되는지를 계산할 수 있는 능력을 가진 합리적 행위자로 본다. 따라서 어떤 행해진 범죄에 대한 처벌은, 최소한 잠재적인 범죄자가 범죄를 저지르는 것이 이득이 되지 않으리라는 것을 알 수 있을 정도로 충분히 큰 것이어야 한다.

(2) 공리주의는 모든 처벌을 필요악으로 간주한다. 따라서 우리는 범죄를 예방하는 데 필요한 정도 이상으로 처벌해서는 안된다. 그래서 최소한의 처벌 수준은 최대한의 처벌 수준과 동일한 것이 될 것이다.

이러한 두 가지 기본적인 요점들로 인해 공리주의자들은 주어진 범죄에 대해서 어느 정도의 처벌이 적정한지의 문제에 체계적으로 접근할 수 있게 된다. 그 이론이 운용되는 방식을 알기 위해서 100 달러를 훔친 어떤 사람에 대해 우리가 적정한 처벌을 결정해야 한다고 생각해 보자. 우리가 합리적인 인간이라면 결국 그가 훔친 100달러의 일부나마 갖게 되면 범죄가 이득이 되지만, 100달러는 물론 그 이상의 손실이 있게 되면 범죄가 아무런 이득이 되지 않는다는 계산을 하리라고 추론할 수 있다. 그래서 우리는 100달러를 훔치는 데 대한 적정한 처벌을 100.01달러의 벌금을 내는 일이라고 결론지을 수 있다. 이는 사람들이 이득보다는 손실이 크다는 것을 앎으로써 범죄를 저지르는 일이 예방되리라는 것을 보장해 주기에 충분하며 또한 그것은 이러한 목표 이상으로 벌금이 지나쳐서 불필요한 악을 산출하지도 않는다.

그러나 불행하게도 현실세계는 우리의 단순한 예가 가리키는 것보다 훨씬 더 복잡하다. 우선 잠재적 범죄자는 범죄를 행하고도 무사할 가능성이 있다는 것을 알고 있다. 따라서 처벌의 수준을 설정함에 있어서 우리는 이러한 사실을 고려해야만 한다. 100달러를 훔친 네 명의 범죄자들 가운데 오직 한 사람만이 체포되어 처벌을 받는다고 생각해 보자. 100.01달러의 벌금은 처벌받을 가능성이 4분의 1밖에 되지 않는다는 것을 아는 잠재적 범죄자의 범죄를 예방할 수는 없을 것이다. 우리는 체포되지 않을 가능성을 보상하게끔 벌금을 조정해야 할 것이다. 벌금이 400.01달러가 되어야 비로소 처벌이 범죄자로 하여금 도둑질이 이득이 되지 않는다는 것을 확신시키는 데 충분한 것이 된다.

또 다른 복잡한 문제는 현실세계에서는 관련된 이득과 손실을 정확하게 측정하기가 어려우며 따라서 그에 대해서 설정해야 할 벌금을 계산하기가 훨씬 더 어려운 많은 유형의 범죄가 있다는 점이다. 하지만 기본적인 공식은 다음과 같은데, 즉 일정한 범죄를 저지른 데 대한 벌금과 체포될 확률(기대되는 손실)을 곱한 것이 최소한 기대되는 이득보다 커야 한다는 것이다. 우리가 든 예에서 100.01달러(400.01달러×0.25)이라는 기대 손실은 100달러라는 기대 이익보다 조금이라도 더 큰 것이다.

이런 종류의 계산은 실제로 수행하기가 매우 어렵기는 하나 처벌에 관한 공리주의적 접근은 형벌을 배정하는 기준의 기초가 될 유용한 체계를 제시하고 있다. 결국 공리주의에 따르면 다른 모든 조건이 동일한 경우 우리는 범죄자에게 이득이 클수록 더 높은 형벌을 설정해야 한다는 것이다. 그리고 다른 모든 사정이 같을 경우 범죄자가 체포될 확률이 클수록 우리는 형벌을 낮게 설정해야 한다.

범죄에 대하여 처벌의 적정수준을 이와 같이 결정함에 있어서 공리주의적 견해는 범죄 행위로 인해 생겨나는 해악에 대해서는 아무런 고려도 하지 않는다는 점을 주목해야 한다. 공리주의자들에 있어서 처벌의 목표는 범죄자로 하여금 자신이 기도하는 범죄가 이득을 가져오지 않는다는 것을 분명히 깨닫게 함으로써 앞으로 범죄자의 범죄를 예방하는 데 있음을 상기하자. 이러한 결론에 이르기 위해서 범죄를 저지른 사람은 잠재적 이득과 있음직한 처벌, 그리고 처벌될 확률 등을 고려해야 한다. 범죄가 자신에게 이득이 되는지를 결정함에 있어서 그는 피해자에게 주게 될 해악에는 관심이 없다. 따라서 그의 범죄를 예방하고자 함에 있어서 우리는 그러한 어떤 것도 고려할 필요가 없는 것이다.

우리는 모두 타인에게 대해 잔혹한 행위를 저지르는 사람이 그렇게 함으로써 아무런 이득이 없어 보임에도 불구하고 그러한 행위를 한다는 사실을 잘 알고 있다. 많은 사람들이 이러한 범죄자는 그들이 가하는 엄청난 해악으로 인해 가혹하게 처벌받아야 마땅하다고 본능적으로 느끼고 있다. 우리가 방금 본 바와 같이 공리주의자는 그러한 견해에 동의하지 않는다. 독자는 어떤 견해가 옳고 어떤 것이 그른지를 스스로 결정해야만 한다.

우리가 제3장 5절에서 제기한 중요한 도덕적 문제 가운데 두번째 것들은 어떤 유형의 처벌이 이용되어야 하는가에 관한 것이다. 우리가 지적한 바와 같이 집행유예와 징역이 가장 흔히 이용되는 것에 속하며 그것을 과도하게 사용하는 것에 대해 공리주의적 분석가들은 반대입장을 제기하고 있다. 이 이론가들의 주장에 따르면 집행유예와 징역은 그것의 이용 가치를 능가하는 비용이 드는 지극히 바람직하지 못한 결과를 갖는다는 것이다. 벌금이나 혹은 육체적 처벌제도를 이용하는 것이 훨씬 더 경제적이며 이를 이용함으로써 사회적 자원이 보다 더 가치 있는 다른 계획들에 자유로이 이용될 수 있다. 따라서 공리주의자들은 형사처벌의 일차적 형태로서 징역과 집행유예를 강조하는 현행제도를 폐기하는 데 지대한 관심을 갖고 있다.

사형제도의 이용은 형사 재판 제도(형사상의 정의제도)에 속하는 문제들 중 가장 논의가 분분한 것 가운데 하나이다. 사형이라는 형벌은 범죄자의 관점에서 볼 때 무기징역과 같은 다른 대안들보다도 더 가혹한 형벌이라고 가정해 보자(이는 부당한 가정이 아님). 그럴 경우 공리주의적 체계에 따르면 다른 대안들이 바람직한 예방의 수준에 이르는 데 충분하지 못할 경우에만 사형제도가 이용되어야 한다는 결론이 나온다.

이러한 논변으로 인해 학자들은 사형의 이용을 정당화하기 위해 과연 그것이 무기징역보다도 충분히 더 큰 예방효과를 갖는지를 확인하고자 각종 자료들을 검토하게 되었다. 대부분의 이러한 연구는 살인자와 관련된 사형에 초점을 맞추고 있는데, 왜냐하면 사형제도를 주장하는 대부분의 사람들은 살인과 같은 범죄와 관련해서 그 사용을 제안하고 있기 때문이다. 사형제도가 채택된 상태에서의 살인율과 사형제도가 없는 상태의 살인율을 비교하는 초기의 연구들은 사형제도가 별다른 부가적인 예방효과를 갖는다는 것을 발견하지 못했다. 따라서 공리주의적 이론가들은 사형제도가 정당화되지 않는다는 결론을 내렸다. 그러나 좀더 최근의 탐구가 제시하는 바에 따르면 사형제도가 상당한 부가적인 예방효과를 갖는다고 하는데 이러한 연구들은 지극히 논란의 여지가 있는 것이다. 하지만 만일 이러한 최근의 연구가 지지된다면 공리주의자들은 당연히 사형제도를 유지해야 한다는 결론을 내리게 될 것이다.

6. 결 론

이 장에서 우리는 형사적 정의제도에 대한 공리주의적 이론의 한 형태를 고찰해 왔다. 그 기본이 되는 생각은 형사적 정의제도의 목표란 우리가 범죄라고 부르는 특정한 유형의 행위를 예방하는 일이라는 것이다. 어떤 행위가 범죄로 규정되어야 할 조건은 형사적 정의제도를 이용해서 그러한 행위를 예방하는 데 드는 비용이 그것을 범죄로 규정함으로써 생기는 이득보다 적을 경우이다. 범죄자란 자신의 범죄에 대해 책임을 면할 수 없는, 자신의 이익을 추구하는 합리적 행위자로 간주된다. 법적인 절차는 범죄자가 처벌될 확률을 증대시키게끔 수정되어야 하는데 설사 처벌당하는 무고한 자의 수가 어느 정도 증가하는 결과가 생긴다 할지라도 그렇게 해야 하는 것이다. 처벌의 정도는 범죄자에게 돌아갈 이득 및 그가 체포될 확률과 더불어 잠재적 범죄자를 예방하는 데 충분한 정도에 따라 설정되는 최소한의(최대한과 동등한) 벌칙에 의해 결정되어야 한다. 징역과 집행유예는 처벌의 기본 형태로서의 비중이 약화되어야 마땅하다.

이상의 것들은 모두 지극히 논란의 여지가 있는 주장들이다. 다른 문제에서도 그렇지만 이 점에 있어서도 공리주의는 우리의 일상적인 직관의 일부이자 문제를 처리하는 통상적인 방식들과 상충하는 체계적인 접근 방식의 하나로 생각된다. 다음 장에서 우리는 의무론적인 입장이 이 같은 동일한 문제를 바라보는 입장을 검토하고자 한다.

연습문제

• 아래의 용어들을 우리 자신의 말로 설명해 보자.

1. 형사적 정의(형사재판)의 목표로서의 예방
2. 특수한 예방과 일반적 예방 간의 구분
3. 합리적 행위자로서의 범죄자
4. 결정론
5. 면책조건에 대한 벤담의 이론
6. 필요악으로서의 처벌
7. 범행으로부터 오는 기대 손실
8. 범행으로부터 오는 기대 이익
9. 사형제도의 부가적 예방효과

• 복습을 위한 문제

1. 공리주의자들이 형사적 정의제도를 필요악으로 보는 이유는 무엇인가?
2. 처벌이 사람들에게 예방효과를 준다고 가정되는 서로 다른 방식들은 무엇인가?
3. 공리주의에 따르면 어떤 행위가 범죄로 규정되어야 하는가? 이러한 분석이 해악의 원리와 어떻게 비교될 수 있는가?
4. 예방적 접근 방식에서 전개되고 있는 범죄인 상은 무엇인가?
5. 범죄 행위가 심리학적·사회학적 요인에 의해 유발된다는 생각을 공리주의자가 어려움 없이 받아들일 수 있는 이유는?
6. 면책조건이나 감형조건에 대한 벤담의 이론에 있어서 잘못된 점은? 공리주의자가 면책조건보다 정당화조건을 더 잘 설명할 수 있는 이유는?

7. 공리주의자는 어떤 식으로 무고한 자를 처벌하는 것이 특별히 부당할 것이 없다고 믿고 있는가? 이러한 믿음에 함축된 의미는 무엇인가?
8. 처벌의 이상적인 수준에 대한 공리주의적 이론은 무엇인가?
9. 공리주의자들이 사형제도의 타당성을 다루는 방식은?

▪ 더 생각해 볼 문제

1. 공리주의자들은 처벌이 피해자나 그의 친우 및 가족의 편에 있어서 복수하고자 하는 욕구를 충족시킨다는 생각을, 처벌을 주는 이로운 결과의 목록에 첨가해야 하는가? 만일 그러하다면 형사상의 정의제도에 의한 구체적인 문제에 대한 그들의 접근 방식에 있어 이것이 어떤 효과를 가져올 것인가?
2. 공리주의자들이 피해자 없는 범죄를 믿게 되는 조건을 생각해 보자. 이 문제에 대한 그들의 입장이 제3장에서 제기된 사례를 어느 정도까지 처리할 수 있는가?
3. 공리주의자들은 범죄자를 합리적 행위자로 보는 입장을 취하고 있다. 이러한 견해는 공리주의적 이론이 오직 '전문적' 범죄자에게 적용된다는 것을 의미하는가? 아니면 이 장에서 설명된 그러한 종류의 계산을 할 수 있는 그와 같은 범죄자에게 적용된다는 것을 의미하는가? 그렇지 않으면 그것이 다른 유형의 범죄자에게도 어떻게 마찬가지로 적용될 수 있는가?
4. 면책조건에 대한 벤담의 이론은 구제될 수 있는가 아니면 현대의 공리주의자들은 전적으로 면책조건이나 감형조건을 포기하는 입장을 취해야 하는가?
5. 이 장의 4절에 제시된 공리주의적 논변에 대한 다음과 같은 반론을 비판적으로 평가해 보자 : "그 논변이 전제하고 있는 것은 공리주의적 관점에서 볼 때 실수로 무고한 자를 처벌하는 것이 특별히 그릇될 것이 없다는 점이다. 그러나 그릇된 점이 있다고 본다. 우리가

무고한 자를 처벌할 경우 우리는 무고한 자에게 불필요한 분노를 갖게 한다. 그 점을 고려한다면 공리주의는 이 책에서 제시된 것과는 아주 다른 함축을 갖게 된다."

6. 공리주의가 무기징역과 사형제도가 갖는 상대적 예방효과에 주목하는 것은 옳은가? 비록 사형제도가 무기징역보다 더 큰 예방효과를 갖는다 할지라도 공리주의자들로 하여금 그것을 배제하게 할 만큼 사형제도가 갖는 바람직하지 못한 다른 결과가 또 있는가?

제 5 장

형사상의 정의제도 : 의무론적 입장

1. 형사상의 정의제도의 목표로서의 응보
2. 범죄 규정에 대한 의무론적 이론
3. 범죄자에 대한 의무론적 분석
4. 법적 절차에 대한 의무론적 분석
5. 처벌에 대한 의무론적 분석
6. 결 론

제 5 장

형사상의 정의제도 : 의무론적 입장

이 장에서 우리는 의무론적 관점에서 형사적 정의제도와 관련된 도덕적 문제들을 살피고자 한다. 하지만, 우선 한마디 주의의 말이 필요한데, 즉 거의 모든 의무론자들이 형사적 정의제도에 대한 우리의 접근 방식을 지지하는 기본적인 이론체계에는 합의하지만 그들 모두가 여기에서 우리가 관심을 갖는 특수한 도덕문제들에 대해 그러한 체계가 함축하는 세부적인 점에까지 합의하고 있는 것은 아니라는 점이다. 따라서 이 장에서 제시된 것은 형사적 정의제도에 대한 여러 의무론적 접근 방식들 중 하나이지, 유일하고 절대적인 의무론적 접근 방식은 아니다.

1. 형사상의 정의제도의 목표로서의 응보

형사적 정의제도에 대한 의무론적 접근 방식의 배후에 깔린 기본적인 생각은 그 제도가 응보적 정의의 요구를 충족시키기 위해 마련된 것이라는 점이다. 이러한 목적을 위해서 그 제도는 타인의 권리를 침해함으로써 그들에게 해악을 가한 자들에게 그들이 유발한 해악과 동일한 정도로 처벌을 해야 한다. 이러한 생각 속에 어떤 내용이 함축되어 있는 것인지를 살펴보기로 하자.

첫째, 응보적 정의(retributive justice)란 무엇을 의미하는가? 기본적으로 그것은 처벌을 받아 마땅한 자들을 처벌하는 것은 뒤따르는 결과에 상관없이 본래적 선이라는 생각이다. 예를 들어 만일 어떤 사람이 정당한 근거도 없이 살인을 범했다면 그 살인자는 처벌을 받아 마땅하며 그가 처벌받는 것은 정당한 일이다. 응보적 정의는 그 살인자가 적절한 처벌을 받을 경우에만 충족된다.

응보적 정의의 목표와 복수의 목표를 구별하는 일은 지극히 중요하다. 이 두 가지를 그릇되게 동일시하는 자는 응보적 정의론자를 사회적으로 조직된 피에 굶주린 폭도의 일당으로 간주하는 경향이 있다. 그 구분이란 어떤 것인가? 복수란 범죄자가 자신이 저지른 범죄에 대해 고통을 당하는 것을 봄으로써 우리가 얻게 되는 사적인 만족과 관련된다. 응보적 정의는 범죄자가 그의 정당한 응보를 받도록 하고자 하는 입장이다. 그 주요 차이점은 처벌에 대한 요구의 배후에 깔린 동기에 있다. 그러나 또 다른 차이점들도 있다. 복수를 추구하는 자는 흔히 적정선을 훨씬 넘어서 가혹하게 처벌하게 되며 또한 그들은 처벌받을 자가 죄지은 당사자임을 확인하기 위해 충분한 주의를 기울이지도 않고서 그러한 처벌을 하고자 한다. 복수하고자 하는 자는 잘못된 행위에 보복하고자 하는 까닭에 이런 점이 놀라운 것은 아니며 그 점에서도 정의를 추구하는 것과 다른 것이다. 형사적 정의제도가 응보적 정의가 요구하는 바를 계량하기 위해 생겨난 것일 경우 복수에의 욕구에 근거하는 추가적인 남용을 피하기는 더욱 쉬운 일이다. 요약하면, 응보적 정의론에 따르면 사회가 범죄자를 처벌할 경우 그들이 응당 받아야 할 정도만큼 처벌해야 하며 그 이상 처벌해서는 안된다는 것이다.

응보적 접근 방식과 제4장에서 논의한 예방적 접근 방식 간에 몇 가지 기본적인 차이가 있음은 당장에 명백해진다. 응보적 정의론자는 죄지은 자가 처벌을 받을 경우 당하게 되는 고통이 그 자체로서 본래적으로 정당한 것이라는 견해를 받아들인다. 그들이 스스로 행한 데 대한 대가로서 고통을 당하는 것은 바로 정의가 요구하는 바이다. 이런 관점에서 볼 때 응보를 믿는 자들은, 죄인에 대한 것일지라도 어떤 사람을 처벌하는 것은 그것이 가져올 유익한 사회적 결과에 의거해서만 정당화될 수 있는 필요악이라는 예방론자들의 주장에 대해 날카롭게 대립하고 있다. 더욱이 예방론자들이 처벌을 본질적으로 미래지향적으로 보는 데 비해 응보론자들은 그것을 본질적으로 과거회고적인 것으로 본다. 예방을 내세우는 자들에 있어서 처벌의 정당 근거는 미래의 유익한 결과를 통해 제시된다. 이런 식으로 해서 예방론자들은 미래를 지향하고 있다. 응보를 내세우는 자들은 과거에 행해진 바에 대한 적정한 응답으로서 처벌을 정당화한다. 이런 식으로 해서 이들의 처벌관은 과거회고적인 것이다.

물론 형사적 정의제도에 대해 응보주의적 접근을 행하는 자들도 그러한 제도가 갖는 유익한 사회적 결과가 그것이 갖는 예방효과라는 점을 잘 알고 있다. 그들도 이와 같은 추가적 이득에 대해서 아무런 반대의사를 갖지 않는다. 그러나 그들은 예방효과 그것이 처벌의 목적은 아니라는 점을 분명히 밝힌다. 그 주제에 대해서 그들이 말하고자 하는 것은 다음과 같다.

(1) 이러한 예방효과가 아무리 유용한 것이라 할지라도 그것이 처벌의 이용을 정당화해 주는 것은 아니다. 처벌받는 사람이 처벌을 마땅히 받아야 할 자가 아니라면 예방효과만으로 그 처벌을 정당화하지는 못할 것이다.

(2) 형사적 정의제도(형사재판제도)를 확립함에 있어서 우리는 그것을 예방이라는 목표에 비추어서가 아니라 응보라는 목표에 비추어서 마련해야 할 것이다.

이 장의 나머지 부분에서 살피게 되겠지만 이상의 두 가지 점에 요약된 대로 응보적 접근 방식은 형사적 정의제도에 관해서 예방적 접근에서 나온 것과는 전혀 다른 결론에 이르게 될 것이다.

마지막으로 한 가지 언급해야 할 사항은 다음과 같다. 처벌에 대한 응보적 접근론자들은 모든 범죄자가 처벌되는 것을 보고자 하는 광신자들이라는 주장이 가끔 있다. 이러한 주장을 지지하는 어떤 이들은 사회가 파멸하게 되어 그 처벌이 아무런 예방효과를 가질 수 없게 된다 할지라도 아직 처벌받지 않은 모든 죄 있는 당사자들은 어떤 일이 있어도 처벌되어야 한다고 말하면서 그러한 주장에 동조할지도 모른다. 그러나 이는 단순히 극단론에 불과하다.

응보적 관점에서 볼 때 형사적 정의제도의 목표는 일정한 유형의 정의를 엄정하게 구현하는 일이다. 이것이 중요한 목표이기는 하나 그것을 실현하기 위해서 사회는 많은 자원을 소비하게 될 것이다. 우리는 합당한 또 다른 목표들도 가지고 있으며 그것들도 사회적 자원을 요구하게 된다. 균형 있는 사회이론이라면 광범위하게 다양한 목표들에 의해 부과되는 자원에 대한 여러 가지 요구를 고려하여 각 목표에 대해서 사회적 자원의 적정한 몫을 할당하게 될 것이다. 간단히 말해서, 붕괴의 과정 중에 있는 사회는 아직 처벌되지 않은 어떤 범죄자를 처벌하는 일보다 분명히 우선적인 여러 가지 합당한 요구들이 있다는 것을 발견할 수 있을 것이다. 동일한 이유로 인해서 번영하는 사회도 일부 죄인들을 처벌하는 일을 삼가게 될 것인데, 왜냐하면 그렇게 하는 데 드는 경비가 엄청나며 그 자원이 다른 방면에 더 잘 이용될 수 있을 것이기 때문이다.

처벌에 대한 응보적 이론에 깔린 기본적인 생각과 관련된 이상과 같은 배경적 이해를 바탕으로 우리는 응보주의적인 생각이 도덕적 문제들에 대해 갖는 함축을 살피면서 그러한 생각을 좀더 충실히 연구하는 일에 이 장의 나머지 부분을 할애하게 될 것이다.

2. 범죄 규정에 대한 의무론적 이론

형사적 정의제도와 관련된 우리의 첫번째 도덕적 문제는 입법부가 불법적인 것으로 공포해야 할 행위가 어떤 것인가 하는 문제였다. 의무론의 즉각적인 대답은 타인의 권리를 침해함으로써 그들에게 해악을 끼치는 모든 행위는 마땅히 불법적인 것이라는 점이다. 이러한 것이 의미하는 바가 정확히 무엇인지를 살펴보기로 하자.

의무론자의 주장에 따르면 어떤 행위가 정당하게 범죄로 규정될 수 있기 위해서는 다음 두 가지 조건이 충족되어야 한다. 즉 (1) 그것이 사람에게 해악을 주어야 하고, (2) 그것이 그들의 권리를 침해해야 한다. 이에 더하여 우리가 1절의 끝부분에서 본 바와 같이 의무론자들은 다음과 같은 세번째 조건이 충족되지 않는 한 어떤 행위를 범죄로 규정하는 데 반대할 것이다. 즉, (3) 이러한 새로운 범죄를 처단하고 시행하기 위해 요구되는 추가 자원은 처벌보다 더 긴요한 다른 사회적 목표를 실현하기 위해 요구되는 것이어서는 안된다.

이러한 일련의 조건들에 대해 주목해야 할 첫번째 사항은 그것들이 피해자 없는 범죄의 문제에 대해서 중립적인 것이라는 점이다. 예를 들어 자살을 돕는 일에 관해서 의무론자들이 어떤 말을 할 것인지 살펴보기로 하자. 어떤 의무론자들의 주장에 따르면 자살하는 자를 돕는 행위는 범죄로 규정되어야 하는데 왜냐하면 그 행위는 비록 자살하는 자가 분명히 그러한 도움에 동의했다 할지라도 생명을 잃는 자에게 해악을 끼치며 그의 생명권을 침해하는 것이기 때문이다. 그래서 일부 의무론자들은 피해자 없는 범죄라는 개념을 기꺼이 받아들이고자 한다. 그러나 다른 일부 의무론자들은 이러한 분석에 대해 반기를 든다. 이들의 중요한 논점은 이러한 모든 경우들에서 해악을 입는 당사자의 권리에 대한 아무런 침해가 없다는 것이다. 자살하는 자는 도움에 동의를 표함으로써 자신의 생명권을 포기한 셈이다.

결국 이러한 대안적인 의무론적 접근 방식의 주장에 따르면 사람은 어떤 특정한 권리를 포기할 수 있으며 그럴 경우 아무도 그러한 권리를 침해했다는 이유로 처벌될 수 없다는 것이다. 이러한 추론에 따를 경우, 피해자 없는 범죄에 해당하는 경우는 있을 수 없게 된다.

이상의 조건들에 대해 주목해야 할 두번째 것은, 그 조건이 의무론적 접근 방식이 해악의 원리와는 다른 방식을 보여준다는 점이다. 우선 어떤 행위가 타인에게 해악을 끼치기는 하나 그 행위가 타인의 권리를 침해하지 않는다는 이유 때문에 그것이 범죄로 규정되어야 한다는 주장을 의무론자들이 거부하게 되는 경우들이 많이 있다. 예를 들어 제3장에서 나온 경우에서와 같이 우리와 경쟁하는 식료품 가게가 우리로부터 일부 고객을 빼앗아감으로써 우리에게 해악을 끼치게 되는 경우를 생각해 보자. 의무론자들은 이런 경쟁적인 행위가 범죄로 규정되어야 한다는 주장을 받아들이지 않을 것이다. 그 누구에게도 경쟁으로부터 자유로울 수 있는 권리란 존재하지 않는다. 따라서 다른 식료품 가게를 낸다고 해서 우리의 어떤 권리도 침해되지 않는 까닭에 그것은 범죄를 저지른 것이 아닌 것이다.

제4장에서 나온 예로 돌아가 보면 의무론자들은, 술을 생산하고 판매하는 일은 설사 과음이 아주 큰 해악을 끼친다는 것이 입증된다 할지라도 범죄로 규정되어서는 안된다고 주장할 것이다. 그들이 금주법을 받아들이지 않는 이유는 세번째 조건, 즉 (금주와 관련된 현실적 경험에 바탕을 둔 것으로서) 그러한 법을 유지하기 위해 필요한 여분의 자원이 더 긴요한 다른 목적에 사용되어야 한다는 점을 지적하는 조건과 관련된다. 그래서 결국 범죄 행위에 대한 의무론적 이론은 해악 원리의 여러 약점들을 피할 수 있게 된다.

지금까지 우리는 어떤 행위가 범죄로 규정되어야 하는지의 문제를 논의해 왔다. 제3장에서 우리가 살핀 바와 같이 이러한 문제에 대한 해답을 찾는 어떤 이론이 만족스러운 것이 되려면 어떤 행위가 범죄로 규정되어야 하는 이유를 설명해야만 한다. 결국 어떤 행위를 범죄로 규정하고 그것을 행한 사람을 처벌하는 것은 일종의 강제이며 강제의 사용은 정당 근거를 요구하는 것이다.

의무론적 이론은 아주 간명한 설명을 제시하고 있는데, 즉 강제력의 사용은 사람들의 권리를 보호해야 할 사회의 의무에 의해 정당화된다는 것이다. 의무론적 사고 방식의 이런 특성 때문에 응보주의의 접근 방식은 이 문제에 대한 다른 모든 이론들과 구분된다. 이를 예시하기 위해서 살인과 같이 타인의 권리를 명백히 침해하는 행위를 생각해 보자. 의무론자들의 말에 따르면 살인은 타인의 권리를 침해한다는 바로 그 이유로 인해 사회가 강제력을 이용해서 그것을 방지하는 것이 정당화될 수 있다는 것이다. 나아가서 잠재적 살인자들이 사회가 그들로 하여금 강제로 타인의 권리를 침해하지 못하게 한다고 불평할 수 없는 이유는 그러한 권리의 침해가 일차적으로 그들이 정당하게 행할 수 있는 것이 아니기 때문이다. 이와 같이 의무론자들은 모든 범죄가 권리의 침해를 내포해야 한다고 요구하는 까닭에 그들이 그러한 행위를 범죄로 규정하는 일을 정당화하는 데 어려움이 없게 되는 것이다.

3. 범죄자에 대한 의무론적 분석

우리가 제3장 3절에서 살핀 바와 같이 형사상의 정의제도에 대한 합당한 이론이라면 적어도 다음의 두 가지 일을 수행할 수 있는 범죄자에 대한 분석을 제시해야만 한다. 즉 (1) 그것은 어떤 것이 합당한 면책조건이고 감형조건이며 정당화조건인가에 대한 해명을 해야 하고, (2) 형사상의 정의제도에 대해 제기되는 바 그 누구도 처벌되어서는 안된다는 근본적인 도전을 우리가 해결할 수 있게 해야 한다.

제4장 3절에서 살핀 바와 같이 공리주의는 범죄자에 대해 그런 이론을 제시하고 있다. 공리주의에 따르면 적어도 어떤 경우에 있어서는 우리가 면책조건이나 감형조건들을 버리고 정당화조건을 견지해야 한다는 것이다. 이런 식으로 해서 범죄자의 행위가 처벌의 위협에 의해 수정될 여지가 있는 한 형사적 정의제도는 그 범죄자에게 작용하는 심리적·사회적 영향력들에 상관할 필요가 없게 된다. 이와 같은 공리주의적 접근 방식과 응보적 정의에 대한 의무론적 이론이 그러한 문제를 바라보는 방식이 어떤 점에서 대조가 되는지를 살펴보기로 하자.

범죄자에 대한 응보적 분석에 있어서 기본이 되는 주제는 범죄에 책임 있는 사람만이 처벌되는 것이 마땅하다는 생각이다. 자신의 행위에 대해 책임질 수 없는 사람들은 설사 그 행위가 타인의 권리를 침해함으로써 해악을 끼친다 할지라도 처벌되어서는 안된다. 정의는 이러한 기준이 충족되었을 경우에만 실현되는 셈이다.

이러한 전제를 의거할 경우 면책조건과 감형조건에 대한 응보적 입장이 어떤 것인가를 예견하기는 비교적 쉬운 일이다. 정신이상자나 미성년자 혹은 고의가 없음 등과 같은 면책조건의 경우에 죄인이 마땅히 처벌되어야 하는 것은 아닌데, 왜냐하면 그는 자신이 행한 데 대해서 책임이 없기 때문이다. 감형조건의 경우 죄인은 자신의 행위에 대해 단지 부분적으로만 책임이 있으며 따라서 단지 부분적인 처벌만을 받아 마땅한 것이다.

면책조건과 감형조건을 받아들이지 않는 근대 공리주의자들의 주장에 따르면 전통적으로 면책조건의 사유가 있는 범죄자일지라도 처벌하는 것이 이득이 되는 이유는 그를 처벌함으로써 다른 범죄자에 대한 예방효과가 생기기 때문이다. 응보적 처벌론자들도 그러한 자들을 처벌하는 것이 예방효과를 갖는다는 사실을 쉽사리 인정할 수는 있지만 그럼에도 불구하고 그들은 그러한 사람들의 처벌에 대해서 반대한다. 그들의 주장에 따르면 자신의 행위에 대해서 책임질 수 없는 자는 처벌받을 명분이 없으며 따라서 처벌받아서는 안된다는 것이다. 그를 처벌함으로써 타인에게 예방효과가 있을 것이라는 사실은 그에 대한 처벌의 정당한 근거가 되지 못한다. 이러한 논점은 예방효과를 단지 부수적 이득에 불과하다고 보는 응보주의자들의 입장과 따라서 예방효과가 형사적 정의제도의 기능을 좌우해서는 안된다는 앞서 행한 우리의 진술을 해명하는 데 도움이 된다. 따라서 응보적 정의가 처벌을 요구하지 않을 경우 응보론자는 비록 처벌이 어떤 예방효과를 갖는다 할지라도 처벌하지 않을 것이다.

이제 정당방위를 사례로 하여 응보주의적 관점에서 정당화조건을 살펴보기로 하자. 내가, 나를 죽이고자 하는 사람의 생명을 빼앗을 경우 응보주의적 관점에 따르면 나는 그 사람이 어떤 권리도 침해하지 않은 것이 된다. 대체로 말해서 그 사람은 내가 스스로를 구할 수 있는 다른 방도가 없게끔 나를 죽이고자 함으로써 그는 생명에 대한 자신의 권리를 포기한 셈이다. 따라서 나의 행위는 정당화되며 나는 형사상의 정의제도에 의해 처벌받아서는 안된다. 응보적 접근 방식의 관점에서 볼 때 타인의 권리 침해가 포함되지 않는 경우 어떤 것도 범죄로 규정되어서는 안된다는 점을 기억해야 한다.

책임과 권리 침해라는 주제는 면책조건, 감형조건, 정당화조건에 대한 의무론적 이론의 논리적 근거를 제공한다. 그러나 이러한 접근 방식도 인간 행위가 심리적·사회적 요인에 의해 결정된다는 입장에 당면할 경우 심각한 난점에 봉착하게 된다. 그 난점의 원천은 다음과 같은 구조로서 제시된다.

(1) 범죄자의 행위가 그에게 작용하는 심리적·사회적 영향력에 의해 유발된다고 해보자.
(2) 만일 그것이 사실일 경우 그는 자신의 범죄 행위에 대해 책임

질 수 없다.

(3) 따라서 그는 형사상의 정의제도에 의해 처벌받아서는 안된다.

공리주의적 접근 방식은 이런 논변에 대해 어려움을 갖지 않는데, 그 이유는 그것이 (2)에서 (3)으로의 이행이 정당하다는 것을 받아들이지 않기 때문이다. 공리주의자에 따르면 처벌의 위협이 사람들의 처벌 행위를 예방할 수 있는 한에서 범죄자들은 그들의 행위에 책임이 없더라도 마땅히 처벌받아야 한다는 것이다. 이러한 손쉬운 해결책은 응보적 접근 방식을 채택하는 의무론자들에게 주어지지 않는다. 책임이 정당한 처벌의 선결조건이라고 주장함으로써 그들은 (2)에서 (3)으로의 이행을 받아들이지 않을 수 없다. 그들이 위와 같은 결정론적 접근을 거부하고자 할 경우에 그들이 할 수 있는 일은 (1)이 진리임을 부인하거나 (1)로부터 (2)가 결과할 수 없다고 주장하는 것이 전부이다.

그런데 응보론자들은 이들 가운데 어떤 선택지도 채택하지 않았다 (1)이 진리임을 받아들이지 않는 자들의 주장에 따르면 심리적·사회적 요인들(양육과 환경)로 인해 사람들이 범죄 행위를 할 소지가 주어지기는 하나 각 개인은 자신이 범죄자가 될 것인지의 여부를 자유로이 선택하게 된다. 그 행위가 환상에 의해 결정되는 정신이상자와 같은 자들만이 책임질 능력이 없으며 따라서 처벌되어서는 안된다. 결국 이러한 의무론자들은(이들을 비결정론자[indeterminists]로 부르고 있는데) 정상적인 범죄자의 행위가 심리적·사회적 요인에 의해 인과적으로 결정된다는 주장을 받아들이지 않는다. 비결정론자들은 정상적인 범죄자 및 정상적인 인간 일반의 행위는 일차적으로 자신의 자유로운 선택의 결과라고 믿고 있다.

응보적 이론의 다른 주장자들은 (1)에서 (2)로의 이행을 받아들이지 않음으로써 결정론적 입장을 거부한다. 범죄 행위가 심리적·사회적 요인들에 의해 인과적으로 결정된다는 주장을 받아들이기는 하나 그들은 그러한 인과율과 범죄자를 자신의 행위에 대해 책임 있는 자로 보는 견해가 양립 가능하다고 주장한다. 양립 가능론자(compatibilists)로 불리는 이러한 이론가들은 책임이라는 개념을 재해석함으로써 자신의 입장을 옹호한다. 양립 가능론적 설명의 한 가지 대표적인 형태는 다음과 같은 방식으로 제시된다. 즉 어떤 사람의 선택이 비록 외부 영향력에 의해 지시되었다고 할지라도 자신의 선택과 행위에 대해 스스로 만족하고 마음에 든다고 생각하는 한, 즉 강제에 의한 것이 아닌 한 그는 자신의 행위에 대해 책임이 있다는 것이다. 따라서 자신의 범죄 행위에 대해 온전히 만족하고 마음에 든다고 생각할 경우 일상적 범죄자는 비록 그의 선택이 외적인 영향력에 의해 결정된다 할지라도 자신의 행위에 대해 책임이 있으며 따라서 처벌을 받아 마땅한 자가 된다는 것이다.

그런데 양립 가능론자들에 따르면 스스로 불행하고 불만족한 방식으로 행위하게끔 강제되었을 경우에만 범죄자는 책임이 없게 된다고 한다. 그러나 자신의 선택에 대해 온전히 만족하는 일상적 범죄자는 그의 선택이 인과적으로 결정된다 할지라도 책임이 있으며 마땅히 처벌을 받아야 한다는 것이다.

요약하면 형사적 정의에 대한 응보적 접근 방식을 믿는 의무론자들은 범죄자에 대한 서로 다른 두 가지 모형을 갖는다. 한 가지 모형에 따르면 범죄자의 행위는 그가 자유로이 행한 선택에 의해 유발된다. 심리적·사회적 힘이 이러한 선택에 영향을 미치기는 하나 그것을 인과적으로 결정하지는 못한다. 두번째 모형에 따르면 범죄자의 선택과 행위가 그러한 힘들에 의해 인과적으로 결정되기는 하나 그럼에도 불구하고 범죄자는 그의 행위에 대해 책임이 있다. 범죄자에 대한 두 모형이 모두 우리가 면책조건, 감형조건, 정당화조건 등을 갖게 되는 이유에 대한 설명을 제시하고 있다.

4. 법적 절차에 대한 의무론적 분석

제3장 4절과 제4장 4절에서 살핀 바와 같이 법적 절차를 고려하게 될 경우 다루어져야 할 두 가지 중요한 가치문제가 있다. 그 중 한 가지는 무고한 사람이 유죄판결을 받지 않도록 보호하는 목표와 죄인이 유죄판결을 받게 하는 목표가 갖는 상대적 중요성이다. 다른 한 가지는 범죄 수사 과정에서 혐의자가 가져야 할 절차상의 권리에 관한 것이다. 이 두 가지 문제는 이미 주목한 바와 같이 플리 바기닝이라는 제도와 관련해서도 생겨난다.

우리가 이 절에서 살피게 되겠지만, 플리 바기닝은 (응보적 정의론에 바탕을 둔) 의무론적 접근 방식이 (예방의 개념에 바탕을 둔) 공리주의적 접근 방식과 중대한 차이를 보이는 문제 영역이다. 그 이유를 이해하는 것으로부터 시작하기 위해 우리는 이러한 각 이론들이 죄인에 대한 처벌과 무고한 자에 대한 부당한 처벌 양자를 포함한 처벌을 바라보는 방식에 대해 다시 한번 살펴볼 필요가 있다.

제4장 4절에서 살핀 바와 같이 공리주의적 이론가들은 (죄인에 대한 처벌의 경우에도) 처벌은 비록 그것이 정당화되는 것일지라도 그 자체로는 악이라고 생각한다. 그들의 관점에서 볼 때 죄인을 처벌하는 것과 무고한 자를 처벌하는 것은 마찬가지로 나쁜 일이다. 단지 유일한 차이는 죄인을 처벌하는 악은 그것이 갖는 예방효과에 의해 정당화되는 것인 데 비해 무고한 자를 처벌하는 악은 그렇지 않다는 점이다. 바로 이 점 때문에 그리고 죄인으로 오인하여 무고한 자를 그릇되게 처벌하는 일도 동일한 예방효과를 갖는다는 이유 때문에 예방을 강조하는 공리주의 이론가들은 그릇되게 처벌되는 무고한 자의 수가 증가됨에도 불구하고 보다 더 많은 죄인들이 유죄판결을 받는 데 도움이 되는 길만 있으면 법적 절차를 수정하고자 하는 용의를 갖게 되는 것이다.

공리주의적 접근 방식을 도덕적으로 잘못된 것으로 생각하는 응보론자들은 전반적인 문제들을 전혀 다른 방식으로 분석하고 있다. 이들 이론가에 따르면 사람들을 처벌함으로써 생겨나는 사회적 이득만 가지고는 이러한 처벌을 정당화할 수 없다는 것이다. 결국 어떤 사람이 처벌될 경우 그는 자신의 많은 기본적인 권리를 박탈당하게 되는데 우리는 사회적으로 유용하다는 이유만으로 사람들로부터 그러한 권리를 박탈할 수는 없는 것이다. 응보론자들에게 있어서 사람들의 권리를 박탈할 수 있는 유일한 정당 근거는 그 사람을 처벌할 만한 명분이 있다는 것이다.

이와 동일한 관점으로부터 만일 우리가 실수로 무고한 자를 처벌한다면 우리는 엄청난 잘못을 저지르게 된다는 믿음이 생겨나게 된다. 우리는 아무런 정당 근거도 없이 무고한 자의 권리를 심각하게 침해하게 된다. 염두에 두어야 할 것은 응보론자들이 예방효과를 처벌을 위한 충분한 정당 근거로 생각하지 않는다는 점이다. 따라서 실수로 인해 무고한 당사자를 처벌하는 일은 그것이 다소의 예방효과를 갖는다 할지라도 예방적 관점에서보다 응보주의적 관점에서 볼 때 훨씬 더 심각한 문제가 된다. 이렇게 해서 예방적 이론가들은 실수로 처벌받는 무고한 사람이 다소 증대한다는 것을 어느 정도 냉정하게 받아들일 수 있겠지만 응보주의적 이론가들은 그러한 결과가 지극히 용납할 수 없는 일이라고 생각하게 된다.

이상과 같은 모든 것은 우리가 어떤 사람에게 유죄판결을 내릴 수 있기 위해 마땅히 요구해야 할 증거가 어느 정도인가라는 문제에 대해 엄청난 영향을 미치게 된다. 현재 우리 사회는 합당한 어떤 의문의 여지도 없을 정도로 비교적 엄중한 증거의 기준을 채용하고 있다. 제4장 4절에서 살핀 바와 같이 공리주의는 예방을 강조하는 까닭에 그러한 요구조건이 경감되어야 한다는 결론에 이르게 된다. 물론 그렇게 할 경우 무고한 사람이 처벌받게 되는 수효가 다소 늘어나는 결과가 나타나겠지만 이는 공리주의적 관점에서 받아들일 수 있는 것이다. 그러나 방금 우리가 살핀 이유로 인해서 그러한 것은 응보적 관점에서는 받아들일 수 없다. 따라서 응보적 접근 방식을 받아들이는 의무론자들은 증거에 대한 엄중한 현행 요구조건을 계속 유지해야 한다고 주장하게 된다.

지금까지 우리가 살핀 바는 절차상의 보호와 법의 적절한 절차라는 문제에 대해서도 중대한 의미를 갖는다. 이상과 같은 요구조건들 중의 어떤 것은 재판 절차의 모든 단계에서 변호사가 임석해야 한다고 말하는 것과 같이 무고한 자를 보호하기 위해 마련된 것으로 보인다. 제4장 4절에서 살핀 바와 같이 공리주의자들은 이러한 절차상의 보호와 같은 엄정성을 포기할 용의를 가지며 경우에 따라서는 그러한 엄정성을 수정하고자 한다. 왜냐하면 그들은 무고한 당사자가 유죄판결을 받는 비율이 다소 높아지는 것도 기꺼이 용납할 생각이 있기 때문이다. 방금 살핀 바와 같이 의무론자들은 이러한 것을 받아들일 용의가 전혀 없다. 따라서 그들은 이러한 절차상의 보호를 그대로 유지하는 쪽을 찬성하게 된다.

마지막으로 우리는 플리 바기닝의 문제에 이르게 되었다. 우리가 살펴본 바와 같이 플리 바기닝에 대한 비판가들이 그것에 반대하는 근거는 그것이 설사 죄인들에게 적용된다 할지라도 부당한 절차이며, 혹은 그것이 때때로 무고한 자들로부터도 자백을 받아내기 때문이다. 이러한 유형의 비판적 관심들은 모든 의무론자들이 공유하고 있다. 따라서 공리주의자들과 달리 의무론자들은 플리 바기닝에 반대한다. 다음 절에서 우리는 의무론자들이 플리 바기닝에 대해 이와는 다른 보다 더 근본적인 반론을 가지고 있다는 것을 살피게 될 것이다.

5. 처벌에 대한 의무론적 분석

앞서의 논의로부터 알고 있는 바와 같이 우리의 현행 형사상의 정의제도에서 주요한 문제는 그것이 배정하는 처벌의 수준이 아주 불공평하다는 점이다. 어떤 범죄는 균형에 맞지 않게 아주 높은 형벌로 처벌되는 것으로 보이는 한편 다른 범죄는 걸맞지 않게 낮은 형벌을 받게 된다. 우리가 제4장 5절에서 본 바와 같이 공리주의적 분석이 갖는 한 가지 강점은 그것이 처벌에 대한 합리적 체계를 만드는 기초를 제시한다는 것이다. 특정한 유형의 범죄 행위에 대한 처벌과 체포될 확률을 곱한 값이 그 범죄 행위로부터 얻어질 이득보다 최소한 큰 것이어야 한다는 것이다.

의무론자들은 이에 대한 대안적 분석을 제시하는데 이 역시 상이한 범죄들에 대한 처벌체제를 세우기 위한 체계적 기초를 제시해 준다. 의무론자들은 공리주의적 분석에 따를 경우 처벌을 설정함에 있어서 반드시 고려되어야 할 가장 중요한 측면, 즉 범죄자에 의해 유발된 해악이 배제되고 있다고 생각한다. 의무론자들이 범죄로부터 생겨나는 해악과 고통에 대해 그렇게 중요성을 부여하는 이유를 예시하기 위해서 다음과 같은 경우를 생각해 보기로 하자. 한 무리의 십대들이 늙고 가난한 사람의 집에 침입했다. 그들은 그 노인을 묶고 재갈을 물린 다음 그의 사소한 재산을 훔쳤다. 그들은 그를 묶어둔 채 집을 나가버렸고 결국 그 노인은 음식과 물을 먹지 못해 죽고 말았다.

그런데 이 경우에 범죄자가 얻은 이득은 지극히 사소한 것이다. 따라서 이런 범죄자가 흔히 잡히지 않는다는 사실을 고려한다 할지라도, 그와 같은 성격의 잠재적 범인을 예방하기 위해서는 처벌이 그다지 엄해야 할 필요가 없다. 그러나 의무론자는 예방과는 다른 것에 관심을 갖는다. 그들은 "우리의 응보적 정의감에 따르면 그러한 범죄자가 그 노인 피해자에게 끼친 엄청난 해악 때문에 엄벌을 받아야 마땅하다"고 주장한다. 의무론자는, 단지 예방에 근거한 것이 아니고 응보적 정의에 바탕을 둔 처벌이론이 필요하다고 결론짓는다.

플리 바기닝이란 제도에 대해 의무론자들의 최종적인 반론의 배후에 깔려 있는 것도 이와 동일한 응보적 정의감이다. 플리 바기닝의 결과로서 타인들에게 엄청난 해악을 끼친 중대한 범죄를 저지른 많은 죄인들이 보다 더 경감된 부담으로 죄상을 인정받게 되고 단지 보다 더 가벼운 형벌만을 받게 된다. 이는 우리의 응보적 정의감에 위배된다고 의무론자들은 말한다. 따라서 우리는 비록 그것이 예방의 관점에서 정당화된다 할지라도 가능한 한 최대한으로 플리 바기닝의 이용을 피하고자 노력해야 할 것이다.

지금까지 우리는 의무론자들이 예방론자보다 범죄자들을 더 가혹하게 처벌하게 될 예들을 제시해 왔다. 그러나 의무론자들이 오히려 예방이론이 지나치게 처벌한다고 결론짓게 될 어떤 경우들이 있다. 예를 들어 타인에게 사소한 정도의 해악만을 끼친 어떤 범죄를 생각해 보자. 나아가 그 범죄는 수색하기가 어렵고 따라서 범인이 체포되어 그에 대해 처벌받게 될 확률이 아주 낮다고 해 보자. 만일 우리가 적절한 예방효과를 보고자 한다면 우리는 그 범죄에 대해 그것이 유발한 해악에의 비례를 벗어나서 매우 극심한 형벌을 할당하게 될 것이다. 예방론적 분석은 아마도 이러한 결론을 받아들이지 않을 수 없을 것이다. 그러나 의무론자들은 그것을 범죄자에게 공정하지 못한 것으로서 거부할 것이다. 의무론적인 관점에서 이러한 문제를 처리하는 합당한 유일한 방식은 범죄자를 검거할 확률을 증가시키는 방도를 강구하는 일일 것이다.

요약하면 의무론자들은 처벌의 정도에 대한 공리주의적 분석이 체계적이긴 하나 그릇된 것이라고 생각하는데, 공리주의적 분석은 중대한 요소, 즉 범죄자가 타인에게 유발한 해악에 주목하지 않기 때문이다. 의무론자들은 그들 자신의 체계적인 이론으로서 범죄자를 그들이 유발한 해악에 대등한 정도로 처벌해야 한다는 견해를 제시하고 있다. 이런 식으로 해서 그들은 처벌의 정당한 정도를 합당하게 결정하는 요인에 주목하게 되는 것이다.

그 다음으로 우리는 곧바로 이용되어야 할 처벌의 유형에 관한 문제에 이르게 된다. 응보적 이론의 초기 형태는 오직 진정으로 대등한 처벌이라는, 범죄자가 피해자에게 행한 것과 동일한 것을 피해자에게도 가하는 것임을 제시해 온 것으로 보인다. 이는 "눈에는 눈"이라는 구절이 갖는 글자 그대로의 의미이다. 그러나 그러한 이론을 실행하려고 할 경우 다음과 같은 명백한 난점들에 이르게 된다. 즉, 예를 들어서 무고한 어린이를 강간한 흉악범을 어떻게 처벌할 것인가? 현대의 응보론적 이론은 어떤 경우에도 "눈에는 눈"과 같은 것을 요구하지 않는다. 특정한 범죄의 피해자는 일정한 손상을 받게 된다. 그럴 경우 정의가 요구하는 것은 단지 우리가 그 범인에게 동일한 (identical) 손실이 아니라 대등한(equivalent) 손실을 가하는 일이다. 우리는 사회에 대해 최소한의 경비로써 이러한 일을 행하고자 하는 까닭에 공리주의자들과 마찬가지로 응보론자들은 징역이나 집행유예와 같은, 비용이 많이 드는 제도와는 다른 대안을 찾는 데 관심을 갖는다.

이상과 같이 동일한 손실을 가하는 것을 거부하는 데 대한 유일한 예외는 아마도 살인자에 대한 사형과 관련된 것일 것이다. 응보적 관점에서 볼 때 살인자가 피해자에게 끼친 해악과 동일한 정도만큼 그에게 처벌하기 위해서 사형보다 덜 가혹한 형벌이 있다고 생각하기 어려울 것이다. 그 까닭은 오직 사형만이 응보적 정의의 요구를 충족시켜 주는 유일한 방도로 생각되기 때문이다.

6. 결 론

이 장에서 우리는 형사상의 정의제도에 대한 의무론적 이론을 검토해 왔다. 이러한 접근 방식의 배경에 깔린 기본적인 생각에 따르면 형사상의 정의제도에 목표는 범죄자를 그들이 유발한 해악과 대등한 정도만큼 처벌함으로써 응보적 정의를 엄정하게 구현하는 일이다. 오직 타인의 권리를 침해함으로써 해악을 끼치는 행위가 범죄로 간주될 수 있다. 한 모형에 따르면 범죄자는 그의 행위가 인과적으로 결정되지 않는다는 이유에서 책임 있는 행위자이고 다른 모형에 따르면 그의 행위가 강제되지 않는다는 이유에서 책임 있는 행위자이다. 이런 모형에 맞지 않는 범죄자에 대해서도 범죄에 대한 면책조건이 성립하게 된다. 법적 절차는 실수로 범죄 고발이 된 자에 대한 보호를 강조해야 하며, 그럼으로써 범죄자들이 처벌을 회피하는 수가 증대될지라도 계속해서 강조해야 한다. 플리 바기닝은 가능한 한 최대로 폐기되어야 하는데 이는 처벌의 수준이 유발된 해악의 양에 의존해야 한다는 입장으로 복귀하기 위한 절차의 일부이다.

이상과 같은 것들은 지극히 논의의 여지가 많은 주장들이며 그것들 중 많은 것이 예방을 강조하는 공리주의적 입장들로부터 결과하는 주장들과는 직접적으로 상충하고 있다. 따라서 형사적 정의에 대한 이 절을 결론지으면서 우리는 무엇을 형사적 정의제도의 기본 목표로 삼고자 하는지를 우리 스스로 결정지어야 한다는 것이 절대적으로 중요하다는 통찰을 제시하고자 한다. 이러한 가치문제가 해결되기까지는 그러한 제도를 어떻게 구성해야 할지를 결정할 수가 없는 것이다.

• 아래의 용어들을 우리 자신의 말로 설명해 보자.

1. 응보적 정의
2. 복수
3. 권리를 포기하다
4. 책임
5. 비결정론자
6. 양립 가능론자
7. 처벌의 정도에 대한 응보적 이론

• 복습을 위한 문제

1. 의무론적 분석에 따를 경우 형사상의 정의제도의 주요 목표는 무엇인가? 그러한 목표는 복수하고자 하는 욕구와 어떻게 다른가?
2. 예방적 이론과 응보적 이론 간의 주요 차이점은 무엇인가?
3. 의무론적 이론은 어떤 행위가 범죄로 규정되어야 한다고 말하는가? 그것은 해악의 원리와 어떻게 다른가? 그것은 피해자 없는 범죄에 대해서 무엇이라고 말하는가?
4. 응보적 정의론자는 면책조건과 감형조건이 있다는 것을 어떻게 설명하는가?
5. 비결정론과 양립 가능론 간의 주요한 차이점은 무엇인가? 각 접근방식의 강점과 약점은 무엇인가?
6. 응보론자들이 무고한 자를 처벌해서는 안된다는 것을 그렇게 끈질기게 주장하는 이유는 무엇인가? 그러한 주장이 갖는 함축은 무엇인가?
7. 처벌의 이상적인 주장에 대한 응보적 이론은 무엇인가? 이것이 그

러한 문제에 대한 예방적 이론의 접근 방식과 어떻게 다른가?

8. 응보론자들이 사형의 정당성을 다루는 방식은?

■ 더 생각해 볼 문제

1. 실수로 취득한 재산을 주인에게 되돌려주는 것이나 공동사업에서 생긴 이득의 공정한 몫을 각자에게 갈라주는 경우에 있어서와 같은 정의의 관념을 응보적 정의 관념과 어떻게 비교할 수 있을까?

2. (1) 모든 권리는 포기될 수 있는 것인지, (2) 응보적 관점에서 볼 때 피해자 없는 범죄가 있을 수 있는지에 대한 논쟁에 있어 양편의 견해를 모두 비판적으로 평가하라.

3. 응보론자들이, 사람들이 자신의 행위에 대해 책임이 있다고 말할 경우 무엇을 의미하고 있는가? 비결정론자와 양립 가능론자는 그 문제에 대해서 서로 다르게 대답할 것인가?

4. 다음과 같은 반론을 비판적으로 평가하라 : "응보론자들은 증거와 적절한 절차를 현행의 높은 수준대로 유지하고자 함으로써 예방률이 낮은 형사상의 정의제도를 주장하고 있다. 이는 보다 더 무고한 많은 피해자들의 권리가 예방되지 못한 범죄자들에 의해 침해되리라는 것을 의미한다. 인간의 권리에 대해 그렇게 강한 신념을 가진 응보론자들이 이런 결과를 어떻게 받아들일 수 있을 것인가?"

5. 처벌을 설정함에 있어서 범죄자가 유발한 해악에만 주목하는 것이 옳은가? 만일 범죄자가 그의 피해자에게 사소한 해악을 끼침으로써 큰 이득을 얻을 수 있을 경우 낮은 수준의 처벌을 설정함으로써 범죄자가 범행을 하도록 권장하는 일이 옳은 것인가?

6. 제5장 5절의 논변은 오직 사형만이 살인자에게 그가 피해자에게 저지른 해악과 동일한 정도를 처벌하는 것임을 가정하고 있다. 이런 가정은 정확한 것인가? 살인자가 무기징역보다 사형을 선호하는 것으로 보이는 경우는 어떻게 되는가?

부의 분배에 관한 가치문제

1. 자유시장과 부의 분배
2. 과세와 부의 분배
3. 재분배 계획과 부의 분배

제 6 장

부의 분배에 관한 가치문제

우리가 다루고자 하는 두번째의 도덕적 문제는 미국에서의 부의 분배와 관련된 것이다. 부가 그 자체로서 본질적 가치를 갖는 것이라고 주장할 사람은 거의 없을 것이다. 그와 동시에 부가, 그를 통해서 우리가 얻을 수 있는 많은 것들을 위해 상당한 가치를 갖는다는 것을 부인할 사람도 거의 없을 것이다. 적절한 부를 가진 사람은 그들의 많은 욕구들을 충족시킬 수 있는 데 반해, 적절한 부를 갖지 못한 사람들은 그들의 많은 욕구들을 충족시킬 수가 없는 것이다. 따라서 사람들간에 부가 분배되는 방식은 우리의 중대한 이해관심사이며, 우리들 각자가 그 해답을 찾아야 할 여러 가지 커다란 문제를 노정시킨다.

사회의 기본적인 특성들 중의 한 가지는 일반적으로 부가 그 성원들간에 불평등하게 분배되어 있다는 사실이다. 어떤 사람은 엄청난 부를 소유한 반면 다른 사람들은 지극히 적은 부를 갖는다. 평등주의자들(equalitarians)은 그러한 차등을 불공정한 것으로 간주하는 자들이다. 그들은 부가 대부분의 사회에서 분배되는 것보다 훨씬 더 평등하게 분배되어야 한다고 믿는다. 우리가 다루게 될 기본적인 가치문제들 중 한 가지는 과연 그러한 평등주의적 입장이 정당화되는가, 그리고 정당화된다면 우리가 어느 정도의 평등을 추구해야 할 것이며 어떤 방식으로 그것을 성취해야 할 것인가 하는 문제이다.

부의 분배와 관련된 두번째 기본적인 가치문제는 사람들이 가진 부가 그들이 기울인 노력이나 그들이 행한 기여 혹은 그들의 도덕적 완성도와 긴밀히 연관되어 있지 못하다는 점이다. 일부 선량한 사람은 매우 열심히 일하고 중요한 기여도 하지만 보잘것없는 양의 부를 소유하고 있을 뿐인 반면, 별로 일도 하지 않고 별다른 공적도 쌓지 않은 자가 엄청난 부를 소유하고 있기도 하다. 공적주의자(merito-crats)는 부가 대부분의 현행 사회에서 분배되는 것보다 훨씬 더 개인의 공적에 비례해서 분배되어야 한다고 생각하는 사람들이다. 따라서 우리가 살피고자 하는 두번째 중요한 가치문제는 공적주의적 생각이 정당화되는 것인가, 만일 정당화된다면 공적주의적 이상을 실현하기 위해서 우리가 어떤 사회적 대책을 취해야 할 것인가 하는 문제이다. 공적주의는 평등주의와 정면으로 대립하고 있다는 사실을 인정하는 일이 중요하다. 결국 공적이 다른 두 사람이 있을 경우 평등주의자는 공적주의자보다도 그 두 사람을 훨씬 더 평등하게 대우하고자 할 것이다. 우리는 다음 두 장에서 그 각각의 입장을 좀더 면밀히 살피고자 한다.

이 장에서 우리는 오늘날 미국에 있어서 부의 분배를 결정하는 과정이나 절차에 대한 기본적인 이해를 제시하려 한다. 앞으로 알게 되겠지만 그러한 분배과정은 부의 분배에 대한 또 다른 가치문제들을 제기한다. 더욱이 그것을 좀더 면밀히 검토하면 우리는 평등주의와 공적주의라는 더 큰 문제에 대한 어떤 통찰을 얻게 될 것이다. 미국에 있어서 부가 분배되는 제도의 각 특성들이 따로따로 검토될 것이며, 각 측면과 관련된 가치문제들이 적절한 지점에서 그때그때 제기될 것이다.

1. 자유시장과 부의 분배

미국에서 부가 분배되는 기본 체제 중의 하나는 자유시장경제의 유용을 통해서이며 여기에는 재산의 사적 소유와 사람들간의 자유로운 교환이 포함된다. 이 체제가 부의 분배에 작용하는 방식을 살펴보기로 하자.

우리 사회에서는 언제나 상당한 양의 부를 개인들이 사적으로 소유하고 있다. 그러한 부 가운데 일부는 의식주 등과 같은 재화나 용역을 구매하는 데 이용된다. 다른 일부는 매트리스나 지하금고 및 그와 비슷한 곳에 감추어져 있다. 그러나 부의 대부분은 투자되고 있다. 부는 여러 가지 방식으로 투자될 수 있는데 그 목표는 언제나 투자로 인해 소유자가 더 많은 부를 벌어들이는 데 있다. 그래서 사람들은 은행에 예금도 하고 증권을 사며 고리대금 등을 하면서 그들의 돈을 빌려줌으로써 더 큰 돈(이자)을 벌게 되리라고 기대한다. 사람들은 주식에도 투자하는데 그럴 경우 무엇보다도 그들은 상당한 배당금을 얻게 되리라는 희망을 갖는다. 아니면 그들은 자신의 돈을 자본금으로 해서 자기의 기업에 투자하고 더 큰 이윤을 보리라는 기대를 갖는다. 그러므로 사회에서 대부분의 부는 좀더 큰 부를 얻기 위해 개인들에 의해 사적으로 이용되고 있는 것이다.

물론 모든 사회가 미국 사회와 같이 광범위한 사기업 체제를 갖는 것은 아니다. 많은 나라들에서 사적으로 소유될 수 있는 재화는 의식주의 공급과 관련된 소비품목들이다. 다른 모든 재화나 용역은 국가가 소유한다. 이런 사회에서는 개인이 부를 축적하거나 소득이 원천으로 이용할 수가 없다. 모든 생산수단의 소유가 국가의 손에 주어져 있는 까닭에 개인은 기업에 한몫을 들 수가 없다. 그리고 이자를 받고 돈을 빌려주는 제도도 존재하지 않는다.

비소비재(흔히 생산수단이라 함)를 사적으로 소유하고 더 많은 부를 얻기 위해 축적된 부를 수단으로 이용하는 체제가 갖는 나름의 강점과 약점에 대해 여러 가지 문제들이 제기될 수 있다. 그러나 그러한 모든 문제들을 여기에 소개하는 일은 이 책의 범위를 벗어난다. 예를 들어 우리는 대안이 되는 경제체제들을 서로 비교하지는 않겠다. 그 대신 우리의 목적은 부를 분배하는 우리 자신의 제도적 방식에 대한 가치문제들을 탐구하는 일이다.

우리의 체제는 축적된 부를 가진 사람이 이자. 배당금, 이윤을 통해 더 큰 부를 축적하는 일을 허용하는 까닭에 우리가 이 책에서 고찰하고자 하는 가치문제들 중 하나는 그러한 제도가 바람직한 것인가 하는 문제이다.

다음 두 장에서 우리는 공리주의적 관점과 의무론적 관점에서 그러한 문제들을 깊게 탐구하고자 한다. 여기에서 우리가 주목하고자 하는 점은 단지 평등주의자와 공적주의자들 모두가 보다 더 큰 부를 얻기 위해 축적된 부를 이같이 이용하는 데 대해 문제를 제기한다는 사실이다. 평등주의자들은 그러한 제도가 부의 분배에 있어서 보다 더 큰 차등을 초래한다는 이유로 그것에 반대한다. 부자는 더 부유하게 되는 반면에 가난한 자는 그에 비례해서 더욱 빈한하게 된다. 공적주의자들도 그와 같은 축적된 부가 상속되는 한에 있어서 그러한 제도에 반대하게 된다. 상속된 부를 소유한 자는 자신의 공적에 의해 돈을 축적한 것이 아닌 까닭에 그러한 상속된 부를 통해 벌어들이는 돈은 공적주의적 관점에서 볼 때 그에게 돌아가야 할 응분의 것으로 볼 수 없다. 이와 비슷한 방식으로 공적주의자들은 생산자원의 사적 소유도 부의 분배에 있어 공적주의적 결과를 더 적게 초래한다는 생각을 한다.

이미 앞에서 언급한 바와 같이 우리의 자유시장체제는 개인들간의 자유로운 교환 행위에 의거한다. 그 점을 보여주는 가장 중요한 사례들 중의 하나는 노동계약이다. 생산수단을 소유하고 지배하는 사람은 일정 기간 동안 노동자들을 고용하고 그 대가로서 합의된 임금을 지급하게 된다. 이들 노동자들은 생산수단을 이용해서 상품을 생산하게 되고 그 상품은 합의된 가격에 따라 다름 사람들에게 매매된다. 이와 같이 자유로이 이루어지는 합의가 우리 사회의 부의 분배를 결정함에 있어 중대한 역할을 하게 된다. 왜냐하면 유리한 합의에 이른 자는 더욱 부유하게 되는 반면 불리한 합의에 이른 자는 더 가난하게 될 것이기 때문이다.

이상의 모든 것은 가치문제와 관련해서 다음과 같은 또 다른 일련의 기본적인 물음들에 제기한다. 즉, 우리는 그러한 자유교환 행위를 공정한 것으로 믿을 수 있는가? 그렇게 믿을 수 있다면 그 이유는 무엇인가? 그렇게 믿을 수 없다면 그러한 합의를 통해서 생겨난 부의 분배를 계속 용납해야만 할 것인가?

다음에 드는 한 사례가 그러한 물음들이 갖는 의미를 분명히 하는 데 도움이 될 것이다. 많은 사람들은, 노동자 집단의 어떤 성원은 그들이 행한 노동에 비해 지극히 적은 임금을 지급받는다고 생각한다. 이들의 논의에 따르면 그 노동자들이 다른 선택의 여지가 없다는 바로 그 이유 때문에 그러한 낮은 임금에 합의할 수밖에 없다는 것이다. 그들을 고용하는 사람은 그들의 노동으로부터 이득을 보고 더욱이 그들에게 적은 임금을 지급하는 까닭에 이득을 보는 반면 노동자들은 그들이 받아야 할 응분의 임금에 훨씬 미치지 못하는 임금을 받게 된다. 이러한 견해를 갖는 자들은 그러한 제도가 고용자에게 불공정한 이득을 주며 따라서 우리는 그러한 제도를 용납할 수 없다는 결론을 내린다.

최저 임금법의 바탕에 깔린 것은 바로 이러한 유형의 추론이다. 이러한 법안을 통과시킴으로써 결국 우리가 주장하고자 하는 것은, 그처럼 낮은 임금으로도 사람들을 자발적으로 일하게 하는 그러한 부의 분배 방식을 우리는 허용하지 않겠다는 것이다. 그러나 이러한 일련의 추론 과정 및 최저 임금법에 반대하는 사람들도 있다. 최저 임금에 반대하는 데는 여러 가지 상이한 논변들이 있는데 적어도 이러한 반대자들 중 일부의 주장에 따르면, 합리적인 성인들이라면 그들이 선택한 대로 어떤 합의에도 이를 권한을 가지며 사회가 그러한 합의 중 어떤 것을 강제하거나 막을 자격이 없다는 것이다.

　요약하면 미국에 있어서 부의 분배는 대체로 생산수단의 사적 소유와 개인들간의 자유교환 행위에 의해 결정된다. 우리 경제체제의 이러한 특성들은 다음과 같은 중대한 가치문제를 제기한다. 즉 생산수단의 사적 소유는 당연한 것이며 그와 연관된 가정으로서 개인이 축적된 부를 이용해서 더 이상의 부를 취득할 수 있는 것은 당연한 것인가?

　우리는 성인들 간의 자유로운 합의에 의한 모든 교환 행위를 용납할 수 있는가, 특히 그것으로 인해 부자가 다른 사람을 희생시키고 더 부유하게 될지라도 용납할 수 있는가? 우리는 다음 두 장에서 이러한 가치문제들을 우리 자신의 입자에서 그리고 평등주의 및 공적주의 이론들과 관련해서 살피게 될 것이다.

　마지막 한 가지 지적할 것은 미국의 현행 경제체제가 사적 소유나 사람들간의 자유교환 이외에도 많은 요소들을 내포한다는 점이다. 우리는 다음 절에서 그것들 중 일부(예를 들어 과세와 부의 재분배)에 대해 논의하게 될 것이다. 그럼으로써 우리는 비록 미국이 사유재산과 자유교환을 옹호하는 매우 강력한 입장을 취하고 있기는 하나 사적 권리와 재화가 자유로이 교환될 수 있는 조건에 대해서 일정한 제한을 두고 있다는 점을 알게 될 것이다. 이 장과 다음 두 장에서 이러한 문제들에 대한 우리들의 논의가 그러한 의문의 일부를 해결하는 데 도움이 되기를 바란다.

2. 과세와 부의 분배

자유시장체제와 더불어 미국에서 부의 분배에 있어서 중요한 역할을 하는 또 하나의 제도는 연방적 차원이나 지방적 차원의 정부이다. 우리로부터 세금을 거두어들여 돈을 여러 계획에 씀으로써 그것을 되돌려주는 가운데 정부는 부의 재분배자로서의 역할을 하게 된다. 이 절에서 우리는 이러한 과정 중 과세 부분을 살펴보기로 한다. 그리고 다음 절에서 우리는 그러한 과정 중 재분배 측면을 살피고자 한다.

어떤 과세제도이건 두 가지 중요한 문제를 다루어야 한다. 첫번째 것은 세원(tax base)의 선택 — 다시 말하면 과제의 대상에 대한 선택이다. 두번째 것은 그러한 세원의 각 단위에 대해서 거두어들일 과세의 양 혹은 백분비, 즉 세율(tax rate)의 선택이다.

한 가지 간단한 예를 들면 이러한 개념들이 분명해질 것이다. 모든 사람들이 일년에 100달러의 세금을 내는 사회를 가정해 보자. 이 경우 세금은 각 개인에게 적용되므로 세원은 개인으로서의 인간이며 세원의 각 단위에 대해 과세되는 양으로서 세율은 100달러가 된다. 그런데 모든 사람이 그들이 가진 부의 일정한 백분비의 세금, 즉 5퍼센트의 세금을 내는 사회를 생각해 보자. 이 경우 세원은 부이며 세율은 5퍼센트가 된다. 이런 두 가지 선택에서 다음과 같은 가치문제들이 제기된다. 다른 세원이 아닌 어느 특정한 세원을 선정할 만한 어떤 근거가 있는가? 어느 특정한 세율을 다른 세율보다 낫다고 생각하는 어떤 도덕적 근거라도 있는가? 현재 미국에서 시행되는 과세제도를 살펴보면 그러한 문제들에 대한 약간의 해결점들이 발견될 것이다.

오늘날 미국에는 서로 다른 세 가지 세원이 있다. 그 중 한 가지는 소득이다. 소득세 — 개인소득세, 법인소득세 및 사회보장세를 포함

— 는 연방정부의 중요한 수입원을 이룬다. 소득세는 적은 정도이긴 하나 주정부나 지방정부의 수입원이 되기도 한다. 두번째 세원은 사람들의 소비이다. 주나 지방의 판매세는 그 가장 두드러진 사례이다. 일반적인 판매세와 더불어 휘발유, 담배, 술 및 사치품과 같은 상품에 대해서 각종의 특수세들이 있다. 세번째의 세원은 부이다. 그 가장 중요한 사례는 지방정부가 부과하는 재산세이다.

한 가지 흥미로운 혼합형의 세금은 상속세인데 이는 상속에 부과되는 세이다. 어떤 사람은 이 세가 부의 소유자가 죽는 순간에만 부과되는 재산세라고 생각하고자 한다. 그런데 또 어떤 사람들은 그것을 일종의 소비세로 간주하여 상속인에게 부를 구매해 준 데 대해 과세하는 것으로 생각한다. 우리는 다음 장에서 이러한 미묘한 견해의 차이나 상속 일반이나 특히 상속세에 대한 우리의 사고 방식에 큰 영향을 미치게 된다는 것을 알게 된다.

어떤 사람은 소비에 근거를 둔 과세가 합당하고 공정한 과세라고 주장한다. 그들에 따르면 소비재나 서비스의 구매는 사회적 자원의 일부를 소모하는 것이며 따라서 사람들은 이러한 자원의 소비에 근거해서 세금을 내어야 한다는 것이다. 그러나 다른 사람들은 부가 공정하고 적절한 세원이라 주장한다. 부는 지불능력과 상호 관련되어 있는데 즉 부를 더 많이 가질수록 그에 반비례하는 손실의 고통 없이 지불할 능력이 더욱 커지는 것이다. 그런데 또 다른 무리의 사람들은 소득이 가장 적절한 세원이라고 주장한다. 그들 역시 사람들은 자신의 지불능력에 따라 세금을 내어야 한다고 믿는다. 그러나 그들은 부가 아니라 소득이 지불능력에 대한 최상의 척도라고 주장하는데 왜냐하면 비록 어떤 사람이 어느 정도의 부를 가지고 있다 할지라도 그 부가 소득을 산출하지 않는다면 대단한 지불능력을 갖는다고 할 수 없기 때문이다.

분명히 해야 할 것은 세원의 선택이란 사실상 공정성과 정의에 대한 서로 상충되는 견해들 중의 하나를 선택하는 것이라는 점과 세원을 변화시키는 것은 현대 우리 사회에 존재하는 평등의 정도와 공적주의에 대해서 전혀 다른 의미를 갖게 된다는 점이다. 따라서 세원의 선택은 순수한 경제적 의사결정이 아니며 부의 분배에 대한 적절한 도덕이론이라면 그것은 반드시 이러한 물음을 중심으로 한 문제를 다루지 않을 수 없는 것이다.

일반적으로 세율은 세 가지 범주로 구분될 수 있다. 비례세, 누진세, 역진세가 그것이다. 비례세율(proportional tax)은 과세의 각 단위에 대해 동일한 양의 세금이나 동일한 백분비의 세금을 부과하는 것이다. 판매세는 비례세라고 할 수 있다. 왜냐하면 모든 소비품목에 대해서 동일한 백분비의 세금이 부과되기 때문이다. 누진세율(progressive tax)은 과세의 앞 단위보다 추가되는 단위에 대해 더 높은 세율로 과세하는 세율이다. 적어도 이론상으로는, 개인소득세는 누진세인데 소득수준이 높아질수록 세율이 커지기 때문이다. 세번째 유형의 세율은 역진세(regressive)인데, 이 경우 추가되는 단위는 그 이전 단위보다 더 낮은 세율이 적용된다. 사회보장세는 그 한 가지 사례가 될 수 있다. 왜냐하면 일정한 수준(현재로는 32,400달러) 이상의 소득에 대해서는 그러한 세금이 면제되기 때문이다.

과세에서 비례세율, 누진세율, 역진세율 중 어떤 것을 선택하는가가 갖는 가치론적 함축은 세원과 관련된 선택이 갖는 의미와 마찬가지로 중요한 것이다. 예를 들어 평등주의자는 소득이나 부와 같은 세원에 있어서 누진세율을 대단히 선호한다. 그들의 논거에 따르면 비례세율과는 달리 누진세율은 가장 많은 소득과 부를 갖는 자가 정부에 지불하는 돈의 양을 증대시킨다는 것이다. 이런 식으로 해서 사회의 부가 보다 더 균등하게 배분될 수 있고 그럼으로써 더 공정하게 배분될 수 있다. 이에 반해서 공적주의자들은 특히 소득이란 세원에 있어서 누진세율에 반대한다. 그들의 주장에 따르면 그러한 식의 누진과세는 마땅히 돈을 소유할 자격이 있는 자들로부터 돈을 빼앗음으로써 성공한 사람들에게 벌금을 부과하는 것과 같다는 것이다. 따라서 공적주의자들은 일반적으로 비례세를 선호한다. 일부의 소득이나 부에 대해 다른 소득이나 부보다 더 높은 세율을 부과하는 것은 부당하며 모든 사람이 똑같이 세금을 내어야 한다는 근거로 누진세율에 반론을 제기하는 사람들도 있다. 이 점에서도 역시 우리는 이러한 문제들이 순전히 경제적인 것만은 아님을 알 수가 있다.

요약하면 미국의 세제는 세 가지 주요 세원(소득, 소비, 부)과 세 가지 유형의 세율(누진세, 비례세, 역진세)을 채택하고 있다. 이와 같은 복합세제가 과세에 대해 충분한 숙고를 거친 일반적 방법의 결과가 아님은 명백하다. 따라서 우리는 몇 가지 중대한 가치문제에 봉착하게 된다. 그 까닭은 평등, 공정, 그리고 공적에 대한 우리의 견해가 우리의 세금제도를 개선하는 데 중요한 역할을 해야 하기 때문이다. 다음 두 장에서 우리는 체계적인 도덕이론을 채택하는 것이 어떻게 그러한 중대한 가치문제의 해명에 도움이 될 수 있는지를 알게 될 것이다.

3. 재분배 계획과 부의 분배

정부는 세입을 이용해서 여러 가지 다양한 계획의 재정 조달을 하게 되는데 그러한 것들 중의 일부는 국가의 부를 재분배하기 위해 계획되는 것이다. 이 절에게 우리는 이러한 재분배 계획의 성격을 검토함으로써 그것이 운용되는 방식을 알고 또한 그것이 왜 우리들에게 가치문제를 제기하는지를 알아보고자 한다.

정부의 대부분의 계획들은 모든 시민들이나, 적어도 원하는 모든 이들에게 재정적인 궁핍과 같은 개인적인 처지와 상관없이 재화와

서비스를 제공하는 것이다. 그 사례로는 국가안보와 체신업무, 각 주간의 고속도로, 국립공원 등을 들 수 있다. 주나 지방 정부의 차원에서 이와 유사한 업무에는 경찰과 소방, 공공교육, 도서관, 고속도로 등이 있다. 이러한 재화나 서비스 중 어떤 것은 자유시장체제에 맡겨둘 수 있는 것도 있지만 한두 가지 이유 때문에 우리는 그것들을 정부를 통해 공급하는 방도를 채택하고 있다. 그러한 것들은 우리가 지불하는 세금의 양과 상관없이 모든 시민들에게 동등하게 공급되는 까닭에 그러한 서비스들은 적어도 어느 정도 부의 재분배를 결과하게 된다.

그런데 흔히 이 마지막 논점이 간과되기 때문에 그에 대한 좀더 세심한 설명을 할 필요가 있다. 만일 우리가 4인의 가족을 거느리는 가장이고 1년에 12,000달러의 소득을 벌어들인다고 해보자. 이 정도의 소득에 대해 우리의 세금 지출은 별로 대단치 않은 것이다. 예를 들어, 그것은 우리의 두 자녀의 교육비에 미치지 못한다는 것이 분명하다. 개인적으로 교육비를 부담할 경우 한 자녀에 대한 연간 교육비가 3,000달러라 하고, 여유가 있을 경우 우리는 그것을 기꺼이 부담하여 교육을 시킬 의사가 있다고 해보자. 그렇다면 결국 정부의 공공교육 계획은 우리에게 6,000달러에 상당하는, 그리고 우리에게 그만한 가치가 있는 서비스를 제공함으로써 우리의 부를 그만큼 증대시키는 셈이 된다. 그래서 서비스의 제공은 세입이 부를 재분배하는 데 사용되는 한 가지 방식인 것이다.

정부계획의 다른 한 가지 유형은 그 성격에 있어서 더 명백히 재분배적인 계획이다. 소득 안정 및 복지 계획은 여러 방식으로 재정적인 보조가 필요한 사람들을 위하여 마련된 것임에 분명하다. 이러한 계획은 한 무리의 시민들로부터 나온 부를 다른 시민들에게 재분배하는 것인데, 그것은 빈한하지 않은 자들로부터 빈한한 자에게(복지계획), 작업을 가진 자로부터 실업자들에게(실업보험), 젊은이로부터 노인에게(사회보장) 재분배하는 것 등이다. 이러한 계획은 그 범위가 지극히 광범하다. 1982 회계연도에는 미국 정부의 모든 지출의 34퍼센트, 즉 거의 2,400억 달러가 이런 유형의 재정 보조에 충당되었다. 분명히 이러한 계획의 채택은 더 많이 가진 자로부터 더 적게 가진 자에게 부를 재분배하기 위해 사회의 편에서 취할 수 있는 하나의 중요한 입장인 것이다.

결국 정부의 거의 모든 계획이 사회의 부를 재분배하는 목표를 달성하고 있다. 어떤 것은 이러한 목표를 위해 직접적으로 마련된 것 — 소득안정 및 복지계획 — 도 있고 다른 것들 — 국가방위, 교육 등 — 은 그러한 결과를 간접적으로 달성하는 것이다. 이러한 재분배 계획에 대해 흔히 제기될 수 있는 여러 가지 문제들이 있다. 가장 두드러진 것들을 다음에서 논의하기로 한다.

재분배 계획의 정당성 오래 전부터 도움을 줄 수단을 가진 사람들이 도움을 필요로 하는 사람들에게 자발적으로 도움을 주어 왔다. 개인적인 자선은 인류의 역사만큼이나 오래된 것이다. 그러나 우리가 논의하고자 하는 계획들은 그러한 전통의 일부가 아니다. 우선 이런 계획에서는 자발적인 것이 없다는 점이 다르다. 그것은 도움을 필요로 하는 사람들을 돕고자 하는 납세자의 관심과는 상관없이 정부가 모든 사람들로부터 거두어들이고 정부가 가장 합당하다고 생각하는 방식으로 사용하는 강제적인 세금에 의해 기금이 마련된 것이다. 둘째로 기금을 낸 자가 아니라 정부가 그러한 재정원조가 이루어지는 방식을 지정하게 된다.

이러한 계획을 정당한 것으로 보는 자들은, 도움을 필요로 하는 자들에게는 도움을 받을 권리가 있으며 정부는 그러한 도움을 보장할 의무가 있다고 주장한다. 그에 대해서 전혀 다른 견해를 갖는 사람들도 있다. 이들은 필요한 자들에게 도움을 주는 것은 정부의 정당한 소관사가 아니며 자선행위는 전적으로 자발적인 바탕 위에서 이루어져야 한다고 생각한다. 이러한 논거에 의거해서 생각할 때 정부가 세금제도를 통해 재정지원을 함으로써 우리로 하여금 그러한 계획에 강제로 참여시키는 것은 그릇된 일이 된다.

재분배될 전체 총량 곤궁한 자들이 재분배 계획으로 이익을 보고 있다고 생각할지라도 그들에게 줄 수 있는 소득의 수준을 살펴볼 때 사회는 아직도 가용한 부를 충분히 재분배하고 있지 않다고 주장하는 사람들도 있다. 지금까지 엄청난 투자가 행해져 왔음을 인정하기는 하나 그러한 비판가들의 주장에 따르면 아직도 투자가 충분하지 못하다는 것이다. 왜냐하면 지금도 미국의 수많은 가정이 계속해서 빈곤에 시달리고 있기 때문이다. 이와는 견해를 달리하는 사람들도 있다. 이들은 정부가 도움을 주어야 한다는 점에 대해서는 합의하지만 우리가 이러한 계획에 너무나 많은 돈을 소비하고 있다고 주장한다. 이러한 비판가들은 그러한 계획으로 인해 부과되는 세금 부담을 검토하고서 그것이 일반 납세자가 감당하기 어려운 정도라는 결론을 내린다. 여하튼 양쪽 비판가들이 모두 현행의 재분배 계획이 불공정하다고 생각한다. 단지 논거의 차이는 불공정하게 대우받는 편이 누구인가, 즉 수혜자냐 납세자냐에 있는 것이다.

도움의 형태 어떤 재분배 계획은 참여자에게 곧바로 현금증서를 주기도 하는데 사회보장이나 부양 어린이가 딸린 가정에의 원조가 그 사례들이다. 다른 재분배 계획들은 특수한 재화나 서비스를 제공하는데 일반 의료보장이나 장애자의 의료보장은 의료보조를 하고 식량권은 간접적으로 식량을 제공하며 주택보조가 간접적으로 주택을 제공하는 것 등이다.

어떤 사람들은 모든 재분배 계획이 현금으로만 제공되어야 한다고 생각한다. 그렇게 되면 수혜자들은 자신에게 가장 좋다고 생각되는 방식으로 그 돈을 쓸 수가 있게 된다. 이러한 견해를 갖는 사람들의 주장에 따르면, 도움을 필요로 하는 자들이 우리가 제공하는 원조금을 쓰는 방식을 스스로 결정할 수 있는 권리를 지닌 성숙한 성인으로 대우받아야 한다는 것이다. 그러나 이 점을 달리 보는 자들도 있다. 이들의 생각에 의하면 납세자들이 돈을 내는 까닭에 돈이 사용되는 방식을 결정해야 할 사람은 바로 (그들이 선출한 대표자들을 통한) 납세자들이라는 것이다. 따라서 이러한 주장을 하는 일단의 사람들은 원조의 형태가 다른 식으로가 아니고 이른바, 식량, 의료, 주택 등으로 정부가 결정하는 대로 이루어지는 것은 지극히 정당하다고 생각한다.

수혜자 재분배 계획이 현재 운용되고 있는 바와 같이 도움이 필요한 모든 사람들에게, 그리고 오직 그 사람에게만 제공되는 경우는 거의 없다. 식량권 계획은 필요한 사람에게만 지원하는 방식으로 운용하고자 하는 한 사례로서, 식량을 필요로 하는 모든 사람이 식량권을 받을 수 있으며 필요로 하는 사람이 아닐 경우 아무도 그것을 받을 수 없다. 그러나 대부분의 재분배 계획의 목표는 필요한 사람 중 일정한 유형의 사람들에게만 도움을 주거나 그 집단의 성원 모두가 도움받을 필요가 있는 것은 아닌 어떤 집단에게도 도움을 주게 된다. 부양 어린이가 딸린 가정에 대한 원조는 첫번째 유형에 속하는 하나의 좋은 사례이다. 부양할 어린이가 없을 경우에는 아무리 필요로 하는 가정일지라도 도움을 받을 수가 없다. 사회보장은 두번째 유형의 계획에 대한 좋은 사례이다. 비록 해당되는 모든 사람이 다 도움을 필요로 하지는 않을지라도, 그 자격에 해당하는 연로한 시민이면 모두 이득을 볼(혜택을 받을) 권한을 갖게 된다.

어떤 사람들은 이런 식의 재분배 체제를 폐지하고 다만, 필요로 하는 모든 사람 그리고 오직 그 사람들에만 도움을 주고자 하는 분명한 입장을 채택해야 한다고 주장한다. 또 다른 사람들은 이러한 제안에 반론을 제기하는데 그 근거는 필요로 하는 자의 일부만이 도움을 받을 자격이 있다는 것이다. 이러한 반론을 제기하는 자들은 오히려 우리의 현행 재분배 방식을 그대로 견지하고자 할 것이다.

　이상으로써 우리는 정부의 세출에 의거한 부의 재분배와 관련해서 흔히 제기되는 주요한 가치문제를 모두 제시한 셈이다. 물론 평등주의자나 공적주의자 양편 모두가 이 문제들에 대해 할 말이 많을 것이며 우리가 예상할 수 있듯이 그들의 견해가 엄청나게 다르다는 것도 사실이다. 대체로 평등주의자들은 이러한 계획들의 정당성을 옹호해야 마음이 편할 것이다. 왜냐하면 그들은 그러한 계획이 국가의 부를 평준화시키기 위한 제도로 보기 때문이다. 사실상 그들은 우리가 이러한 계획의 범위를 더욱 더 확대해서 사람들 간의 부의 분배가 훨씬 더 평준화되어야 한다고 생각한다. 더욱이 평등주의자들은 우리가 특수한 유형의 계획들을 버리고 필요한 사람 모두에게 도움을 주는, 보다 더 전반적인 입장을 채택해야 한다는 생각을 지지하려는 성향을 갖는다.

　공적주의자들은 대체로 사태를 전혀 다르게 보고 있다. 그들은 그러한 계획들이 열심히 일해서 번 사람들의 돈을 빼앗아 그 돈을 받을 자격이 더 적은 자들에게 주는 것으로서 불공정하다고 생각하는 까닭에 마음이 편하지 못하다. 그런 이유 때문에 많은 공적주의자들은 재분배 계획을 확대하는 데 반대한다.

　우선 아주 분명히 되어야 할 점은 부의 분배라는 주제가 모든 체계적인 도덕이론에 대해 대단한 난제들을 제기하고 있다는 것이다. 다음 두 장에서 우리는 공리주의적 접근 방식과 의무론적 접근 방식이 그러한 난제를 해결하려 시도하는 방법들을 살펴보고자 한다.

연습문제

▪ 아래의 용어들을 우리 자신의 말로 설명해 보자.

 1. 평등주의
 2. 공적주의
 3. 자유시장체제
 4. 소비재
 5. 생산수단
 6. 자유교환
 7. 세원
 8. 세율
 9. 누진세율, 비례세율, 역진세율 간의 구분
10. 재분배 계획

▪ 복습을 위한 문제

1. 평등주의와 공적주의는 대부분의 사회에 있어서의 부의 분배가 갖는 정당성을 어떤 식으로 공격하는가?
2. 자유시장경제의 주요한 구성 요소는 무엇인가? 이러한 구성 요소가 부의 분배에 대해 어떠한 영향을 미치는가?
3. 어떤 세금제도를 확립함에 있어서 어떠한 선택들이 중요하게 행해져야 하는가?
4. 대표적인 세원들 각각이 갖는 장점과 단점은 무엇인가? 대표적인 세율들 각각이 갖는 장단점은?
5. 재분배와 무관한 정부의 여러 가지 계획이 미국에 있어서의 부의 재분배에 어떤 방식으로 기여하는가?
6. 어떤 재분배 계획이든 당면하게 될 주된 가치문제는 무엇인가?

- 더 생각해 볼 문제

1. 평등주의와 공적주의에 대해서 도덕이론과는 상관없이 어떤 유의 논거들이 제시될 수 있는가?
2. 오늘날 미국에서 우리가 자유시장체제에 의거하고 있는 것은 어느 정도인가? 이 문제에 답하기 위해서 자유시장의 중요 구성 요인들 각각을 개별적으로 조심스럽게 논의해 보라.
3. 우리는 생산수단의 공유와 재화의 자유교환을 결합한 제도를 가질 수 있는가? 우리는 생산수단의 사유와 재화의 교환에서 아주 제한된 자유를 결합한 제도를 가질 수 있는가? 이러한 혼합체제는 그것을 신중히 고려할 만한 가치가 있는 어떤 이점을 갖는가?
4. 어떻게 해서 미국이 오늘날과 같이 기이한 혼합세제를 갖게 되었는 지에 대해 어떤 설명을 할 수 있을 것인가? 이러한 혼합제도에 어떤 장점이 있는가?
5. 부를 재분배하기보다는 서비스를 제공하는 목적을 가진(우리가 앞에서 살핀 바와 같이 결국 어느 정도 부의 재분배도 불가피하기는 하나) 정부의 계획을 깊이 생각해 보자. 그러한 서비스를 이용하는 자들에게 요금을 받음으로써 그러한 계획의 재정을 확보할 경우 그러한 제도가 갖는 장점과 약점은?
6. 이 장에서는 사회보장을, 공적으로 관리되는 연금 계획이라기보다 재분배 계획으로 다루었다. 이 제도를 이러한 방식으로 다루는 데 대한 찬반의 논거는 무엇인가?

제 7 장

부의 분배 : 공리주의적 입장

1. 공리주의적 분석 기초

2. 공리주의와 자유시장
재화의 자유교환 옹호론
생산수단의 사적 소유 옹호론

3. 공리주의와 과세

4. 공리주의와 정부의 재분배 계획

5. 결 론

제 7 장

부의 분배 : 공리주의적 입장

앞장으로부터 분명해진 것은 우리 사회의 가장 기본적인 몇 가지 제도들에 대해 부의 분배와 관련된 가치문제가 비판적으로 제기된다는 점이다. 그리고 이러한 문제들에 관해 공리주의가 어떤 이야기를 해야 하는지에 대해서 같은 공리주의적 입장을 취하는 사람들간에 다소 의견의 불일치가 있다는 것도 놀라운 일은 아니다. 따라서 이 장에서 제시되는 것은 부의 분배에 대한 하나의 공리주의적 입장일 뿐 그것이 이러한 문제에 대한 유일한 공리주의적 입장인 것은 아니다.

1. 공리주의적 분석의 기초

모든 공리주의적 사고의 배경에 깔린 주요한 전제는, 어떤 문제이든지 그에 대한 올바른 해결책은 인간의 욕구를 가장 잘 만족시키는 것이라는 입장이다. 따라서 부가 분배되어야 할 방식과 관련된 문제에 대한 공리주의적 접근 방식은 부가 인간의 욕구를 가장 효율적으로 충족시키게끔 사용될 것을 보장하는 제도를 채택하는 것이라는 점은 당연한 일이다. 이러한 생각 속에 함축된 의미를 살펴보기로 하자.

이 주제를 다루는 대부분의 공리주의자들은 돈의 한계 효용 체감

(diminishing marginal utility of money)이라는 경제원칙을 채택해 왔다. 간단히 말해서 이 원칙이 의미하는 것은 우리가 갖게 될 부의 총량이 증대해 감에 따라 우리가 부가적으로 취득하게 되는 돈의 각 단위가 우리의 전반적인 복리에 기여하는 정도는 점차 감소된다는 것이다. 이것은 직관적으로 보아도 합당한 것이라 생각된다. 우리가 적은 액수의 돈만을 가졌을 때는 그에 첨가되는 돈의 각 단위가 우리에게 커다란 의미를 갖는데 그 이유는 그로 하여금 우리는 지금까지 좌절되어 온 욕구를 어느 정도 충족시킬 수 있기 때문이다. 그런데 우리가 점차 더 많은 부를 획득해 감에 따라 다음에 주어질 돈의 각 단위가 갖게 될 의미는 점차 적어지게 된다. 그런데 예를 들어, 두 사람이 있는데 하나는 대단한 부를 소유한 사람(이를테면 백만장자)이고 다른 하나는 아주 적은 부(예를 들어 100달러)를 가진 자라고 해보자. 이 경우 돈이 갖는 한계 효용 체감이라는 경제원리와 더불어 공리주의 이론은 백만장자의 돈을 100달러만 가진 자에게 주어야 한다는 강력한 논증을 제시할 것으로 생각된다. 백만장자가 잃게 되는 돈은 그것이 가난한 자에게 주게 될 커다란 이득과 비교해 볼 때 그에게는 단지 사소한 손실임을 의미하게 된다. 왜냐하면 전자는 이미 그가 가진 대부분의 욕구를 충족시킨 상태에 있으나 후자는 아직도 많은 중요한 욕구들이 충족되지 못한 상태로 남아 있기 때문이다.

만일 이상과 같은 분석이 온전히 수행되어 그 논리적인 결론에까지 이를 경우 사회는 모든 사람이 거의 동일한 양을 소유할 때까지 부를 재분배해야 한다는 점을 그 분석이 제시해 줄 것으로 보인다. 결국 우리가 위에 제시한 논거에 따를 경우 더 많은 돈을 가진 사람과 더 적은 돈을 가진 사람이 있을 경우에는 언제나 우리가 더 많이 가진 자의 돈을 더 적게 가진 자에게 나누어줌으로써 충족되는 욕구의 수나 중요성을 더 증대할 수가 있을 것이다. 그러나 사실상 이러한 결론을 받아들이는 공리주의자는 거의 없다. 대부분의 공리주자들은 고려해야 할 또 다른 중요한 개념이 있다고 주장하는데 그것이 바로 유인(incentive factor)이라는 것이다.

　모든 사람이 얼마나 열심히 일하며 사회에 어느 정도 기여하는가와 상관없이 동일한 양의 부를 받게 된다고 해보자. 하는 일이 즐거워서 일하는 일부의 사람은 아마도 여전히 열심히 일하고 동일한 정도의 생산을 해내게 될지도 모른다. 그러나 대부분의 사람들은 일 그 자체가 보통 정도의 즐거움만을 주는 직종에서 일을 하고 있다. 이러한 대부분의 사람들이 노동을 하는 동기는 돈을 벌기 위한 것이며 그들의 직무를 잘 수행하는 주요 동기는 일을 잘하면 주어지게 될 보상을 받기 위한 것이다. 그럴 경우 만일 우리가, 모든 사람이 동일한 양을 받게끔 부를 재분배하게 될 경우 노동과 일을 잘 수행하는데 대한 유인이 이들 대부분의 사람들에게는 없어지게 될 것이다. 그럴 경우 결국에는 사회에 의해 생산되는 부의 총량이 엄청나게 줄어들 것이고 그에 따라 인간의 욕구를 충족시켜 줄 사회의 능력도 줄어드는 결과가 나타나게 될 것이다. 따라서 만일 우리가 인간의 욕구를 충족시키기 위해 필요한 물질적 재화를 갖고자 한다면 사람들에게 그들이 행한 노력과 기여에 따라 보장해 줄 필요가 있는 것이다.

　공리주의자들은 한편에서는 더 큰 평등을 지지하는 논변이 갖는 힘도 인정하고 다른 한편으로 생산성을 위해서는 개인의 노력과 기여에 보상을 해줌으로써 유인을 주는 일이 요청된다는 논변을 지지하게 된다. 따라서 그 결과로서 공리주의자들은 자신들이 사회에서 통상적으로 나타나고 있는 것보다 더 큰 정도의 평등을 주장하면서도 적절한 유인을 주기에 충분한 수준의 불평등을 옹호하고 있다는 것을 알게 된다.

　이와 같이 이중적인 입장을 견지함으로 인해 공리주의자는 자신이 평등주의적 관점과 공적주의적 관점 양자에서 발견되는 옳은 요소들을 모두 포괄하고 있다고 주장할 수 있다. 평등주의자처럼 공리주자도 우리 사회에 있어서 평등의 수준의 증대를 주장한다. 그리고 공적주의자처럼 사람들에게 그들의 노력과 기여에 따라 보상해 줄 것을 권유한다. 그들 각자와 의견을 같이 함으로써 공리주의자는 노력과 기여를 보상하는 것과 상관이 없는 부의 불평등에 대해 반대하게 된다.

이상과 같은 공리주의적 분석이 부의 분배에서 정의가 요구하는 바로서 사람들이 필요로 하는 것을 가질 권리나 그들이 번 것을 그대로 소유할 권리, 그리고 모든 인간의 기본적 평등 등과 같은 문제에 대해서는 주의를 기울이지 않고 있다는 점을 유의할 필요가 있다. 공리주의가 이처럼 주의를 기울이지 않음은 놀라운 일이 아니다. 우리가 제1장에서 본 바와 같이 공리주의는 인간 욕구의 충족을 극대화하는 데만 관여한다는 뜻에서 단일한 윤리이론이다. 공리주의자들에 있어서는 정의나 평등 혹은 인권의 문제가 아니라 사람들의 욕구충족을 극대화하게끔 사회적 부를 분배하는 방식만이 유일한 문제이다. 그들의 대답에 따르면, 우리는 훌륭한 노동이나 높은 수준의 생산에 대해 보상하는 유인으로 인해 생기는 불평등 이외에는 사람들에게 동등한 양의 부를 제공해야 한다는 것이다. 이 장의 남은 부분에서 우리는, 공리주의자가 이러한 기본적인 생각을 우리가 제6장에서 제기한 여러 문제들의 해결을 위해 적용하는 방식을 살피고자 한다.

2. 공리주의와 자유시장

우리는 제6장 2절에서 자유시장체제가 두 가지 주요 제도, 즉 재화의 자유교환과 생산수단의 사적 소유에 근거하고 있음을 살펴보았다. 이 절에서 우리는 사회에서의 부의 분배에 대해 그 제도가 지니는 함축에 특히 주의하면서 그 두 제도의 장점을 고찰하고자 한다.

재화의 자유교환 옹호론

공리주의자들은 대체로 사람들간에 재화를 자유롭게 교환하는 것을 옹호하기 위한 대표적인 논변을 제시해 왔다. 그 논변은 다음과 같이 전개된다. 즉 A라는 사람이 O_1이라는 물건을 소유하고 있고 B라는 사람은 O_2라는 물건을 소유하고 있다고 해보자. 나아가서 A, B가 자신의 물건을 교환하는 데 합의했다고 해보자. 그들이 이러한 교환에 합의한 까닭은 아마도 A는 O_1보다 O_2를 가지는 것이 더 낫다고 생각하고 B는 O_2보다 O_1을 갖는 것이 더 낫다고 생각했기 때문일 것이다. 다시 말하면 각자는 그렇게 교환할 경우 자기의 욕구가 더 큰 만족을 얻는 결과에 이르리라고 믿는다. 그런데 공리주의자에 따르면 바로 이상과 같은 논변이, 그러한 교환이 일어나는 것을 허용하는 데 대한 정당근거를 제공한다는 것이다. 결국 A와 B가 각기 자신의 욕구를 충족시켜 줄 바에 대해 가장 훌륭한 판정자라고 생각하는 것은 합당한 일이 아니겠는가? 만일 그것이 사실이라면 자유로운 교환에 의거한 재화의 재분배는 교환의 양쪽 당사자를 모두 더 낫게 해주는 일이 될 것이며, 즉 보다 더 큰 욕구 충족을 결과하는 일이 될 것이고 따라서 그것은 허용되어야 할 것이다.

이러한 입론을 좀더 주의 깊게 검토해 보자. 시간은 남아돌지만 돈이라곤 거의 없는 실직한 노동자와 돈은 많으나 일할 사람이 충분하지 못한 공장주가 자리를 함께 했다고 해보자. 그리고 노동자는 일정한 임금을 대가로 받는 고용인으로 일하는 데 합의했다고 해보자. 고용주는 노동력을 사는 데 드는 돈보다 노동력을 더 필요로 하기에 그 합의에 만족하게 되고 노동자는 돈을 벌기 위해 치러야 할 시간과 정력보다 돈을 더 필요로 하는 까닭에 그 합의에 만족하게 된다. 이렇게 해서 쌍방은 교환의 결과로서 더 나은 처지에 있게 되리라고 믿는다. 그리고 아마도 그들이 이렇게 판단을 내리는 것은 옳은 일일

텐데 그들에게 좋은 것이 무엇인가를 그들 자신보다 더 잘 알 사람이 누구이겠는가? 따라서 욕구의 충족을 극대화한다는 공리주의적 목표를 증진시키기 위해서 사회는 이러한 자유교환이 일어나는 것을 허용해야 한다.

사람들간에 자유교환에 대한 공리주의적 옹호론의 핵심은 매우 명백한데 그러한 자유교환이 쌍방으로 하여금 자신의 욕구 충족을 증대시키는 결과를 가져다줄 전형적인 방식이라는 점이다. 그러나 이러한 규칙에 몇 가지 중요한 예외, 즉 공리주의적 논변이 들어맞지 않는 경우들이 있다 이러한 두 가지 예외를 살펴보면 다음과 같다.

적어도 교환 당사자 중 한 편이, 그러한 교환이 자신에게 이득이 될 것인지를 가장 잘 판단하는 자가 못된다고 믿을 만한 이유가 있는 상황을 상상해 보자. 이런 경우에는 그러한 교환이 욕구 만족의 정도를 증대시키리라고 믿을 만한 이유가 없다. 상황을 정확히 판정할 수가 없는 당사자는 그에게 상당한 손실을 가져올 교환에 합의하게 될 수도 있다. 바로 이 점에 있어서 우리는 공리주의적 논거에 의거해서 그러한 교환이 허용되어서는 안된다는 결론을 내릴 수가 있다. 예를 들어 어떤 사람이 결함을 숨기고서 어떤 상품을 팔고자 하는데 그 결함은 대부분은 소비자가 물건을 산 이후 상당 기간이 지날 때까지 발견하지 못하는 것이라고 해보자. 사는 사람은 상품을 구입해서 이득을 보리라고 믿지만 사실은 그렇지가 못하다. 더욱이 사는 사람에게 생겨날 손실이 파는 사람에게 올 이득을 능가한다고 해보자. 이 경우 공리주의자들은 비록 소비자들이 실제로 그 상품을 사고 싶어하기는 하나 그러한 자유교환이 일어나는 것을 허용해서는 안된다는 결론을 당연히 내리게 될 것이다. 그 이유는 생겨날 교환이 전체적인 욕구 충족에 있어서 순수한 감소를 결과할 것이기 때문이다.

그런데 또 다른 유형의 상황, 즉 두 당사자들간의 자유교환이 그와 상관없는 제3자에게 손해를 결과하는 경우를 생각해 보자. 나아가서 제3자에게 주는 손실이 합의를 하는 두 당사자의 이득을 능가한다고 해보자. 이 경우에도 역시 그로부터 생겨나는 전체적인 욕구 충족에 있어서의 감소로 인해 공리주의자는 그러한 교환이 용납되어서는 안된다는 결론에 이르게 될 것이다.

요약해 보면, 합의하는 성인들이 재화를 자유롭게 교환하는 것을 옹호할 만한 공리주의적 정당 근거가 있기는 하지만 이러한 근거가 모든 경우에 타당한 것은 아니다. 그것이 적용될 수 없는 경우 공리주의자는 합의하는 당사자들간의 일정한 자유교환을 허용해서는 안된다는 결론을 내려야만 한다. 문제의 당사자들은 그들의 행동의 자유가 부정의하게 침해받는다고 느낄지 모르나 공리주의적 관점에서 볼 때 그러한 느낌은 의사 결정에 있어 상관없는 것이다. 유일한 기준은 재화의 교환이 인간 욕구의 전체적 충족을 증대시키는가 감소시키는가의 여부이다.

생산수단의 사적 소유 옹호론

공리주의자들에게는 생산수단의 사유가 사회의 바람직한 특성임을 보여주기 위해 마련된 일반적인 논변이 있다. 그들의 분석은 다음과 같은 두 부분으로 되어 있다.

단계 A. 소유를 옹호하는 논변 우리가 인간 욕구의 충족을 상당히 증대시키기를 원한다면 우리는 우리의 자원이 사람들이 원하는 물건을 생산하는 데 효율적으로 이용되는가를 살필 필요가 있다. 이러한 일이 일어날 수 있기 위해서는 만일 누가 그러한 자원을 가지고 있을 경우 반드시 그것을 효율적인 생산수단으로 전환시켜야 할 것이다. 우선 자원을 생산수단으로서 효율적으로 이용하기 위해서는 그것을 적절하게 개발해 줄 상당한 자본의 투자가 요구된다. 이러한 투자를 하는 대신 자본을 제공하는 사람은 그 대가로서 어느 정도의 이득을 기대하게 마련이며 그러한 이득이 없다면 그들이 자신의 돈을 이런 방식으로 투자할 아무런 유인이 없을 것이다. 대가로서 돌아오는 그들의 이득이 클수록 그들은 더 많은 투자를 하게 될 것이다. 나아가서 재산을 소유하게 되고 특히 그 소유권이 미래에까지 그대로 지속될 경우 그러한 자원과 생산수단을 낭비함이 없게끔 주의를 기울이게 될 것이다. 소유권을 갖지 못할 경우 사람들은 그러한 품목들을 낭비하거나 못쓰게 만들어버릴 것이다. 사람들은 자신이 그것을 미래에 다시 사용할 수 있다는 보장이 없는 까닭에 그러한 자원을 미래에 사용하게끔 보호할 아무런 유인을 갖지 못하는 것이다.

단계 B. 사적 소유를 옹호하는 논변 단계 A에서의 논변이 보여주는 것은 재산이 반드시 소유되어야 한다는 점인데 거기에는 그 재산이 누구에 의해 소유될 것인지는 밝혀져 있지 않다. 어떤 사회에서는 이러한 소유권을 국가가 장악하고 있다. 이러한 사회는 지금 우리가 논의하고 있는 자유시장체제와는 다른 형태의 경제체제를 갖게 된다. 공리주의자들은 생산수단의 국유가 사회적 자원을 적절히 활용함에 있어서 사적(private) 소유 체제만큼 효율적이지 못하다고 주장할 것이다. 사적 소유자들은 재산을 효율적으로 개발하고 활용함으로써 이득을 얻을 것이므로 사람들이 원하는 것을 생산하는 데 자원이 사용되고 그러한 과정 중에 낭비가 없는가를 확인하고자 하는 유인을 갖게 된다. 국가 소유 체제에서는 이러한 유형의 유인이 없게 된다. 일반 시민들은 의사결정과는 너무 거리가 멀어 절실한 감을 갖기가 어려우며 반면 국가 관리인은 그들 자신의 이해관심을 가질 뿐 그러한 자원이 적절히 사용되는가를 확인하고자 하는 별다른 유인을 갖지 못하게 된다.

우리가 주의해야 할 점은 이상과 같은 간단한 고찰이 생산수단의 사유를 옹호하는 공리주의적 논변에 대체적인 윤곽에 지나지 않는다는 점이다. 더 보충되어야 할 여러 가지 내용들이 있기는 하나 여기서는 더 이상 논의하지는 않겠다. 다만 이 논변을 간단히 요약하면, 생산수단의 사적 소유에 대한 공리주의적 옹호론이 근거하고 있는 이념은 인간 욕구의 충족을 위해 요구되는 재화 생산에 있어서 사회의 자원이 효율적으로 이용되는지를 확인하는 일에 적절한 유인을 제공해 줄 수 있는 것이란 오직 사유 체제뿐이라는 것이다. 사적 소유가 그러한 결과를 가져오지 못하는 경우에는 공리주의자들도 생산수단의 사유를 옹호하지 않을 것이다.

우리가 제6장 1절에서 살핀 바와 같이 사적 소유의 주된 결함은 그것이 흔히 부의 분배에 있어서 상당한 불평등을 초래한다는 점이다. 앞에서 지적한 바와 같이 이 점은 공리주의적 관점에서 받아들일 수가 없는 것이다. 그러나 대부분의 공리주의자들은 유인을 제공하기 위해 생산수단의 사유 체제를 주장하면서 세금을 징수하고 정부 지출을 통해 부를 재분배함으로써 사유 체제로 인해 생겨난 불평등을 어느 정도 해결할 수 있다는 것을 암시하고 있다.

다른 관점에서 이 문제를 살펴보기로 하자 우리는 1절에서 공리주의자들이 유인의 제공과 평등과 증진 간에 어떤 조정을 시도하고 있다는 것을 살펴보았다. 생산수단의 사유에 대한 공리주의자의 옹호론은 유인에 대한 고려에 바탕을 두고 있으므로 그러한 조정을 유지하기 위해 그들은 유인을 저해하지 않으면서도 세금 징수와 정부 지출을 이용해서 가능한 한 많은 부를 재분배함으로써 결과적으로 생겨난 불평등을 보상하지 않으면 안된다.

요약하면 공리주의자들은 재화의 자유로운 교환이나 생산수단의 사유, 어느 문제에 있어서도 절대론적 입장을 취하지 않는다. 그들은 자유시장체제가 갖는 이러한 측면들이 다음과 같은 조건 아래에서 유지되어야 한다고 믿는다.

(1) 자유교환이 전체적인 욕구 충족을 극대화하지 않을 경우에는 자유교환의 권리를 제한함.
(2) 생산수단의 사유 체제는 사유에 의해 생겨난 불평등의 상당한 부분을 실질적으로 완화하기에 충분한 정도의 과세와 재산의 재분배 계획에 의해 보충되어야 함.

3. 공리주의와 과세

우리가 제6장 1절에서 살핀 바와 같이 모든 과세이론이 반드시 당면하게 되는 두 가지 결정사항이 있다. 하나는 세원의 선택이고 다른 하나는 세율의 선택이다. 이러한 두 가지 선택 각각에 대한 공리주의적 입장은 무엇인가?

어떤 세원을 활용한 것인가에 대한 대부분의 논의에는 어떤 세원이 더 공정한 것인가에 관한 견해들이 반영된다. 어떤 사람은, 지불능력이 공정성의 근거라고 생각하며 따라서 소득이나 부를 세원으로 내세운다. 다른 이들은 소비가 우리의 공공자원에서 이루어진다는 점을 강조하여 소비가 적절한 세원이라고 생각한다. 공리주의자는 단일한 입장인 까닭에 세원의 선택을 이런 식으로 보지 않고 공리주의적 목표를 가장 잘 달성해 줄 세원을 선택한다.

이것이 어떤 방식으로 이루어지는지를 알기 위해 우리는 다양한 세원들 중 어느 한 가지를 선택할 경우 각각에 대해 어떤 함축이 뒤따르는지를 검토해 볼 필요가 있다. 만일 우리가 소득에 대해 과세하기로 선택할 경우 소득을 획득한 모든 사람들은 그들이 번 것의 일부를 포기해야만 한다. 우리가 세금을 많이 내면 낼수록 각자가 소지하게 될 돈은 적어질 것이니 그에 따라서 여가를 즐기는 쪽이 더 매력적인 것이 된다. 따라서 소득에 대한 과세는 어떤 세율이건 간에 일하지 않는 쪽으로의 유인으로 작용한다. 부에 대해 과세하기로 선택한다고 해보자. 같은 방식의 추론으로 인해 재산을 축적하지 않는 쪽으로 유인을 제공하게 된다는 결론에 이르게 된다. 만일 우리가 돈을 써버리게 되면 세금의 대상이 되는 부가 없어지게 될 것이다. 그러나 만일 돈을 저축하게 되면 우리는 축적된 부에 대해 세금을 물게 된다. 세율이 높을수록 저축하지 않을 유인이 커진다. 결국 소득이나 부에 근거한 세금은 공리주의자들이 증진하고자 하는 바로 그 유인을 감소시키게 된다. 결국 공리주의자들은 우리가 과세의 소비에 근거해야 한다는 것을 시사하게 된다. 이러한 세금은 공리주의가 내세우고자 하는 유인을 감소시키지 않고 공리주의가 요구하는 부의 재분배를 결과할 수 있는 근거로서 이용될 수가 있다.

이러한 생각에 대해서는 좀더 설명이 요구된다. 일반적으로 부의 분배에 있어서 보다 더 큰 평등을 달성하는 데 관심을 갖는 자들은 소비세에 강하게 의존하는 것을 반대한다. 그들은 우리 모두가 익히 알고 있는 구매세를 염두에 두고 있다. 이러한 세금에 대해 그들이 반대하는 이유는 그 세금이 비례세적인 경향을 가지며 비례세는 부의 분배에 있어서 보다 더 큰 평등을 증진시키는 데 그다지 도움이 되지 못하기 때문이다. 그러나 공리주의자들이 내세우는 소비세는 그와 같은 종래의 구매세가 아니다. 그들의 기본 생각은 한 사람이 1년간 재화의 소비에 어느 정도 돈을 쓰는지를 확인하는 방법을 고안해서 그러한 소비를 세원으로 활용하자는 것이다. 그로부터 결과되는 소비세가 공리주의가 바라는 바대로 누진세가 될 수 없다는 아무런 이유도 없는 것이다.

이로 인해 우리는 두번째 중요한 결정 사항인 세율의 선택문제에로 나아가게 된다. 세원에 대한 그들의 분석과 마찬가지로 공리주의자들은 적절한 세율의 선택에 있어서도 그들 자신의 특수한 입장을 갖는다. 그것은 평등주의자와 공적주의자 간의 적절한 조정을 행하고자 하는 그들의 욕구에 근거를 두고 있다. 부의 분배에서 불평등을 감소시키기 위해 공리주의자들은 누진세율을 주장한다. 그들의 논거는 다음과 같이 전개한다. 즉 소비의 양이 증대함에 따라 점차 세율을 증대시켜 부과함으로써 우리는 가장 많은 부를 소유한 사람으로부터 가장 높은 정도의 돈을 받게 된다. 이는 분명히 사회에서 불평등의 양을 감소시키는 한 가지 방식이다. 그러나 세율이 너무 높아지게 될 경우에는 사람들의 일하고자 하는 유인의 감소가 시작된다. 결국 우리는 소비를 최종적인 목적으로 하고서 일하고 저축하며 따라서 소비에 대한 세율이 지나치게 높을 경우 우리로 하여금 일하고 저축하게 하는 유인이 감소하게 된다.

우리는 공리주의자들이 인간의 욕구 충족을 극대화하게끔 사회적 부를 분배한다는 그들의 기본적인 관점에서 과세의 문제에 접근하고 있음을 알 수가 있다. 그러한 방식으로 분배하기 위해서는 우리가 적절한 유인을 제공할 정도로 충분한 수준의 불평등을 유지하면서도 사회에서 통상적으로 볼 수 있는 것보다 더 큰 정도의 평등을 도모해야 한다고 공리주의자들은 생각한다. 그러기 위한 한 가지 방식은 소비에 대한 누진세율을 부과하는 길이다. 누진적 특성에 의해서 보장되는 것은 과세가 사회의 불평등을 평준화시키는 데 주요한 기여를 하도록 하는 것이며, 한편 소비를 세원으로 사용하는 것은 과세가 일하고 저축하게 하는 유인에 미치는 영향을 감소시키는 데 도움을 주고자 하는 것이다.

한 가지 최종적인 논점은 제6장 2절에서 상속세를 간단히 논의할 때 그것이 다소 특수하고 논의의 여지가 있는 것이라고 말한 것과 관련된다. 그 이유를 살펴보기로 하자. 많은 사람들은 상속세가 공리주의적 관점에서 볼 때 이상적인 과세라고 생각한다. 그 한 가지 이유로서 그것은 부의 소유자가 죽을 때까지 부에 대해 과세하지 않는 까닭에 일하고 저축하는 데 대한 역유인을 거의 제공하지 않는 것으로 생각된다는 점이다. 둘째로 상속된 부는 사회에 있어 부의 불평등에 기여하는 까닭에 상속에 대한 과세는 그러한 불평등을 감소시키는 방향으로 큰 몫을 하는 것으로 보일 것이다. 그렇다면 공리주의가 상속세를 이용하는 데 반대할 이유가 있겠는가?

이 질문에 대답하기 위해서는 위에 나온 논변이 근본적인 혼돈에 의거하고 있다는 점을 이해해야 한다. 위의 논변은 사람들이 일단 자신이 죽고 나면 자기가 벌고 저축한 돈이 어떻게 되든지 아무런 관심이 없다고 가정하는 까닭에 상속세가 일하고 저축하고자 하는 사람의 욕구에 아무런 영향도 주지 않는다는 점을 가정하고 있다. 이것이 사실과 다르다는 것은 명백하다. 왜냐하면 만일 사람들이 사후에 대해 관심이 없다면 유언장을 작성하고 생명보험을 들며 신용기금을 만들거나 그 밖의 다른 조처들을 취함으로써 그들이 죽은 후에 그들이 원하는 방식대로 그들의 돈이 쓰여지는가를 보장받고자 하지 않을 것이기 때문이다. 이러한 사람들에 있어서는 다른 사람에게 돈을 남기는 것을 소비의 형태로 보는 것이 가장 좋다고 생각하며 따라서 추측하건대 그것에도 마땅히 동일한 세율로 과세되어야 하리라고 생각한다. 공리주의자들은 상속에 특별한 방식으로 과세해야 할 아무런 이유가 없다고 보는 것이다.

4. 공리주의와 정부의 재분배 계획

제6장 3절에서 우리는, 정부가 여러 가지 다양한 재분배 계획을 실시한다는 것을 살폈다. 그 중 일부는 많이 가진 자로부터 곤궁한 자에게 부를 재분배한다는 분명한 목적으로 마련된 것이다. 다른 일

부는 이러한 목적으로 마련된 것은 아니나 모든 이에게 이용 가능한 서비스를 제공하는 가운데 더 많은 세금을 내는 자로부터 더 적은 세금을 내는 자에게로 약간의 부를 재분배하게끔 되는 것이다.

이런 재분배 계획은 여러 가지 가치문제들을 제기하게 된다. 예를 들면 이런 계획 자체가 도대체 합당한 것인가? 어느 정도의 재분배가 적절한가? 가장 합당한 도움의 형태는 무엇이며 정당한 수혜자는 누구인가? 등이다. 이 마지막 절에서 우리는 공리주의적 관점에서 이러한 문제들을 살펴보고자 한다.

지금까지 우리가 살핀 바로부터 분명한 것은 공리주의자들이 대폭적인 재분배 계획의 합당성을 지지한다는 점이다. 그들이 이를 지지하는 이유는 수혜자가 도움을 받을 권리를 갖는다든지, 정부가 그러한 도움을 줄 의무를 갖는다고 믿기 때문이 아니다. 결국 공리주의 이론은 권리라는 것에 의거하지 않는다. 이와 마찬가지 이유로 해서 그들은 또한 납세자들이 그들의 번 돈을 그들이 원하지 않는 계획의 기금을 위해 세금으로 뜯기지 않고 그대로 소유할 권리가 있다는 납세자들의 논변도 염두에 두지 않는다. 공리주의자들이 정부의 재분배 계획을 지지하는 이유는 그들이 이러한 계획으로 인해 생기는 결과, 즉 부의 분배에 있어서 훨씬 더 큰 평등이 인간의 욕구 충족을 증대한다는 이유에서 바람직한 것이기 때문이다. 달리 말하면 공리주의자들은 그러한 계획이 가져올 결과 때문에 그러한 계획을 합당한 것으로 받아들인다는 것이다.

자발적으로 부를 재분배하는 사적인 자선과 같은 계획만을 가지는 것으로 만족할 수 없는 이유는 무엇인가? 이 문제에 대한 공리주의적 대답은 아주 분명하다. 즉 일부의 사람만이 자선을 베풀 것이고 대부분의 사람은 자선을 베풀지 않으리라는 것이다. 그리고 자선을 베푸는 사람에 있어서도 그들이 내놓을 것은 세금을 통해 거둬들이는 것에 훨씬 미치지 못할 가능성이 크다. 따라서 공리주의자들은 주요한 부의 재분배를 추구하는 까닭에 (충분한 유인의 여지를 둔다는 조건 아래에서만) 그들은 그러한 목표를 달성하기 위해서 사적인 자선이 아니라 국가에 의거하는 것이 가장 좋은 길이라고 믿는다.

공리주의자들이 재분배 계획의 합당성을 정당화하는 데 별다른 어려움이 없다는 점과 마찬가지로 그들은 분배되어야 할 전체량을 결정하는 데도 별 어려움이 없다. 그들의 견해에 따르면 우리는 노동과 저축을 위한 유인을 유지하는 데 요구되는 양을 제외하고서 소득을 평준화하기에 충분할 정도로 재분배해야 한다는 것이다. 한때, 유인이 요구된다고 해도 대단한 정도의 불평등이 생겨나지는 않으리라고 생각되었다. 다시 말하면 충분한 유인을 둔다 해도 소득상에 있어서 대단한 차등이 생겨나지 않으리라고 생각되었다. 그런 이유 때문에 공리주의자들은 대규모의 재분배 계획을 통해 거의 총체적인 부의 평준화를 옹호했었다. 그러나 최근 일련의 사태로 인해서 공리주의 체계에 있어서 어느 정도의 평등이 요구되며 어느 정도의 재분배가 바람직한 것인가에 대한 그러한 비교적 낙관주의적 견해에 대해 의심이 생겨나게 되었다. 미국에서는 저축과 생산의 실패에 책임이 있는 경제적 현실뿐만 아니라 래퍼(Laffer) 곡선이나 공급 부문 경제학과 같은 개념들로 인해 우리가 노동과 저축을 통해 적절한 생산을 하고자 한다면 훨씬 더 대규모의 유인이 요청된다는 인식이 증가되기에 이르렀다. 만일 이같이 수정된 견해가 올바르다면 공리주의적 입장은 과거에 받아들일 만하다고 생각된 것보다 훨씬 큰 소득과 부의 불평등을 허용하게끔 되는 것이다. 이것은 공리주의자가 옹호할 수 있는 재분배의 양이 감소하는 것을 의미한다. 따라서 공리주의는 사회에 있어서 어느 정도의 재분배가 이루어져야 하는가(즉, 유인을 포기함이 없는 한에서 가능한 정도)에 대해서 분명한 이론적 해답을 갖고 있긴 하나 현실적으로 우리가 정확히 어느 정도의 재분배를 행해야 하는지에 관해서는 분명하지 못한 것이다.

제6장 3절에서 본 바와 같이 현행 재분배 계획들은 그 성원들 대부분이 곤궁한 사람들인 여러 집단을 일차적 목표로 하고 있기는 하나 곤궁한 사람의 모든 계층을 직접적인 목표로 하지는 못한다. 그래서 현행 계획의 관점에 따르면 도움을 받을 자격이 없고 따라서 도움을 받아서는 안되는 빈한한 사람이 일부 있게 되는 것으로 생각된다. 그러나 이것은 공리주의적 관점에서 볼 때 받아들일 수가 없다. 공리주의적 관점의 배경에 깔린 기본 생각에 따르면 우리는 빈한한 사람들에게 부를 재분배함으로써 인간 욕구의 충족을 극대화해야 한다. 빈한하지도 않는 사람들에게 부를 재분배하거나(예를 들어서 우리가 부유한 노인들에게 사회보장의 이득을 제공하게 될 경우와 같이), 빈한한 사람에게 부를 재분배하지 않을 경우(어떤 복지혜택으로부터 무자녀 가정을 배제할 경우와 같이) 그와 같은 일반적 목표에 부합하지 못하게 된다. 따라서 공리주의적 분석에 따르면 이상과 같은 모든 특수한 계획을 폐지해야 한다는 입장을 지지하게 되고 도움을 필요로 하는 모든 사람 그리고 오직 그 사람들에게만 돈을 재분배하는 계획을 채택할 것을 내세우게 될 것이다.

공리주의적 관점에서 볼 때 가장 어려운 문제는 돈을 재분배하고서 수혜자들 자신이 적절하다고 생각하는 대로 그 돈을 사용하도록 할 것인지 아니면 식량, 저소득 주택, 의료보장 등과 같이 종류별로 혜택을 분배할 것인지를 결정하는 문제이다. 일반적으로 공리주의자들은 사람들의 욕구를 가장 많이 충족시켜 줄 것에 대한 최선의 판단자는 사람들 자신이라는 견해에 합의한다. 따라서 그들은 현금을 지불하는 형태의 재분배를 강력하게 지지하는 경향이 있다. 그러나 이런 지불 방식을 가장 열렬히 지지하는 자라 할지라도 사람들이 자신에게 최선의 것이 무엇인지에 대한 최선의 판단자가 되지 못하는 예외적인 경우를 알고 있다. 이런 이유로 어떤 공리주의적 분석가는 품목 종류별 혜택을 주는 계획을 받아들이려는 입장을 갖기도 한다.

5. 결 론

이 장에서 우리는 부의 재분배에 대한 공리주의적 이론을 검토했다. 그 기본 생각은 노동과 저축에 대한 적절한 유인을 계속 유지하면서도 가능한 한 최대의 평등을 가져올 체제를 우리가 선택해야 한다는 것이다. 이러한 기본 생각을 갖기 때문에 공리주의는 자유시장이 비록 대단한 불평등을 야기한다 할지라도 일정한 제한조건 아래 자유시장체제를 옹호하게 된다. 이렇게 해서 생겨난 불평등은 소비에 대한 고율의 누진세를 통해 감소되어야 할 것이며 이러한 세금은 재분배 계획을 재정적으로 지원할 기금을 마련해 주게 된다.

이상의 모든 것들은 지극히 논쟁의 여지가 있는 주장들이다. 다른 점에 있어서도 그러하지만 이러한 문제에 있어서도 공리주의는 통상적으로 받아들여지고 있는 여러 가지 제도들을 공격하는 체계적인 접근 방식으로서 제시되고 있다. 다음 장에서 우리는 그러한 제도들이 의무론적인 관점에서 분석될 경우 어떤 사태가 벌어질 것인지를 검토하게 될 것이다.

연습문제

▪ 아래의 용어들을 우리 자신의 말로 설명해 보자.

1. (돈의) 한계 효용 체감
2. 유인
3. 자유교환의 공리주의적 옹호론
4. 자원의 효율적 이용
5. 소비세와 구매세의 구분에 의거한 과세
6. 품목별 혜택

▪ 복습을 위한 문제

1. 돈의 한계 효용 체감이론이 어떻게 부의 분배에 대한 공리주의적 분석의 기초로서 역할을 할 수 있는가?
2. 공리주의자들은 왜 총체적 평등의 원리를 받아들이지 않는가?
3. 공리주의 이론은 평등주의와 공적주의 양자의 통찰을 어떤 식으로 결합하고자 하는가?
4. 재화의 자유교환을 옹호하는 공리주의적 논변은 무엇인가?
5. 생산수단의 사적 소유를 옹호하는 공리주의적 논변은 무엇인가? 공리주의자는 사적 소유에 대해 어떤 한계를 설정할 것인가?
6. 공리주의들이가 소비에 대한 누진세제를 선호할 만한 이유는 무엇인가?
7. 공리주의자들이 상속에 대한 특수세에 반대하는 이유는?
8. 공리주의자들은 대규모의 재분배 계획을 어떻게 정당화할 것인가? 공리주의자들은 그러한 계획을 어떤 식으로 구성할 것인가?

• 더 생각해 볼 문제

1. 어느 정도가 되든 그 양에 상관없이 돈을 계속해서 더 축적해 감으로써 혹은 그 돈을 가지고 그들이 살 수 있는 것으로 인해 엄청난 욕구 충족을 끊임없이 누릴 수 있는 사람들이 있다고 해보자. 이런 사람들의 경우에 공리주의자들은 그들이 계속해서 엄청난 돈을 갖는 것을 보장할 도덕적 의무를 갖는다는 결론이 나올 것인가? 실제로 그러한 사람이 존재하는가?

2. 열심히 노동하고 사회에 기여하게끔 자극을 줄 수 있는 유인 중 돈 이외의 다른 유인이 있을 경우 사회의 부는 동등하게 분배될 수 있을 것인데 그러한 금전적인 동인이 과연 있을 수 있는가? 그러한 동인이 있으려면 인간의 유형이 전혀 달라져야 할 것인가? 사회가 그런 식으로 사람을 만들어낼 수 있을 것인가?

3. 생산수단의 공유체제를 보완하여 시민이나 국가 경영자로 하여금 자원이 공공이익을 극대화할 수 있게끔 이용되는지를 확인하도록 동인(유인)을 갖게 해주는 그러한 생산수단의 공유체제는 가능한가?

4. 생산수단의 공유를 옹호하는 다음과 같은 공리주의적 논변을 비판적으로 평가해 보자 : "사적 소유는 자원이 소유자의 이해관계를 극대화하게끔 사용되는 것을 보장해 줄 것이다. 그러나 자원이 다른 사람에게 많은 해를 유발하는 방식으로 사용되지 않는지를 보장할 동인은 없다. 예를 들어 사유기업들에 의해 유발되는 모든 공해를 생각해 보자. 오직 공적 소유만이 이런 종류의 문제를 해결할 수 있다."

5. 소비에 대한 과세가 일하지 않고 저축하지 않으려는 역유인을 감소시키게 되는 이유는 무엇인가? 결국 사람들은 소비를 하기 위해서 일하고 저축한다. 따라서 소비에 대한 과세는 소득이나 부에 대한 과세와 꼭 마찬가지로 일하고 저축하려는 유인을 감소시킨다.

6. 품목별로 혜택을 주기보다 돈을 분배할 것을 강력하게 주장하는 공리주의적 이유에 비추어볼 때 식량권과 장애자 의료혜택과 같은 품목별 계획을 옹호하는 어떤 이유들이 있을까?

제 8 장

부의 분배 : 의무론적 입장

1. 의무론적 분석의 기초

2. 의무론과 자유시장
생산수단의 사적 소유 옹호론
재화의 자유교환 옹호론

3. 의무론과 과세

4. 의무론과 정부의 재분배 계획

5. 결   론

제 8 장

부의 분배 : 의무론적 입장

쉽게 예상할 수 있는 낯익은 변명이겠지만, 지금부터 우리가 논의하고자 하는 이론은 우리가 다루고 있는 문제에 대해 의무론적 접근방식을 적용하는 한 가지 형태에 불과하다. 이 장에서 다루어질 것은 부의 분배에 관련된 가치문제에 대한 하나의 의무론적 입장이지, 이 것이 의무론적 입장의 전부는 아니다. 이러한 경고가 특히 부의 분배와 관련해서 중요한 까닭은, 다른 의무론자들은 이 문제에 대해서 아주 다른 결론에 이르게 될 것이기 때문이다. 사실상 이 장에서 우리가 제시하고자 하는 의무론은 그것이 자유 지상주의적(libertarian) 전통의 초기 저술들에 의거하고 있는 것이긴 하나 비교적 새로운 형태의 의무론적이다.

1. 의무론적 분석의 기초

부의 분배에 대한 대부분의 분석은 타당한 도덕원칙이 요구되는바 부의 분배에 대한 어떤 특정한 정형이 있다는 결론으로 끝을 맺는다. 예를 들어 평등주의자는 도덕이 부의 분배에 있어서 가능한 한 최대의 평등을 요구한다고 결론짓는다. 공적주의자는 부가 사람들의 노력과 기여에 따라 분배되어야 하는 것을 도덕이 요구하는 바라는 결론을 내린다. 공리주의자들은 노동이나 저축에 대한 적절한 유인을 계속 유지하는 한에서 가능한 한 최대의 평등을 결과하게끔 부가 분배될 것을 요구한다.

우리가 이 장에서 제시하고자 하는 이론은 도덕이 부의 분배에 대한 특정한 정형(pattern)을 요구한다고 생각하지 않는 소수의 이론들에 속하는 것이다. 그와는 달리 이 이론이나 그와 유사한 다른 이론에 따르면 도덕은 부가 적합한 절차(process)에 의거해서 획득되어야 한다는 것만을 요구한다고 주장한다. 이러한 절차에 따를 경우 광범위하게 다양한 부의 분배가 결과할 수가 있으며 그러한 분배 방식 중 어떠한 것이든 그것이 적합한 절차를 거쳐 생겨난 것인 한 받아들일 만한 것이 된다.

한 가지 간단한 예를 들면 그러한 개념을 예시하는 데 도움이 될 것이다. 존스(Jones)는 자신과 아내가 그들이 살고 있는 집에 대해서 소유권을 가지고 있다고 믿는다. 그들이 그렇게 믿는 이유는 무엇인가? 그 이유는 그와 아내는 그 집에 대한 권리를 가진 어떤 사람으로부터 그 재산을 사들인 것으로 알고 있기 때문이다. 그에 해당하는 부에 대한 존스의 권리가 갖는 정당성은 그들이 그 재산을 취득하는 절차에 의거하는 것이지 적합한 부의 분배에 대해 미리 정해진 특성한 정형에 의거해서 성립하는 것이 아니다.

이러한 생각을 보다 더 자세히 논의해 보기로 하자. 우리는 두 가지 유형의 정당한 재산권을 구분할 필요가 있다. 즉, 파생적인 재산권과 원초적인 재산권이 그것이다. 파생적 재산권(derivative property right)이란 어떤 재산에 대해 이전에 권리를 가진 어떤 사람으로부터 정당한 수단(예를 들면, 구매, 증여, 상속)에 의해 취득된 재산권이다. 원초적 재산권(original property right)이란 이전에 아무도 소유하지 않은 어떤 재산에 대해 정당한 방식으로 취득된 권리이다. 이렇게 해서 우리의 이론은 대체로 다음과 같은 방식으로 재진술될 수 있을 것이다. 즉, 부의 분배는 그것이 원초적 재산권이나 혹은 파생적 재산권으로 이루어진 것일 경우 정당하다.

이러한 이론은 앞장에서 논의된 공리주의적 입장과 어떤 점에서 서로 다른 것인가? 공리주의자들은 재산 소유가 인간 욕구의 일반적 충족에 기여할 경우 그 소유를 정당한 것으로 본다. 의무론자들에게 있어서 재산 소유는 그것을 소유한 개인이 그것에 대한 권리를 가질 때(인간 욕구의 일반적 충족과 무관하게) 정당한 것이 된다. 부의 정당한 분배는 여러 형태로 나타날 수 있는데 어떤 형태가 다른 형태보다 인간 욕구의 일반적 충족을 더 증진시키는 것일 수가 있다. 그러나 정당한 분배라면 모두가 원초적 혹은 파생적인 재산권에 근거를 두고 있다.

우리가 내세운 것과 같은 이론은 원초적 재산권이 정당하게 취득될 수 있는 방식에 대한 어떤 이론에 아주 강하게 의존할 수밖에 없다는 결론에 이른다. 아무도 소유하지 않은 어떤 재산이 있어 모든 사람이 자유로이 이용할 수 있다고 해보자. 누군가 그러한 재산권을 정당하게 취득할 수 있는 길은 어떤 것인가? 존 로크(John Locke)의 사상에 의거해 볼 때 그러한 이론을 내세우는 자들은, 어떤 사람이 자신의 노동을 소모해서 그러한 재산의 가치를 증대시킴으로써 그러한 원초적 재산권을 정당하게 취득할 수 있다고 말할 것이다. 기본적인 생각은 우리의 노동이 산출한 증대된 가치분에 대해서 우리가 권리를 갖는다는 것이다. 따라서 아무도 소유하지 않는 재산의 가치를 증대시킴으로써 우리는 그 재산에 대한 정당한 권리를 갖는다는 것이다.

한 가지 예를 들면 이 점을 분명히 하는 데 도움이 될 것이다. 19세기 중반에 현재의 존스의 집이 서 있던 땅에 대해서 아무도 특정한 권한을 내세울 자가 없었다고 해보자. 나아가서 어떤 사람이 이리로 와서 그 땅을 포함하는 지역에 농사를 짓기 시작했다고 해보자. 그의 노동으로 인해 그 땅은 개간되었고 그럼으로써 그 가치도 증대되었다. 수년 후, 그는 거기에 집을 짓게 되었다. 이러한 과정을 거쳐서 그는 그 땅과 집에 대해서 정당한 방식으로 원초적 재산권을 취득하게 되었다. 존스네에 이르기까지 그 이후의 모든 소유주들은 최초로 정착한 그 소유주로부터 하나하나 차례로 정당한 방식을 거쳐 취득된 그 땅과 집에 대해 파생적인 재산권을 갖게 되었다.

이러한 설명에 있어서 한 가지 중요한 난점이 있는데 그것은 이미 존 로크의 동시대인들에 의해 문제시된 중요한 난점이다. 그에 대한 반론은 다음과 같이 진술될 수 있을 것이다. 즉 그 땅을 개량한 정착인은 그가 자신의 노동을 통해 산출된 증대 가치분에 대해서는 권리를 갖지만 그렇다고 해서 그가 재산 전체에 대해 권리를 행사해도 좋다는 결론은 어떻게 나올 수 있는가 하는 것이다. 결국 자연 자원은 그 자체가 갖는 최초의 가치가 있는 까닭에 재산이 갖는 대부분의 가치 그리고 그로부터 생겨나는 그의 부의 대부분은 그의 노동과는 상관없는 것이다. 만일 그 정착민이 자기가 산출한 부가적 가치만이 아니라 재산 전체를 소유하도록 내버려둔다면 우리는 그가 응분의 권한을 갖는 것보다 더 많은 부를 그에게 주는 것이 된다. 우리는 그가 자연 자원이 갖는 최초의 가치까지 점유하는 것을 허용하는 셈이 된다.

이러한 난점을 해소하기 위해 우리는 다음과 같은 상황을 설정해 보기로 한다. 즉, 그 문제를 고려하기 위해 일단의 사람들이 모여서 아무도 소유하지 않은 자연 자원에 자신의 노동을 투여한 사람이 자신의 노동에 의해 산출된 가치를 어떤 식으로 받아 갖도록 할 것인지를 논의한다고 상상해 보자. 이때 산출된 가치는 원초적 자원이 갖는 최초의 가치와 혼합되어 있다고 생각된다. 이 문제에 대해 제시될 수 있는 한 가지 해결책은 흥정을 통해 다음과 같은 합의사항에 도달하는 일이다. 즉, (1) 그 재산에 대해 최초로 노동을 행한 자가 자신이 첨가한 가치뿐만 아니라 자연 자원이 갖는 최초의 가치에 대해서까지 재산권을 갖는 것을 허용하고, (2) 그러한 자연 자원을 이용할 권리를 상실한 다른 사람에 대해서는 그로 하여금 보상을 하게 하되 (3) 그러한 보상은 (빈번한 자의) 최저수준의 생활보장에 대한 사회적으로 인정된 권한의 형태로 제공하게 한다는 것이다.

이것을 다음과 같은 방식으로 생각해 보자. 즉 지구의 자연 자원을 그것을 개발할 자에게 임대하거나 임대자가 양도한 자에게 임대한다. 그 대신 임대받아 자원을 개발하는 자는 모든 이에게 임대료를 물게 된다. 임대료는 세금으로 거두어서 빈한한 자들을 돕는 재분배 계획의 기금으로 사용된다. 보험기금의 경우에서와 같이 모든 사람이 똑같이 부담을 하지만 모든 사람이 지급의 대상이 되지는 않는다. 이러한 계획의 시행에 있어서는 필요한 자만이 지급을 받을 수가 있다. 앞에 나온 그러한 사람들이 이와 같은 재산권의 원초적 취득 체제에 합의하는 것은 합당할 것이기 때문에 우리는 그러한 재산권 체제가 정당한 것이라고 결론지을 수 있다.

결국 이러한 이론은 다음과 같이 주장을 한다. 즉, 정당하게 취득된 원초적 재산권이나 혹은 정당하게 취득된 파생적 재산권으로 이루어진 것이라면 어떤 부의 분배도 정당하다는 것이다. 원초적 재산권은 그것이 아무도 소유하지 않는 자연 자원에 그러한 자원의 가치를 개량하기 위해 수행된 노동에 바탕을 둔 것인 경우 정당하게 취득된 것이다. 정당성에 대한 부가적 조건은 원초적 재산권을 취득한 자나 그러한 권리를 양도받은 자는 곤궁한 자들에게 부를 재분배하는 사회보장 체제를 위한 기금을 마련하는 데 도움이 될 세금을 납부해야 한다는 것이다.

2. 의무론과 자유시장

제6장 1절에서 우리는 자유시장체제의 중요한 요소 중 하나가 생산수단의 사적 소유임을 보았다. 또한 우리는 생산수단의 이러한 사적 소유가 엄청난 부를 축적함에 있어 상당한 역할을 한다는 것도 알았다. 이러한 축적된 부는 나아가서 상속을 통해 전승될 수 있다. 그 결과로서 평등주의자들과 공적주의자들은 모두 생산수단의 사적 소유에 관해서 중대한 의심을 갖게 되는 것이다.

생산수단의 사적 소유 옹호론

이러한 모든 문제들은 이 장에서 우리가 전개해 본 관점에서 볼 때 전혀 다르게 나타나게 된다. 극단적인 한 가지 예를 들어 스미스(Smith)는 그의 조상들이 생산수단을 소유한 결과로서 누적해 온 부를 상속받는 엄청난 행운을 가지게 되었다고 해보자. 그러한 부는 우리가 제시한 의무론적 관점에서 볼 때 정당한 것인가? 만일 그것이 스미스의 조상들에 의해 정당한 절차를 통해 축적된 것이며 그들이 진정으로 그 부를 그에게 물려준 것이라면 그에 대한 대답은 긍정적인 것이다. 이것이 바로 우리의 이론이 부가 축적되는 절차(process)를 강조하고 그러한 절차에 의해 생겨난 부의 현실적 정형(pattern)을 내세우지 않는다고 주장하는 전반적인 요지이다.

생산수단의 사유는 그러한 생산수단을 소유한 자가 정당한 원초적 재산권이나 정당한 파생적 재산권으로서 그것을 소유하게 되었을 경우 우리 이론의 관점에서 완전히 정당한 것이다. 평등주의자들과 공적주의자들이 이러한 생산수단의 사적 소유에 대해 불만을 갖는 이유는 그러한 소유가 부의 분배문제에 대해 갖게 될 영향을 그들이 염두에 두기 때문이다. 그러나 우리의 의무론적 관점에서 볼 때 그러한 영향은 상관이 없는 것이다. 그러한 재산 소유는 그것이 정당하게 취득된 것인 한 정당한 것으로 생각된다.

생산수단의 사유에 대한 이러한 옹호론과 공리주의적 옹호론을 비교해 보는 일은 중요하다. 사적 소유를 내세우는 공리주의자들이 그것을 옹호하는 이유는 사적 소유가 자원을 적절히 이용하기 위한 최선의 유인이 된다고 믿기 때문이다. 그러나 사적 소유가 부의 분배에 미치는 영향에 관해서 그들이 불만을 갖는 이유는 그들이 기본적으로 평등주의자와 견해를 같이하기 때문이다. 의무론자들이 생산수단의 사적 소유를 정당하다고 생각하는 근거는 그러한 생산수단이 정당한 방식으로 취득되고 그 소유자가 그에 대한 보상으로서 적절한 세금을 납부하는 한에서 생산수단이 소유자에게 귀속되는 것은 정당하다는 점이다. 의무론을 내세우는 자들은 부의 분배 문제에 대한 영향에 별로 개의치 않는데 왜냐하면 그들은 평등주의나 공적주의와 같은 정형적 접근 방식을 받아들이지 않기 때문이다.

재화의 자유교환 옹호론

자유시장의 다른 주요한 요소 — 재화의 자유교환 — 를 옹호하는 의무론적 논변은 다음 두 단계로 진행된다.

(1) 건전한 정신을 가진 성숙한 인간들은 서로간에 자신의 재화를 교환하는 데 자유로이 합의할 권리를 지닌다. 이러한 권리는 우리가 제3자의 권리를 침해하지 않는 한에서 우리가 선택한 대로 행동할 수 있는 더 일반적인 권리의 일부이다. 따라서 만일 합의 당사자들 중 어느 일방이 강요에 의해서나 혹은 사기에 의거해서 합의했을 경우 우리는 자유로운 교환을 행한 것이 아니며 따라서 국가가 간섭해서 속은 당사자를 보호할 수가 있다. 이러한 경우를 제외하고서는 국

가가 자유로이 합의된 그러한 교환에 간섭하는 것은 그릇된 일이다.

(2) 그 재산이 자유로이 교환될 경우 쌍방은 정당한 방식으로 파생적인 재산권을 획득한 자라야 한다. 따라서 그런 경우에 있어서 국가가 어느 일방이 취득한 재산을 빼앗는 것은 그릇된 것이다.

이상과 같은 점이 우리의 노동계약의 사례에 어떻게 적용될 수 있는지를 살펴보자. 고용주가 노동자에게 일정한 노동의 대가로서 일정한 돈(임금)을 양도하는 데 합의했다고 해보자. 쌍방은 이러한 거래에 참여할 권리를 가지고 있고 또한 쌍방은 자신에게 양도된 것에 대해 권리를 지닌다. 이같이 자유로이 합의된 재화의 교환에 대해서 국가가 간섭하는 것은 그릇된 일이다.

재화의 자유교환에 대한 공리주의적 옹호론이 의무론적 옹호론과 다른 점을 아는 것은 중요한 일이다. 공리주의자들은 쌍방이 이득을 본다는 근거에서 자유교환을 옹호한다. 의무론자들은 쌍방이 이러한 교환에 참여할 권리를 갖는다는 근거에서 자유교환을 옹호한다. 이들 간의 차이점은 어느 일방이 잘못 생각을 해서 분명히 손해를 보게 되었을 경우에 중대한 것으로 드러난다. 제7장 2절에서 본 바와 같이 공리주의자들은 이 경우에 재화의 자유로운 교환을 막고자 할 것이다. 그러나 의무론자들은 그러한 교환이 이루어지도록 허용할 것이다. 이들은 재화를 자유로이 교환할 사람들의 권리 속에는 잘못 생각을 하고 있다고 다른 모든 사람이 판단하는 경우에 있어서조차도 사람들이 자신의 생각대로 교환할 권리가 포함되어 있다고 믿는다. 그러나 의무론자들은 만일 손해를 보게 될 사람이 그러한 교환에 강제로 합의했거나 아니면 그의 교환이 사기에 의해 이루어졌을 경우는 국가로 하여금 그러한 교환을 막게 할 것이다. 의무론자나 공리주의자가 모두 제3자의 권리를 침해하는 경우, 자유교환을 막는 것이 옳다고 보는 점에서는 의견이 일치한다.

요약하면 의무론자들은 생산수단의 사유나 재화의 자유교환에 대해서 강한 신념을 가진 자들이다. 자유시장체제가 갖는 이러한 측면들은 다음과 같은 조건 아래서 정당화된다. 즉 (1) 사적인 소유가 정당한 수단에 의해 이루어졌고 세금을 냄으로써 보상한다는 요구조건이 충족되었으며, (2) 재화의 교환이 강제나 사기에 의해 이루어지지 않고 타인들의 권리를 침해하지 않는다는 조건 아래서이다.

의무론자들은 설사 그 결과가 매우 불평등한 부의 분배로 나타난다 할지라도 여전히 자유시장체제의 그런 측면들을 옹호하게 될 것이다. 의무론자들에 있어 부의 취득을 정당화해 주는 것은 부가 취득되는 절차이지 결과로서 나타난 부의 형태가 아니기 때문이다. 그렇다고 해서 의무론자들이 아무런 재분배 이론도 갖지 않는다는 것은 아니다. 왜냐하면 그들은 세금을 통해서 보상이 이루어져야 한다는 요구사항을 내세우기 때문이다. 다음 두 절에서 우리는 그러한 요구가 재분배 이론의 기초로서 역할을 수행하는 방식을 살피고자 한다.

3. 의무론과 과세

제6장 2절에서 본 바와 같이 모든 과세이론이 반드시 당면하게 되는 두 가지 문제가 있다. 그 하나는 선택이고 다른 하나는 세율의 선택이다. 이 두 가지 문제를 의무론적 관점에서 살펴보기로 하자.

어떤 사람들은 소득이나 부를 가진 자는 지불능력이 있다는 근거에서 소득이나 부를 세원으로 선택할 것이다. 그러나 그들은 지불능력이 있는 자가 왜 당연히 지불할 의무를 져야 하는지를 설명하지 못하며 따라서 그들의 논변은 우리가 소득과 부를 세원으로 이용해야 한다는 당위성을 입증하지 못한 셈이다. 다른 사람들은 소비가 우리의 공공자원으로부터 이루어지는 것으로 보아 소비를 세원으로 선택하고자 한다. 그러나 소비를 왜 그런 식으로 보아야 하는지를 설명하지 못하고 있다. 결국 소비자는 자신이 소유한 것만을 소비한 셈인데 그의 이러한 소비를 근거로 해서 그가 세금을 내야 할 이유가 무엇인가라고 논박할 수가 있을 것이다. 우리가 앞장에서 본 바와 같이 공리주의자들은 소비세가 생산에의 유인에 대해 최소한으로 영향을 미치면서도 부의 재분배를 가장 잘 달성해 준다는 근거에서 소비에 대해 세금을 매기고자 한다. 그러나 우리가 부의 분배에 대한 공리주의적 이론의 기초를 받아들이지 않는다면 앞서 말한 어떤 특성도 소비에 대해 과세되어야 한다는 주장을 정당화해 주지 못할 것이다.

의무론자들은 적절한 세원의 문제에 관해서 전혀 다른 견해를 갖는다. 그들의 관점에서 볼 때 재분배를 옹호하는 과세는 그것이 자연 자원이 갖는 최초의 가치까지 포함하는 재산권의 원초적 취득을 보상하기 위한 지불의 방식이라는 근거에서 정당화된다. 우리는 적절한 세원에 대한 의무론적 이론을 이해하기 위해서 이러한 견해에 함축된 의미를 검토해 보아야 한다.

이론상으로 볼 때는 이러한 입장이 적절한 세원을 결정하는 데 아무런 어려움이 없다. 원초적 재산권을 소지한 자는, 그들이 노동을 가함으로써 그들 자신의 소유로 만들게 된 개발 이전의 토지가 갖는 원초적 가치분에 대해서 세금을 내야 한다. 추후에 그 토지에 대해서 파생적 재산권을 획득한 자도 원초적 재산권자가 세금을 내야 하는 것과 동일한 근거에서 세금을 물어야 한다. 요약하면 이러한 접근 방식에 따르면 적절한 세원은 원초적으로 취득된 재산권이 갖는 최초의 가치라고 할 수 있는 것이다.

이 점들을 다른 식으로 말해 보자. 사람들이 원초적 재산권을 취득할 경우 그와 동시에 세금을 내야 하는 일정한 의무도 갖게 된다. 그들의 의무의 크기는 개발 이전의 재산이 갖는 최초의 가치에 바탕을 두고 있다. 다시 말하면 어떤 노동이 그것에 가해지기 이전에 재산이 갖고 있던 가치분에 근거를 두고 있다. 따라서 우리는 재산의 이러한 부분은 일정한 세금 부담을 동반한다고 생각할 수 있다. 이러한 원초적 권리의 소지자가 그들의 재산을 다른 사람에게 양도할 경우 양도받은 사람은 세금 부담도 동시에 취득하게 된다. 이런 식으로 해서 우리는 적어도 이론상으로는 세원이 무엇인가를 알 수가 있다.

동일한 방식으로 생각할 경우 세율이 어떻게 되는지도 알 수 있다. 세율은 원초적으로 취득된 재산이 갖는 최초의 가치에 비례해야만 한다. 직관적으로 떠오르는 생각은 다음과 같다. 즉 우리가 원초적 재산권을 통해 취득한 원초적 가치가 갖는 각 단위분에 대해서 우리는 사회가 빈한한 사람들에게 보상을 하는 데 도움이 될 단위분의 세금을 물게 된다는 점이다. 이러한 이론은 비례세제를 결과하게 된다.

이러한 이론체제는 원리상으로 보면 서술이 용이하긴 하나 실제에 적용하는 것은 지극히 어렵다. 왜냐하면 수세기에 걸쳐서 우리는 누가 어떤 세금을 부담할 책임이 있는지 그 연원을 추적할 수 있는 길을 잃어버렸기 때문이다. 우리가 반드시 행해야 할 일은 이론적으로 적절한 과세라고 생각하는 바에 어느 정도 근사한 세원과 세율을 찾아내는 일이다. 이미 시사한 바와 같이 부에 대한 비례세가 그에 가장 근사한 것이 될 것이다. 소비세는 우리의 이론이 내세우는 이상과 전혀 상관이 없는 것이다. 부유한 수전노는 소비세에 의해서는 거의 세금을 내지 않게 될 것이다. 그러나 그는 그가 가진 재산과 그에 부수하는 의무를 기준으로 해서 세금을 매길 경우에는 상당한 세금을 내게 될 것이다. 그의 재산 규모가 더 클수록 그의 세금액도 더 커지게 되는 것이다. 이와 같은 식으로 생각해 갈 때 자신이 실질적으로 소유한 부에 비해 보잘것없는 소득에 기초한 세제에 의해서는 거의 세금을 내지 않게 될 것이다. 그러나 부에 근거해서 세금을 낼 경우 그는 상당한 세금을 물게 될 것이다. 이런 식으로 생각해 봄으로써 현실세계에서 우리의 이상체제에 근접해 가기 위해서 우리가 할 수 있는 일은 사람들이 가진 부에 비례해서 세금을 매기는 일이다.

공리주의적 분석이나(제7장 3절에서 제시된) 이 절에서의 의무론적 분석 어느 쪽에서 보든 비례적인 소득세를 중심으로 한 현행 제도가 지지될 수 없다는 점을 아는 일은 흥미로운 일이다. 독자들은 우리의 현행 세금제도를 옹호해 줄 어떤 도덕적 근거가 있는지를 당연히 생각해 보고자 할 것이다.

또한 이러한 비례적 소득세제와 공리주의적 입장에서 주장하는 소비에 대한 누진세제 간에 어떤 실제적 차이점에 주목하는 것도 흥미로운 일이다. 특히 공리주의자들이 내세우는 누진세율이 아주 높을 경우 공리주의적 과세제도는 부에 대한 우리의 비례세제에 비해 보다 더 큰 부의 재분배를 초래할 가능성이 크다. 이것은 놀라운 일이 아니다. 공리주의적 분석은 부의 평준화를 옹호하는 좀더 강한 적극적 감정을 가지고 출발한다. 사실상 완전한 평준화에 미치지 못하는 지점에서 멈추게 되는 유일한 이유는 유인을 보호하고자 하는 필요 때문이다. 의무론적 분석은 이와 같이 평준화를 옹호하는 감정에서 시작하지 않는 까닭에 그것은 보다 소규모의 재분배로 결론짓는다. 둘째로 공리주의적 입장은 사람들에게 소비를 기피하게 하는 실질적인 유인을 제시한다. 우리가 많이 소비할수록 많은 세금을 낼 것이다. 소비에 대한 이러한 편향성을 갖는다는 것은, 소비자는 사회 일반에 귀속되는 것을 소모하는 것이며 따라서 그렇게 하는 데 대해서 세금을 내어 마땅하다는 생각(소비에 대한 과세를 옹호하는 다른 사람들이 제시하는 생각)을 간접적으로 받아들이는 것으로 보인다. 재산을 소지하는 개인이 그것을 정당하게 취득한 한에서 실제로 자신의 재산을 소유한다고 보는 의무론적 입장은 소비를 전혀 달리 생각한다. 부가 진정으로 우리 자신의 것이라면 우리는 그것을 소비할 온전한 권리를 가지며, 즉 그것이 우리가 원하는 소비인 한에서 사회가 세금을 통해 그러한 소비를 억제하게 할 아무런 권한도 갖지 못한다.

우리가 가진 부에 대해서 부담해야 할 세금을 납부하는 한에서 사회는 나머지 재산을 우리가 사용하는 방식에 대해 간섭해서는 안되고 중립을 지켜야 하는 것이다.

요약하면, 의무론적 이론은, 정부의 재분배 계획의 기금을 마련하기 위한 적합한 방식은 부에 대한 비례세에 의거하는 일이라고 제안한다. 이러한 과세는 모든 납세자가 자신에게 양도된 바 원초적으로 취득된 모든 재산권에 있어서 최초의 가치에 근거한 그의 소정의 몫에 대해 세금을 낸다고 하는 이상적인 과세에 접근하는 최선의 방법으로 생각된다.

4. 의무론과 정부의 재분배 계획

제6장 3절에서 우리가 본 바와 같이 정부는 아주 다양한 재분배 계획에 참여하고 있다. 그것들 중 어떤 것은 보다 더 많이 가진 자로부터 빈한한 자들에게 부를 재분배한다는 분명한 의도 아래 마련된 것이다. 이러한 의도로 계획되지 않은 것들도 있다. 하지만 수혜자가 세금이라는 형태로 대가를 지불하는지 어떤지와 상관없이 재분배 계획이란 정부의 서비스를 제공하는 것인 까닭에 그것들은 실제로 일정한 부를 재분배하는 일을 수행하게 된다.

이러한 재분배 계획은 여러 가지 가치문제들을 제기한다. 그 속에는 이러한 계획이 갖는 정당성 그 자체에 대한 문제, 재분배될 적정한 전체 총량의 문제, 원조의 적절한 형태에 대한 문제, 합당한 수혜자가 누군가의 문제 등이 포함된다. 이 장에서 우리는 이러한 문제들을 의무론적 관점에서 살펴보고자 한다.

지금까지 살펴온 바로부터 명백한 것은 의무론자들이 적어도 특정한 재분배 계획의 정당성을 옹호하고 있다는 점이다. 그들이 이를 옹호하는 이유는 수혜자들이 이러한 원조에 대한 권리를 지니며 정부는 그러한 원조를 제공할 적합한 제도임을 그들이 믿기 때문이다. 결국 원초적 재산권의 취득을 정당화해 주는 조건들 가운데 하나는 그것을 취득한 자나 그 후에 그러한 권리를 양도받은 자는 빈한한 자들에게 부를 재분배하는 사회보장 체제의 기금을 조성하기 위한 세금을 내야 한다는 점이다. 빈한한 자들은 현재 타인들이 소유하고 있는 자연 자원을 이용할 권리를 상실한 데 대한 보상으로 그러한 세금에 대한 권한을 갖는다. 동일한 추론 과정을 통해서 의무론자들은 납세자들이 세금을 통해 자신의 부를 빼앗기지 않을 권리를 갖는다는 납세자 편의 논변은 받아들이지 않게 된다. 결국 납세자들 역시 재분배 계획을 밑받침하는 세금을 지불해야 할 의무를 갖는데 왜냐하면 적절한 보상금을 지급하지 않을 경우 그의 재산권은 부당한 것이 되기 때문이다. 요약하면 이상의 이론으로부터 재산 소유자는 재분배 계획의 기금을 위한 일정한 세금을 지불할 의무가 있으며 빈한한 자들은 그러한 계획으로부터 일정액을 지급받을 권리를 지닌다는 결론이 나온다.

자발적으로 부를 재분배하는 사적인 자선과 같은 계획만으로 충분하지 않은 이유는 무엇인가? 이러한 제안에 대한 의무론적들의 반응은 아주 간명하다 : 재분배 계획의 기금을 위한 세금 지불은 자선의 문제가 아니며 그것은 재산을 소유하고 있는 자에게 부과되는 의무인 것이다. 따라서 자발적인 성금에 의존하게 될 경우에는 일부 사람들이 그들의 의무를 기피하게 될 것이다.

다음으로 이러한 재분배 계획과 관련해서 제기되는 가치문제는 재분배될 적절한 전체량과 관련된 문제이다. 다시 말하면 우리는 빈한한 자들에게 재분배하기 위해서 재산 소유자들에게 어느 정도의 세금을 거둬들여야 마땅한가? 어떤 사람은 이에 대한 해답을 빈한한 자의 필요만을 통해서 구하고자 한다. 그들에 의하면 적정한 총량은 도움을 요구하는 자들의 정당한 필요를 모두 충족시킬 수 있는 것이라고 할 것이다. 그러나 의무론자들이 그러한 대답을 받아들이지 않는 까닭은 그것이 재산 소유자가 부담하게 될 총량을 고려하지 않고 있기 때문이다. 예를 들어 곤궁한 자들의 수가 많아서 그들의 필요를 충족시키기 위해서는 재산 소유자들의 의무의 범위를 훨씬 능가하는 양이 요구된다고 해보자. 만일 우리가 빈한한 자들의 필요를 모두 충족시키기에 충분할 정도로 세금을 거두게 된다면 우리는 납세자들이 지닌 재산의 상당한 부분을 세금으로 거두어들이게 된다. 우리의 의무론에 있어서는 그러한 높은 수준의 세금을 정당화해 줄 아무런 명분이 없는 것이다.

의무론자들은 곤궁한 자들의 관점에서라기보다는 재산 소유자의 의무라는 관점에서 그 문제에 접근한다. 따라서 사회는 가능한 한도 내에서 원초적으로 취득된 최초의 개발되기 이전 자연 자원이 갖는 공정한 임대가와 대등한 세금을 부과해야 한다. 물론 그 액수가 어느 정도가 될 것인지 정확히 계산하기는 매우 어려울 것이다. 그러나 그것이 사회가 갖는 전체 부에 있어서 어느 정도의 비율 이상을 능가할 가능성은 없을 것으로 보인다. 이렇게 해서 나온 돈의 총량이 재분배를 위해 이용될 것이며 그것이 빈한한 사람들에게 그들의 필요에 비례해서 재분배될 것이다. 빈한한 사람들이 받을 혜택의 실제적 수준은 세금을 통해 정당하게 거두어들인 전체 액수를 수혜자 전체 수로 나눔으로써 결정된다. 원조의 양은 이러한 비율이 변하는 데 비례해서 달라지게 될 것이다.

이러한 결정이 어떤 식으로 이루어질 것인지를 예시하기 위해 사회의 전체 부(富)가 1,000달러이고 빈한한 자의 필요는 500달러로 충족될 수 있다고 해보자. 만일 우리가 빈한한 자의 필요를 충족시키기는 데 요구되는 양을 전부 재산 소유자들로부터 세금으로 거두어들일 경우 우리는 그들이 가진 부에 대해 50퍼센트의 세율로 세금을 거두는 셈이 된다. 현재 우리의 관점에서 볼 때 그것이 공정한 세금 부담이 될 가능성은 지극히 희박하다. 좀더 가능성이 클 것으로 보이는 것으로서 공정한 세율이 예를 들어 전체 부의 10퍼센트라고 할 경우에는 100달러가 세금으로 거두어들여지게 되고 빈한한 사람들 각자는 정부의 재분배 계획으로부터 자기가 필요한 것의 20퍼센트를 충족시키게 될 것이다. 이때, 사회의 전체 부가 증대되어 예를 들어 5,000달러가 되고 빈한한 자의 필요는 더 이상 증대되지 않을 경우 우리의 세금제도는 500달러를 징세하게 되고 그럴 경우 우리는 빈한한 자의 모든 필요를 충족시키게 될 것이다.

제6장 3절에서 본 바와 같이 현행 재분배 계획의 일차적 대상은 특정한 사람들의 집단으로서 그 성원의 대부분은 빈한한 자들이다. 그러나 현행 계획은 빈한한 사람 전부를 그 직접적인 대상으로 하지 않고 있다. 이러한 계획이 가정하고 있는 것은 빈한한 사람들 중 일부는 원조를 받을 자격이 없고 따라서 도움을 받아서는 안된다는 점인 듯하다. 이 점에 있어 의무론자들은 의견을 달리한다. 그들의 관점에서 볼 때 우리는 빈한한 자들에게 부를 재분배함으로써 그들이 사적으로 소유된 지상의 자연 자원을 이용할 권리를 상실한 데 대해 보상을 해주어야 한다. 일부 빈곤하지 않은 자에게 부를 재분배하든지(부유한 노인들에게 사회보장 혜택을 제공하는 경우), 빈곤한 자들에게 부를 재분배하지 못하는 것(어린이가 없는 사람들을 특정 유형의 복지혜택으로부터 제외할 때의 경우)은 그러한 보상을 위한 재분배의 의무에 합치되지 않는 것이다. 따라서 우리의 의무론적 분석은 위에 나온 특수한 계획들은 폐지하고 개인적인 여건과 상관없이 빈곤한 모든 사람에게 돈을 재분배하는 계획의 채택을 지지한다는 점에서 공리주의적 분석과 의견을 같이 하게 될 것이다.

우리가 현금을 분배함으로써 수혜자가 적합하다고 생각하는 방식대로 그 돈을 쓰도록 일임할 것인가? 아니면 식량, 저소득 주택, 의료 등 품목별 혜택을 분배할 것인가? 의무론적 분석은 앞쪽의 방식을 지지할 것으로 보인다. 빈곤한 자들에게 분배된 돈은 결국 보상을 통해 그들이 그에 대해 권리를 갖게 된 어떤 것이다. 만일 그것이 그들의 것이라면 그들은 용도가 지정된 형태로 그것을 받기보다 마땅히 그들이 원하는 대로 자유로이 쓸 수 있어야 할 것으로 생각된다.

5. 결 론

이 장에서 우리는 부의 재분배에 대한 의무론적 이론을 검토했다. 그 기본이 되는 생각은 부의 분배가 (1) 정당하게 취득된 원초적 재산권이나 정당하게 취득된 파생적 재산권으로 이루어진 것이며 (2) 그것이 부에 대한 비례세를 동반하게 될 경우라면 어떤 부의 분배이건 정당하다는 것이다. 이러한 입장은 자유시장체제가 엄청난 부의 불평등을 가져온다 할지라도 그것을 옹호하게 된다. 이러한 불평등은 세금 징수에 의해 기금이 마련되는 재분배 계획을 통해 감소되어야 할 것인데 세금은 지상의 자연 자원을 사적으로 소유한 데 대해서 빈한한 자들에게 보상하기 위한 것이다.

이상과 같은 점들은 모두가 지극히 논의의 여지가 있는 주장들이고 그것들은 공리주의적 분석을 통해 나오는 몇 가지 결론들과 뚜렷한 대조를 이루고 있다. 그러나 어떤 분석도 이러한 영역들과 관련된 현행 체제를 지지하지 않는다. 독자들은 도대체 우리의 현행 체제를 옹호해 줄 어떤 분석이 있는지에 대해 당연히 의심을 품게 될 것이다. 그러나 만일 우리가 현행 체제를 폐지하고자 한다면 우리는 공리주의와 의무론 간의 근본적인 논쟁을 해결해야 할 필요가 있다. 왜냐하면 그것들은 각기 사회에 있어서 부의 분배문제에 대해 아주 상이한 입장을 보이고 있기 때문이다.

연습문제

• 아래의 용어들을 우리 자신의 말로 설명해 보자.

1. 분배적 정의에 대한 정형적 이론
2. 파생적 재산권과 원초적 재산권 간의 구분
3. 원초적 재산권에 대한 노동이론
4. 사회보장제도
5. 세금 부담 능력
6. 보상으로서의 세금
7. 복지권

• 복습을 위한 문제

1. 이 장에서 제시된 이론은 어떤 의미에서 분배적 정의에 대한 비정형적 이론(다시 말하면 부의 분배에 대해서 특정한 정형을 내세우지 않는 이론)인가?
2. 원초적 재산권에 대한 로크의 이론은 무엇인가? 그것이 갖는 강점과 약점은 무엇인가?
3. 이 장에서 제시된 이론은, 재산권이 그 정당성을 보장하기 위해 부의 재분배를 요구한다는 점을 어떤 방식으로 입증하고 있는가?
4. 사유재산에 대한 의무론적 정당화는 공리주의적 정당화와 어떻게 다른가? 그것들 각각이 갖는 강점과 약점은 무엇인가?
5. 의무론자들은 재화의 자유교환을 어떤 식으로 정당화하는가?
6. 의무론적 정의론이, 이상적인 세금제도는 원초적 재산권과 더불어 생겨난 원초적 의무에 바탕을 둔 제도라는 결론에 이르게 되는 까닭은? 의무론적 정의론이 실제상에 있어서 우리가 부에 대한 비례세제를 채택해야 한다는 결론에 이르게 되는 이유는 무엇인가?

7. 의무론자들이 자발적인 자선과는 대립되는 재분배 계획을 옹호하는 이유는?
8. 의무론자들은 재분배 계획을 어떤 방식으로 구성하는가?

- ▪ 더 생각해 볼 문제

1. 만일 어떤 사람이 자신의 노동을 통해 최초의 재산권을 취득할 수 있게 된다면 자신의 노동을 통해 어떤 재산의 가치를 증대시킨 모든 노동자들이 그 재산을 소유하지 못하는 이유는 무엇인가? 그 재산이 계속해서 노동 고용인에 의해 소유되는 까닭은 무엇인가?
2. 아무리 가난한 사람이라 할지라도 모든 사람이 사적인 재산 소유를 옹호하는 체제 속에서 처지가 더 나으리라는 것을 우리가 입증할 수 있다고 해보자. 그럴 경우에도 복지계획을 통해 빈한한 자들에게 보상할 필요가 여전히 있을 것인가?
3. 이 장에서 제시된 바와 같은, 재화의 자유교환에 대한 의무론적 옹호론은 제5장에서 제시된 바 피해자 없는 범죄에 대한 의무론적 비판론과 어떤 방식으로 비교될 수 있을 것인가?
4. 많은 마르크스주의자들은 노동계약이 진정한 의미에서 재화의 자유로운 교환이 아니라는 근거에서 그러한 계약을 비판한다. 그들은 자신의 가난으로 인해서 불공정한 계약조건을 수락할 수밖에 없다고 주장한다. 이것은 노동계약에의 자유 교환 모형에 대한 정당한 비판인가?
5. 우리는 이 책에서 누진적인 소득세라는 관념을 옹호하는 별다른 근거를 발견하지 못했다. 흔히 있는 그러한 제도에 대해 공리주의적이건 의무론적이건 간에 어떤 논변이 가능하겠는가?
6. 공리주의가 의무론적 체제에 비해 보다 더 높은 수준의 재분배를 옹호할 가능성이 있는 이유는 무엇인가? 만일 그것이 사실이라면 그러한 사실은 한 입장을 다른 입장보다 낫다고 생각할 만한 근거가 되는가?

제 9 장

삶과 죽음에 관한 가치문제

1. 들어가는 말
2. 자살과 안락사
3. 임신중절
4. 부족한 의료자원의 할당

제 9 장

삶과 죽음에 관한 가치문제

1. 들어가는 말

이 책에서 우리가 지금까지 강조해 온 내용은 우리의 기본적인 법적·사회적 제도에서 생겨나는 가치문제에 관한 것이었다. 이 장과 다음 두 장에서 우리는 삶과 죽음에 대한 사적이고 개인적인 의사결정에서 생겨나는 일련의 가치문제로 우리의 초점을 바꾸어 논의해 보고자 한다. 그렇다고 해서 이러한 문제들에 사회적인 차원이나 법적인 차원이 없다고 말하는 것은 아니다. 사실상 그것들도 대체로 사회적이고 법적인 관심과 관련된 문제들이다. 단지 우리는 그러한 문제들을 법규들이나 사회제도에 대해 함축된 의미의 관점이 아니라 개인에 의해 이루어지는 선택이라는 관점에서 주목해 보고자 한다.

우리가 다루고자 하는 세 가지 주요 문제는 자살과 안락사, 임신중절 그리고 부족한 의료자원의 할당이다. 이러한 모든 문제들은 학문적인 저술뿐 아니라 대중잡지에서 광범위하게 논의되어 왔다. 그리고 그 모든 문제가 상당한 논란을 불러일으키는 성향을 갖고 있는데 그 이유는 이 문제들에 대한 사람들의 태도가 흔히 아주 광범위하게 서로 다르면서도 강하게 견지되고 있기 때문이다. 우리의 목적이 다른 주장들에 대립되는 어떤 다른 주장을 내세우고자 하는 것이 아니다. 그 대신 우리는 우리의 통상적인 논의 유형에 따라 우선 이러한 주제들을 중심으로 한 몇 가지 문제점과 논쟁점들을 검토하고, 다음에는 그러한 것들을 공리주의적 관점과 의무론적 관점 양자로부터 살피고자 한다.

이러한 문제들이 새삼스러운 것은 아니나 그것들이 최근에 더욱 긴박한 것이 되고 있다는 것에는 의심의 여지가 없다. 이와 같이 긴박성이 증대해 가는 데 대한 이유가 될 만한 몇 가지 요인은 주목해 볼 만한 가치가 있을 것이다.

의료기술의 발전 현대의학이 가져온 결과 중의 하나는 이제 사람들이 과거보다 더 오래 살게 되었다는 점이다. 더욱이 이제 우리는 신체가 더 이상 수행할 수 없는 생체기능을 대행해 줄 수 있는 기계를 통해서 삶을 인공적으로 지속할 수 있게 되었다. 물론 이러한 기술이 가져온 이득도 헤아릴 수 없긴 하지만 그로 인해서 우리는 살인과 안락사에 대한 우리의 태도를 재고해 보지 않을 수 없게 되었다. 이제 우리는 과거에는 의문조차 가질 수 없었던 문제들, 즉 생명은 언제 끝나는가? 우리는 기계에 의존한 삶보다 차라리 죽음을 택할 수 없는가? 같은 문제에 대답하지 않을 수 없게 되었다. 의료기술은 또한 임신중절에 관해서도 새로운 문제를 제기한다. 만일 어떤 어린이가 심각한 정신적 혹은 신체적 결함(오늘날 특정한 경우에서 우리가 알 수 있는 바와 같이)을 가지고 태어나리라는 사실을 분명히 알게 될 경우 임신중절은 보다 더 정당화될 수 있는 것이 아닌가? 나아가서 이제 임신중절은 적어도 어머니가 되는 사람에게 임신과 마찬가지로 안전한 것이 되었다. 통계학자들이 밝힌 바에 따르면 오늘날 많은 나라에서, 임신 3개월 이내에 임신중절을 한 여자의 사망률은 아기를 출산하는 여자의 사망률보다 낮다는 것이다. 따라서 과거에는 의료상의 문제를 염려하여 임신중절을 고려할 수 없었던 많은 여인들이 이제는 그것을 아주 기꺼이 고려할 수 있게 되었다. 이러한 관점에서 볼 때 의학의 발전은 임신중절에 대한 요구를 증대시키게 되었다. 끝으로 의료기술의 발전은 생명을 구제하는 치료에 있어 몇 가지 지극히 복잡한 고가의 치료 형태를 산출하게 되었다. 장기 이식 수술이 그 좋은 사례들이다. 오직 일부 사람들의 생명만이 구조될 수 있고 그것도 고가에 의해서만 가능하다. 의료기술상의 이러한 발전은 생명을 구제하는 자원의 할당에 관하여 새로운 문제를 제기하게 되었다.

사회적 여건의 변화   이러한 많은 문제들을 보다 더 긴박한 것으로 만든 또 하나의 요인은 비교적 최근의 짧은 기간 내에 일어난 일련의 사회적 변화들이다. 현대 미국 사회에서는 여러 세대가 친밀한 관계 속에 함께 대가족을 이루고 사는 사람이 거의 없다. 그 결과로 대부분의 노인들은 자녀들과 인연이 끊긴 채 외로이 잊혀진 상태에서 살아가고 있다. 그러나 과거에는 노인들이 상당한 명예와 존경 속에서 그들의 전체 대가족 속에서 생활하였다. 놀랄 것도 없이 사회적 관습에서의 이러한 변화는 자살과 안락사에 대한 우리의 태도에 엄청난 영향을 미치게 되었다. 나아가 최근 여성의 직업상의 변화는 임신중절에 대한 우리의 생각을 변화시키고 있다. 여성들이 직업 전선에서 활동하는 것이 점차 증대해 감에 따라 그들은 가족계획에 더욱 큰 비중을 부여하게 되었다. 물론 피임은 여전히 원치 않는 임신을 위한 일차적인 방지책이긴 하다. 그러나 아직 우리는 이상적인 피임법을 고안하지 못하고 있는 까닭에 아직도 상당수의 원치 않는 임신이 있게 마련이고 이러한 여성들은 가족계획의 최종 방안으로 임신중절에 의존하게 된다. 이는 삶과 죽음의 가치문제에 대한 우리의 긴박감이 최근의 사회적 여건의 변화로 인해 중대하게 된 여러 방식들 중 단지 두 가지 사례에 불과하다.

도덕적 가치관의 전환　역사상 앞 시대에는 여기서 우리가 다루고 있는 문제들이 비교적 단순한 도덕규칙들에 의해 적절히 해결되었던 것으로 보인다. 예를 들어 인간생명의 존엄성 개념이나 살인의 금지라는 개념은 적어도 대부분의 사람들에게는 자살, 안락사, 임신 중절에 관한 어떤 문제도 해결해 줄 수 있는 것으로 생각되었다. 즉 그러한 것들은 단적으로 금지되는 일이었다. 이와 비슷하게 그와 같은 규칙들은 부족한 의료자원을 할당하는 방식의 문제를 적절히 해결하는 데 요구되는 것이면 무엇이든지 소비하기를 명하는 것으로 보였다. 이러한 유형의 간명한 도덕적 해결책은 오늘날 우리에게는 별로 쓰임새가 없게 된 것으로 보인다. 엄청나게 증대된 우리의 정보량으로 인해 이와 같이 한때에는 다소 간단했던 도덕적 문제들이 더욱 복잡한 것으로 되고 말았다. 그 결과 우리는 우리의 조상들보다 그것을 해결하는 데 훨씬 더 어려움을 겪게 되었다.

그래서 요약하면 우리는 의료기술의 발전, 사회적 여건의 변화, 그리고 도덕관의 전환으로 인해 삶과 죽음에 관련된 지극히 중요한 몇 가지 문제에 대해 상당히 불확실한 감각을 가지게 되었다. 따라서 이러한 가치문제들을 각각 조심스럽게 검토할 필요가 있게 되었는데 우리는 우선 그 각각의 문제들을 다루고 다음에는 공리주의와 의무론이라는 서로 상충하는 접근 방식에 비추어 그것들을 검토해 가고자 한다.

2. 자살과 안락사

이 절에서 우리는 자살과 안락사의 도덕적(moral) 허용 가능성 여부에 대해서 흔히 제시되는 몇 가지 찬성과 반대 논변을 살피고자 한다. 우리는 이러한 행위에 함축된 법적·사회적인 의미는 다루지 않기로 한다. 우선 우리에게 필요한 것은 자살과 안락사에 대한 분명한 정의이다. 자살이란 스스로 가하는 죽음이다. 안락사는 흔히 자비로운 죽임(mercy killing)으로 생각된다. 즉 그것은 자발적인 것일 수도 있고 비자발적인 것일 수 있으나 그 각각이 살인과 구분된다. 자발적인 안락사(voluntary euthanasia)에서는 죽임을 당하는 자가 누군가에게 자기를 죽여줄 것을 요청한다. 자발적인 안락사가 살인과 구별되는 것은 바로 이러한 요청이다. 비자발적인 안락사(involuntary euthanasia)에서는 죽음을 당하는 자가 누군가에게 자신을 죽여달라는 요청을 하지는 않았으나 죽는 자의 고통을 종식시키기 위하는 등 그 자신의 이익을 위해서 죽음을 당하게 된다. 이러한 대부분의 경우에서 죽음을 당하는 자는 그러한 요청을 할 능력이 없다. 왜냐하면 그는 스스로 생각하고 자신의 생각을 표현할 능력을 상실했기 때문이다. 살인과 비자발적 안락사를 구분해 주는 것은 그러한 안락사 행위를 수행하는 사람의 편에 있어서 선의를 베풀고자 하는 의도가 있는가 하는 점이다.

이상의 정의를 분명히 염두에 두고서 이제 자살의 문제로 나아가기로 하자. 첫번째로 주목해야 할 것은 자살들 중에는 영웅적인(heroic) 것이 있다는 점이다. 즉 거의 모든 사람이 진심으로 고귀하고 용맹한 것으로 찬양하는 자살 행위가 있다는 것이다. 예를 들어 시험 비행 조종사가 고장난 비행기에서 낙하산으로 뛰어내리지 않고 지상의 사람들이 아무도 다치지 않을 지역에서 기체가 파괴되도록 유도하기 위해 끝까지 비행기 속에 남아 있었다고 하자. 자신의 생명과 다른 많은 사람들의 생명 간의 선택에 직면해서 그는 스스로 죽기를 택한 것이다. 그런데 이것이 전문적으로 보면 자살 행위이기는 하나 통상적으로 자살에 반대하는 사람들조차도 이 조종사의 선택을 비난할 자는 거의 없을 것이다. 다른 많은 사람들의 생명을 구하기 위해 자기를 희생하는 자살 행위는 자살에 대한 도덕적 논쟁이 주로 다루는 문제가 아닌 것이다.

자살의 도덕적 허용 가능성에 대한 논란은 이와는 다른 유형의 경우를 중심으로 해서 전개된다. 여기서 우리가 논의하고자 하는 것은 사는 것보다 죽는 것이 더 낫다고 믿기 때문에 자살하고자 하는 사람의 경우이다. 아마도 그는 불치의 병에 걸린 사람으로서 서서히 죽어가는 고통을 겪지 않기를 원하는 사람일 수도 있다. 혹은 그는 자기 아내의 죽음과 같은 엄청난 상실감으로 괴로워하는 자로서 삶이 더 이상 살 가치가 없다고 느낄 수도 있다. 자살이 도덕적으로 허용될 수 있다고 믿는 자는 이상과 같은 판단에 이른 사람이 자살을 함에 있어 도덕적으로 반대할 아무 명분이 없다고 주장한다. 물론 자살이 도덕적으로 허용될 수 있다고 말한다 해서 자살 행위를 선택한 모든 사람이 아주 현명하게 그렇게 한다고 말하는 것은 아니다. 불행하게도 삶의 고통과 고뇌 속에서 자신의 삶을 마감하기로 선택한 대부분의 사람들은 비참하게도 그릇된 이유로 그렇게 선택하게 된다. 자살을 허용하는 견해를 취하는 자들이 주장하는 것은 오직, 자살을 행하는 자가 도덕적으로 그른 행위를 하는 것은 아니라는 점이 그 전부이다.

도덕적인 근거에서 자살에 반대하는 자들은 광범위하게 걸친 다양한 논변들을 제시한다. 그들의 주장에 따르면 자살이 도덕적으로 용납될 수 없는 이유는 그것이 타인에 대해 잘못을 저지르거나 국가 혹은 신에 대해 잘못을 저지르는 것이기 때문이라는 것이다. 이러한 각 반론들을 좀더 면밀히 살펴보기로 하자.

타인에 대한 잘못 우리 모두는 오랜 기간에 걸쳐 우리가 초래한 광범위하게 다양한 의무들을 지니고 있다. 우리에게는 가족의 구성원들을 부양하고 안락하게 할 의무가 있다. 우리는 친구를 도울 의무를 갖는다. 우리는 우리가 행한 여러 약속들을 이행할 의무를 갖는다. 어떤 사람이 자살을 하게 될 경우 그는 적어도 이들 의무 중 일부를 이행하지 않은 채 방기하는 전형적인 행위를 하게 된다. 따라서 자살을 하는 사람의 자살이 그릇된 행위인 이유는 바로 그가 타인에 대한 의무를 이행하지 못하게 되는 방식으로 행위하기 때문인 것이다.

국가에 대한 잘못 조직사회에 사는 모든 사람은 그 사회의 복지를 증진시킬 의무를 갖는다고 사람들은 흔히 주장한다. 어떤 사회에서 오랫동안 살아온 사람으로서 그 사회가 존속함으로써 여러 방식으로 혜택을 받지 않은 사람은 없으며 따라서 사회에 빚을 지지 않았다고 말할 사람은 없을 것이다. 우리는 사회의 복지를 증진시키기 위해 우리가 할 수 있는 최선을 다하고 능동적이고 생산적인 시민이 됨으로써 그러한 빚을 갚게 된다. 자살을 하는 자는 스스로에게 이러한 의무를 이행하지 못하게 하는 까닭에 그의 행위는 도덕적으로 그릇된 것이다.

신에 대한 잘못 흔히 주장되듯 신은 모든 생명의 원천이다. 그는 우리에게 생명을 주었기 때문에 어떤 의미에서 신은 우리 생명의 소유자이다. 우리가 얼마나 오래 살며 어떻게 죽을 것인지는 신이 결정할 사항이다. 자살을 하는 자는 신에 대해서 그릇된 행동을 하게 되는데 그 이유는, 한 편에 있어서는 그가 신에게만 속하는 것이 합당한 생사에 대한 통치자의 역할을 선취했기 때문이고 다른 한편으로는 그의 생명이 신에게 속하는 것이므로 그는 그것을 처분할 권한이 없기 때문이다.

요약하면 자살의 도덕적 허용 가능성을 내세우는 자가 그러한 주장을 하는 일차적 근거는 자살을 행하는 자가 그렇게 할 권리를 갖는다는 것이다. 그의 생명은 그가 적절하다고 생각하는 대로 이용하거나 처분할 수 있는 것이다. 이와 반대로 자살이 도덕적으로 허용될 수 없다고 보는 사람들의 주장은 자살을 하는 자는 그렇게 함으로써 타인, 사회 혹은 국가에 대한 그의 의무 중 일부를 이행하지 못하게 되므로, 그런 의무를 이행하지 못하게 되는 바로 그런 이유로 해서 그는 그릇되게 행동하고 있다는 것이다.

이상으로부터 논리적으로 따라나오는 결론은 자살을 도덕적으로 허용할 수 없다고 생각하는 사람은 자발적이건 비자발적이건 간에 안락사도 또한 허용할 수 없다고 생각하리라는 것이다. 결국 자발적인 안락사를 구분해 주는 특성은 죽음이 죽는 자 자신에 의해 요청된다는 점이다. 그러나 그 사람이 자신의 목숨을 끊는 것이 그릇된 것이라면 다른 사람에게 자신의 목숨을 끊어달라고 요구했다는 사실이 그러한 죽음을 정당화하지 못하리라는 것도 명백하다. 마찬가지로 비자발적인 안락사의 경우 우리가 죽는 것이 더 낫다고 판단했기 때문에 우리 자신의 목숨을 스스로 끊는 것이 그릇된 것이라면 우리가 죽는 것이 더 낫다고 다른 어떤 사람이 판단했기 때문에 우리의 목숨을 끊는 일도 옳을 수 없음이 분명하다.

자살이 도덕적으로 허용 가능하다는 사람의 관점에서 안락사의 문제를 검토할 경우에는 문제가 더욱 복잡해진다. 많은 사람들은 적어도 안락사 역시 도덕적으로 허용될 수 있는 것임에 틀림없다는 결론으로 나아간다. 결국 어떤 사람이 자신의 목숨을 끊는 것이 도덕적으로 허용될 수 있는 것이라면 다른 사람에게 자기 대신 자기의 목숨을 끊어달라고 부탁하는 일이 허용되지 않을 이유가 없으며 그 사람이 그러한 요청에 따르는 일이 허용되지 않아야 할 이유가 어디 있겠는가? 비자발적 안락사는 훨씬 더 어려운 문제이다. 결국 죽은 사람이 자신을 죽여달라는 요청도 한 적이 없으며 바로 그러한 이유 때문에 자살과 자발적 안락사를 받아들이는 자 중 어떤 사람은 비자발적 안락사를 용납한다. 그들의 추론에 따르면 자살과 자발적 안락사를 도덕적으로 허용할 수 있는 것은 죽는 자의 사정이 죽음으로 인해 더 나아질 수 있다는 믿음을 가지고 있기 때문이며 동일한 믿음이 비자발적 안락사의 도덕적 허용 가능성도 지지하지 않을 수 없다는 것이다. 자살과 안락사의 문제를 요약하기 위해 다음과 같은 세 가지 주요 진영을 구분해 볼 수 있을 것이다.

(1) 자살이나 어떤 형태의 안락사이든 도덕적으로 허용될 수 없다고 믿는 사람
(2) 자살과 자발적 안락사는 도덕적으로 허용될 수 있다고 믿으나 비자발적 안락사는 도덕적으로 용납할 수 없다고 믿는 사람
(3) 자살이나 어떤 형태의 안락사에도 도덕적으로 반대하지 않는 사람

이상과 같은 문제들과 관련해서 주목해야 할 한 가지 최종적인 논점은 다음과 같다. 많은 사람들은 능동적(active) 자살과 수동적(passive) 자살을 구분하고 능동적 안락사와 수동적 안락사를 구분한다. 이것이 의미하는 바에 따르면 그들은 자기 자신이거나 타인이거나 간에 의도적으로 죽이는 행위에는 반대한다는 것이다(비록 그 다른 사람이 자신의 죽음을 청했거나 혹은 그가 그의 죽음으로부터 이득을 본다 할지라도). 그러나 그들은 자신의 생명을 구하거나 타인의 생명을 구하게 될 행위를 하지 않는 것(failure)에 대해서는 반대하지 않는다. 이러한 견해로 인해 몇 가지 중대한 문제가 생겨나게 된다. 예를 들면 우리가 실제로 그러한 경우들을 구분할 수 있을 것인가? 그리고 구분이 가능하다면 그 차이점이 도덕적 의의를 갖는 것인가? 우리는 다음 두 장에서 우리가 지금까지 논의해 온 상이한 입장들과 더불어 이상과 같은 문제들을 검토해 보고자 한다.

3. 임신중절

최근에 와서 가장 논의가 분분하며 광범위하게 논의된 도덕적 문제들 중의 하나는 임신중절 문제이다. 이 문제는 사람들에게 아주 긴요한 것이어서 1980년 미국 대통령과 국회의원 선거에서 큰 역할을 했을 정도이며, 그 선거에서 임신중절에 반대하는 집단은 찬성론자로 생각되는 후보들을 이겨내는 데 고전을 했었다. 임신중절을 합법화한 1973년 대법원 판결이래 많은 집단이 그러한 법원의 판결을 철회하기 위한 헌법 개정을 위해 힘써 왔으나 다른 사람들은 대법원 판결을 유지하기 위해 부지런히 노력해 오고 있다. 이러한 공공적 논쟁의 대부분은 임신중절이 합법적인 것인가라는 문제를 중심으로 한 것이었다. 우리가 여기에서 다루고자 하는 문제는 그러한 것이 아니며 우리는 단지 임신중절의 도덕적 허용 가능성만을 다루고자 한다. 앞으로 그러한 주제와 관련된 여러 입장과 논변들을 검토해 감에 따라 그러한 법적인 것과 도덕적인 것 간의 구분을 염두에 두는 것이 아주 중요하게 될 것이다.

임신중절 문제에 대해서는 세 가지 주요한 입장이 있다. 가장 관대한 자들은 임신중절은 언제나 도덕적으로 허용될 수 있으며 비록 임신중절이 어떤 경우 사려 없고 지각이 없는 것일 수 있을지라도 역시 허용된다고 주장한다. 가장 관대하지 못한 입장은, 임신중절이란 결코 도덕적으로 용납될 수 없다(아마 임신부의 생명에 직접적인 위협이 되는 경우에는 예외이겠지만)고 주장한다. 이러한 두 극단론 가운데에는 임신중절이 경우에 따라서 도덕적으로 허용될 수 없다는 견해가 존재한다. 예를 들어 임신중절을 허용할 수 있는 경우는 임산부의 건강이나 생명이 심각하게 위협받을 때, 태아가 심하게 기형일 가능성이 있을 때, 태아가 강간이나 근친상간의 산물일 경우 등이다. 이 절의 균형을 취하기 위해 우리는 이러한 입장 각각을 차례로 검토해 가고자 한다.

　가장 관대한 입장을 옹호하는 두 가지 대표적인 논변이 있다. 첫 번째 논변은 태아가 보통 시민들에게 보장되는 생명이나 신체상의 온전성(integrity)에 대한 권리 같은 것을 갖지 못하고 있다는 주장에 근거하고 있다. 나아가서 보통 시민들이 갖는 권리 중에는, 여성이 자신의 신체에 혹은 신체 속에 일어나는 바를 마음대로 할 수 있는 권리뿐만 아니라 어머니가 될 것인지 그리고 언제 될 것인지를 결정할 권리가 있다. 이러한 권리들을 전제할 경우, 그리고 태아에게는 보호받을 권리가 없다고 전제할 경우 이런 입장을 옹호하는 자들이 임신중절을 원하는 여성에게 그것을 언제나 허용해야 한다고 결론내리는 것은 쉬운 일이다. 그들도 임신중절이 때때로 건강상의 이유로 인해 사려 없는 일이 될 수 있으며 또한 생명의 존엄성에 대해 무감각한 일이 될 수 있음을 인정한다. 하지만 이런 사람들의 주장에 따르면 자기 자신의 운명을 결정할 수 있는 여성의 권리로 인해서 임신중절은 허용될 수 있다는 것이다. 가장 관대한 입장을 지지하는 두 번째 논변은 태아가 어떤 권리를 갖기는 하나 산모의 권리가 태아의 권리보다 비중이 크다고 주장한다.

　이상과 반대되는 가장 관대하지 않은 입장은 전혀 다른 방침을 택한다. 그 기본적인 가정에 따르면 — 임신의 순간으로부터이건 혹은 어떤 경우에는 발달의 초기 단계로부터이건 — 태아는 다른 인간들이 소유하고 있는 것과 동일한, 죽음을 당하지 않을 권리를 갖는다는 것이다. 다른 인간 존재의 생명권과 같이 생명에 대한 이러한 태아의 권리는 근본적인 것이며 그 자체로서 대부분의 다른 권리들에 우선한다. 특히 그것은 여성이 자신의 신체를 좌우할 권리보다 우선한다. 따라서 이런 입장의 지지자들은, 임신중절이 거의 언제나 그릇된 것이라 주장한다. 그러나 임산부의 생명이 위험할 경우에 임신중절이 도덕적으로 허용 가능한지에 대해서는 의견의 불일치가 있다. 어떤 사람은 이러한 경우의 임신중절을 자기 방위를 위해 살인하는 것과 비교하면서 임신중절이 허용될 수 있다고 주장한다. 다시 말하면 태아가 다른 인간 존재와 동일한 완전한 생명권을 갖는다 할지라도 임산부가 자기 방위의 행위로서 임신중절을 선택하는 일이 도덕적으로 정당화될 수 있다는 것이다. 임산부의 생명이 위협을 받을 경우에조차 그녀의 임신중절을 부인하려는 자는 자기 방어와의 유추가 부적합하다고 주장한다. 그들에 따르면 태아는 잠재적 살인자가 아니라 무고한 방관자이며, 임산부는 자신의 생명을 구하기 위해 무고한 방관자를 죽일 권리가 없다는 것이다.

임신중절의 허용 가능성 여부에 있어 중도적인 입장은 극단적인 각 입장의 일부분을 활용하는 경향을 보인다. 이와 같이 중도적으로 관대한 입장을 취하는 자들의 주장에 따르면, 태아는 죽음을 당하지 않을 권리를 갖지만 이러한 태아의 생명권은 다른 인간 존재의 생명권보다 더 약하다는 것이다. 따라서 중대한 필요성이 있을 경우에는 태아의 생명권을 다른 요인들에 양보하게 되며 임신중절은 허용 가능하다는 것이다. 이러한 중도적 입장의 다른 옹호자들은 태아가 생명권을 가진다는 견해는 거부하지만 그럼에도 불구하고 꼭 필요하지 않은 경우의 임신중절은 그것이 인간 생명에 대한 불충분한 존경과 경외를 반영한다는 근거에서 도덕적으로 허용될 수 없다고 생각한다.

이러한 입장들과 그에 대한 논변들을 제시함에 있어 우리는 가장 친숙한 임신중절 찬반론들 중 많은 것들을 언급하지 않았다. 예를 들면 임신중절이 불법화될 경우 여성들은 불법적으로 그리고 위험한 임신중절을 하게 된다는 근거로 임신중절의 합법화를 내세우는 논변이 있다. 이 문제를 보는 다른 한편에서는 만일 우리가 임신중절을 합법화할 경우 우리는 다른 많은 형태의 살인조차 합법화하는 길로 나아가는 단계에 접어들게 될 것이기 때문에 임신중절을 합법화하는 것은 그르다는 논변이 있다. 우리가 의도적으로 이러저러한 흔한 논변들을 생략하게 된 까닭은 그것들이 임신중절의 합법화 여부의 문제에 관련된 것이기 때문이다. 그리고 앞에서 우리가 강조한 바와 같이 여기에서의 우리의 관심사는 단지 임신중절이 도덕적으로 합당한지 여부의 문제인 것이다.

임신중절의 도덕적 정당성과 관련된 입장과 논변을 되돌아보면 다음과 같은 두 가지 문제가 핵심적으로 중요한 것으로 나타난다.

(1) 태아의 지위 : 태아는 생명권을 가진 인간 존재인가? 아니라면 그 이유가 무엇인가? 태아가 그러한 인간 존재라면 그 생명권은 이미 태어난 인간이 누리는 생명권만큼 강력한 것인가?

(2) 태아의 지위에 대한 함축 : 태아가 강력한 생명력을 가진 인간 존재라면 임신중절이 도대체 도덕적으로 허용될 수 있겠는가? 태아가 인간 존재가 아닐 경우 임신중절이 도덕적으로 그르게 되는 것은 어떤 조건에서인가?

우리가 임신중절의 문제를 의무론적 관점과 공리주의적 관점에서 검토할 경우 이러한 두 가지 기본 문제를 다루게 될 것이다. 임신중절에 대한 논의의 대부분도 그러한 주제를 중심으로 일어나고 있음이 명백하다.

4. 부족한 의료자원의 할당

최근에 이르러 의료과학 분야에 있어 놀랄 만한 발전이 이루어졌다. 이들 중 주요한 것은 거의 죽음에 임박한 사람들에게 생의 기대를 제시하는 기술의 발견이다. 불행한 것은 이러한 기술이 흔히 처음에는 극소수의 사람들에게만 이용될 수 있다는 점이다. 보통 그러한 기술이 충분히 알려지고 그 장비가 널리 이용될 수 있거나 많은 사람이 경비를 부담할 만한 수준에 이르게 되기까지 여러 해가 걸리게된다. 그러한 수준에 이르게 전까지 이러한 기술을 개발한 자는 누구의 생명을 구조하고 누구를 그냥 죽도록 내버려둘지를 선택하지 않을 수 없다. 이와 같이 가슴 아픈 선택은 생과 사에 대한 가장 기본적인 몇 가지 가치문제를 제기한다.

흔히 이상과 같은 문제와 전장에서 부상당한 사람 중 누구를 구조할지를 선택하는 문제 간에 유비가 이루어진다. 엄청난 수의 부상병들이 몰려옴으로써 의료자원이 금세 바닥이 나버리는 전쟁이라는 비상사태 때문에 부상당한 자를 세 부류로 분류하는 한 가지 제도가고안되었다. 구조하지 않아도 살 가능성이 있는 자들은 나중에 구조받게끔 제외해 둔다. 구조를 해도 살아날 가능성이 희박한 자는 그대로 죽게끔 내버려둔다. 치료를 받으면 살아남을 가능성이 상당히 있으나 그대로 두면 죽을지 모르는 사람은 우선적으로 치료 조치를 받게 된다. 이러한 분류제도 배후에 깔린 기본적인 생각은 아주 단순하다. 전쟁터에서는 의료자원이 지극히 부족하다. 그러한 자원은 구조될 인명의 수가 극대화되는 방식으로 가장 잘 선용되어야 한다. 이와 유사한 방식으로 생명을 구조하는 새로운 기술 역시 부족한 의료자원이며 그것을 공급하는 자는 그 기술로 인해 생존 가능성이 가장 크면서도 그것 없이는 죽을 것이 분명한 자에게 그것을 우선적으로제공해야 한다.

널리 받아들여져 온 이상의 유추는 잠재적 수혜자들의 집단이 어떻게 선택되어야 할 것인가에 우리의 주의를 끌게 된다. 그것이 우리에게 말해 주는 바에 따르면 부족한 의료자원은, 그로 인해서 생존의 가능성이 매우 높으나 그것 없이는 생존의 가능성이 매우 낮은 자에게 우선적으로 주어져야 한다는 것이다. 우리가 구조될 생명의 수를 극대화하게끔 부족한 의료자원을 사용해야 한다는 기본적인 도덕 원칙은 합당한 것으로 보인다. 그러나 이러한 유추로 인해 우리의 문제가 완전히 해결되는 것은 아니다. 적절한 수혜자 범주에 들어가는 사람들이 가용한 부족한 의료자원으로 치료받을 수 있는 사람보다 훨씬 많을 수가 있다. 그러한 범주에 드는 집단 가운데서 우리가 어떻게 선정해야 할 것인가라는 문제가 다시 남게 된다.

한 가지 사례를 들면 이 점을 좀더 분명히 하는 데 도움이 될 것이다. 신장 투석의 기술이 개발된 초기 단계에서는 아주 제한된 소수만이 치료를 받을 수 있었다. 그러나 치료를 받으면 생존할 가능성이 있으나 그렇지 않으면 죽을 가능성이 있는 의료범주에 속하는 사람의 수는 아주 많았다. 그래서 의사들은 누구를 구조하고 누구를 죽도록 내버려둘 것인가라는 절실한 선택에 직면하게 되었다. 이 문제는 이제 더 이상 신장 투석의 경우에는 적용되지 않게 되었지만 오늘날 생명을 구조하는 다른 기술이 발전함에 따라 그러한 문제들은 여전히 남게 되었다.

다음에 논의할 것들을 포함해서 몇 가지 해결 방식들이 제시되어 왔다.

먼저 온 자에게 우선적 제공   이 경우에 기본 생각은 의료상의 기준에 해당하는 각 사람은 자원에 대한 권리를 갖는다. 그 자원을 요청하기 위해 도착한 첫번째 후보가 그 혜택을 받아야 한다. 두번째로 도착한 사람도 받아야 하고 이렇게 해서 그 자원이 더 이상 이용할 수 없을 때까지 계속된다. 자원을 더 이상 이용할 수 없는 지점에 이르게 되면 다른 방도가 없는 까닭에 자원의 제공자는 추가적으로 나타나는 모든 후보인들을 돌려보낼 수밖에 없다. 그러나 그런 지점에 이르기까지는 자원을 요청하는 어떤 후보인을 그가 따돌리는 것은 그릇된 일이다. 왜냐하면 그 기준에 해당하는 모든 사람은 구조받을 권리를 갖기 때문이다.

임의적인 선정(random choice)　앞의 접근 방식에서와 마찬가지로 이 두 의료기준에 해당하는 자는 치료받을 권리를 가지며 각자는 동일한 권리를 갖는다고 본다. 불행하게도 우리는 모든 사람을 치료할 수가 없다. 그래서 해결책이 제시하는 바에 따르면 문제를 해결하는 한 가지 공정한 방법은 각 후보인들에게 치료받을 동일한 기회를 제공하는 일이다. 추첨제와 같이 임의적인 선정은 각인에게 구조의 기회를 동등하게 주는 유일한 방식이다. 다른 어떤 절차도 이러한 평등의 요구를 침해하게 된다.

해당되는 생명들의 비중 평가　이 해결책이 내세우는 바에 따르면 의료기준에 해당하는 모든 사람이 동일하게 필요로 하고 동일하게 혜택을 볼 가능성이 있기는 하나 그들을 서로 구분해 줄 또 다른 요인들이 있다는 것이다. 예를 들어 부족한 의료자원을 요구하는 자들 중 어떤 사람은 사회에 중요한 기여를 하고 있어서 그를 구조하지 않는 것은 상당한 손실일 수가 있다. 물론 우리가 누구를 구조할지 결정하기 위해 그러한 사실의 비중을 재야 한다. 어떤 사람은 부양가족이 있으나 다른 사람은 없을 수 있다. 이런 사실도 분명히 평가되어야 한다. 어떤 사람은 앞날의 인생이 창창한 젊은이이고 다른 이들은 이미 대부분의 인생을 살아버린 늙은이일 수 있다. 물론 이것도 역시 고려되어야 할 것이다. 결국 이 세번째 해결책이 제시하는 바는 우리가 어떤 사람을 구조함으로써 얻게 될 이득과 다른 사람을 죽게 내버려둠으로써 생기는 손실을 평가함으로써 누구를 구조할 것인지를 정해야 한다는 것이다. 그래서 우리는 그의 생명이 최대의 이득을 약속하는 자를 구제의 대상으로 선택해야 하는 것이다.

이러한 영역에서 커다란 도덕적 난점은 이러한 모든 논변들이 모두 어느 정도 그럴 듯하다는 점이다. 불행하게도 그것들은 모두 옳을 수는 없다. 그러나 어느 것이 옳고 어느 것이 그른지는 명백하지가 않다. 다행히 두 가지 체계적인 도덕적 접근 방식은 이러한 문제를 명료히 해주는 데 있어서 우리들에게 다소간 도움을 줄 수 있을 것이다.

연습문제

• 아래의 용어들을 우리 자신의 말로 설명해 보자.

1. 자살
2. 영웅적 자살
3. 자발적 안락사
4. 비자발적 안락사
5. 자살과 안락사에 대한 능동적 / 수동적 구분
6. 임신중절에 대한 가장 관대하지 않은 입장
7. 임신중절에 대한 가장 관대한 입장
8. 임신중절에 대한 중도적인 입장
9. 부족한 의료자원의 할당에 있어 먼저 온 자에게 우선적으로 제공하는 해결책
10. 임의적 선정에 의한 해결책
11. 생명의 비중 평가에 의한 해결책

• 복습을 위한 문제

1. 이와 같은 생과 사의 문제들 보다 더 긴요한 것으로 보이게 한 주요 요인들은 무엇인가?
2. 자살의 도덕적 허용 가능성의 찬반론으로서 통상적으로 제시되는 주요 논변은 무엇인가?
3. 자살의 도덕적 허용 가능성에 대한 견해가 안락사의 도덕적 허용 가능성에 대한 견해와 어떤 관련이 있는가?
4. 임신중절에 대해서 가장 관대한 입장에 대한 찬반의 주요 논변은 무엇인가? 가장 덜 관대한 입장에 대한 찬반의 주요 논변은? 중도적인 입장에 대한 찬반의 논변은?

5. 부족한 의료자원을 할당함에 있어 채택되어 온 주요 해결책은 무엇인가? 그들 각 해결책의 강점과 약점은 무엇인가?

▪ 더 생각해 볼 문제

1. 자살은 언제나 나쁘다고 주장하는 사람들이 있다. 그들이 영웅적 자살이라 불리는 경우를 시인할 수 있는 어떤 길이 있는가?
2. 카렌 퀸란(Karen Quinlan)의 경우는 비자발적인 안락사의 경우로 보이는데 왜냐하면 그녀는 그녀가 처한 상태로 인해 동의의 능력이 없었기 때문이다. 반면에 그 문제에 대한 그녀의 견해에 대해서 아주 많은 증언들이 제시되었는데 이는 만일 그녀가 그런 능력이 있었다면 동의할 것으로 제안된 것들이었다. 자발적 안락사와 비자발적 안락사를 구분할 특수한 범주가 있는가? 있다면 그것은 어떻게 다루어져야 할 것인가?
3. 태아가 생존권을 가진 인간 존재가 되는 시기에 관해 여러 가지 그럴듯한 입장들이 있다. 각 입장들이 갖는 강점과 약점은 무엇인가?
4. 우리는 임신중절에 대해 법률이 무어라고 말할 것인지라는 문제가 아니라 임신중절의 도덕적 허용 가능성의 문제에 논의의 초점을 맞추고 있다. 만일 이 두 문제 간에 어떤 관련이 있다면 그것은 무엇이겠는가?
5. 이 장에서 가정된 바에 따르면 부족한 의료자원의 할당에 있어 그 목표는 구조된 생명의 수효를 극대화하는 일이다. 구조될 생명의 질에 초점을 두는 것이 더 낫다는 제안을 비판적으로 평가하라.
6. 임의의 선정 방식과 처음 온 자에게 우선적으로 제공한다는 방식 양자에 대한 다음과 같은 반론을 비판적으로 평가하라 : "이 두 해결책이 마땅히 거부되어야 할 이유는 그것들이 중대한 의사결정을, 누가 먼저 왔는가, 누가 임의적 절차를 통해 선정되었는가와 같은 부적합한 사실들에 의거하고 있기 때문이다."

제 10 장

삶과 죽음의 문제 : 공리주의적 입장

1. 공리주의적 분석의 기초
2. 자살과 안락사에 대한 공리주의적 분석
3. 임신중절에 대한 공리주의적 분석
4. 부족한 의료자원의 할당에 대한 공리주의적 분석
5. 결 론

제 10 장

삶과 죽음의 문제 : 공리주의적 입장

우리는 앞장들의 논의에서 공리주의가 우리의 통상적인 도덕적 신념과 엄청난 차이를 보이는 결론에 이를 수 있는 방식을 살펴보았다. 공리주의자들은 우리의 통상적인 신념이 체계적인 도덕이론에 바탕을 둔 것이 아니기 때문에 그러한 차이점은 우리의 통념에 난점이 있다는 증거라고 지적한다. 그러나, 공리주의에 대한 비판가들은 공리주의가 도덕적 진리에 대한 우리의 직감과 상충하는 까닭에 거부되어야 한다는 논변을 지지하기 위해 그러한 차이점을 이용한다.

공리주의의 결론들과 우리의 통상적인 도덕적 신념 간의 대조는 삶과 죽음에 대한 의사결정의 영역에서 특히 두드러진다. 우리는 공리주의 이론이 전적으로 새로운 결론에 이르게 될 것으로 보이는 몇 가지 방식을 곧바로 살피고자 한다. 따라서 염두에 두어야 할 지극히 중요한 점은 모든 공리주의자들이 우리가 내리게 될 모든 결론에 합의하지는 않으리라는 것이다. 즉 우리의 분석은 이러한 문제들에 대한 어떤 하나의 공리주의적 접근 방식일 뿐 유일한 공리주의적 접근 방식은 아니다.

1. 공리주의적 분석의 기초

염두에 두어야 할 중요한 것은 공리주의자들이 인간 존재의 목숨을 빼앗는 것이 본질적으로 나쁜 것이고 인간 존재의 생명을 구조하는 것은 본질적으로 바람직한 것이라는 견해를 받아들이지 않는다는 점이다. 그들이 이러한 견해를 거부하는 이유는 그들이 살인을 시인하고 생명 구조를 비난하기 때문이 아니고 일반적으로 그들은 어떤 것이 본질적으로 옳다거나 본질적으로 그르다는 견해를 거부하기 때문이다. 결국 공리주의는 도덕추론에 있어서 결과론적인 형태이다. 따라서 공리주의자들에 있어서 살인은 나쁜 결과를 가져올 경우에만 그른 것이다. 생명의 구조도 좋은 결과를 가져올 경우에만 옳은 것이다.

인간의 목숨을 빼앗는 일이 가져올 나쁜 결과란 무엇인가? 죽은 자는 아무런 고통을 당하지 않는 까닭에 쾌락주의적 유형의 공리주의 — 이의 주장에 따르면 결과를 나쁘게 만드는 유일한 것은 고통이며 결과를 좋게 만드는 유일한 것은 쾌락이다 — 는 이상과 같은 문제에 대답하기가 아주 어렵다. 제1장에서 우리가 쾌락주의적 유형의 공리주의를 거부하기로 결정한 근거가 되는 것은 바로 이러한 난점이었다. 우리는 쾌락주의 대신에, 욕구의 만족을 가져오는 결과는 좋고 욕구의 좌절을 가져오는 결과는 나쁘다는 견해를 채택했었다. 이러한 유형의 공리주의는 우리의 당면 문제에 해답을 제시하는 데 있어서 훨씬 유리한 입장에 있다. 이에 따르면 인간의 목숨을 빼앗는 일에 따르는 나쁜 결과는 죽음을 당하는 자와 다른 사람의 좌절된 욕구이다. 어떤 욕구가 좌절되는가? 우선 그것은 의심할 여지없이 삶을 지속하고자 하는 누군가의 매우 강력한 욕구이다. 나아가 그 사람은 여러 가지 광범한 욕구들(성취하고자 하는 목적들, 하고자 하는 경험들 등)을 가졌을 가능성이 있는데 이는 그가 죽게 될 경우에는 충족될 수가 없다. 끝으로 그 사람을 죽이는 일은 그와 다양한 관계를 계속 갖지 못하게 된 모든 사람의 욕구들을 좌절시킨다.

결국 통상적 여건 아래서 인간 존재의 목숨을 빼앗는 것은 그른 일인데, 그 까닭은 그러한 행위가 상당히 많은 욕구들을 좌절시키게 될 것이기 때문이다. 마찬가지로 인간 존재의 생명을 구조하는 일은 일반적으로 옳은 일인데, 왜냐하면 그 행위는 많은 욕구들(즉 그 사람의 계속해서 살고자 하는 욕구, 그와 관계를 계속 유지하고자 하는 타인들의 욕구 등)의 만족을 결과하게 될 것이기 때문이다. 따라서 우리가 채택한 유형의 공리주의는 살인이 일반적으로 매우 그른 일인 이유와 인명을 구하는 일이 일반적으로 옳은 행위인 이유를 설명하는 데 아무런 어려움도 없게 된다.

그러나 이러한 사고 방식에는 자살, 안락사, 임신중절, 그리고 부족한 의료자원의 할당 등의 문제에 대해 엄청난 함축을 갖는 여러 가지 중대한 논리적 귀결들이 따른다. 우리는 바로 다음에서 주요한 이론적 귀결들 중의 일부에 대한 개요를 제시하고자 하며 이 장의 다음절들에서 그것들에 함축된 의미를 논의하고자 한다.

개인의 욕구가 매우 중요하다 어떤 사람이 더 이상 살기를 원치 않는다고 해보자. 그럴 경우 그를 죽이는 것이 그릇된 행위가 되는 중요한 이유들 중 하나가 없어지는 셈이다. 그러나 비록 그 사람이 살기를 원한다 할지라도 그를 죽이는 것이 나쁜 일이 되는 정도는 그가 자신의 미래의 삶에 대해 얼마나 많은 욕구를 갖는가에 강하게 의존한다. 아직 충족되지 않은 목표를 더 많이 가질수록 그의 목숨을 빼앗는 것은 더욱 나쁜 일이 된다. 이러한 접근 방식에 따르면 살인의 도덕성은 개인의 욕구에 강하게 의존하게 된다.

다른 결과들도 고려되어야 한다 살인의 부당함과 생명 구조의 정당함은 일차적으로 그러한 행위로부터 생기는 나쁜 결과나 좋은 결과에 의존한다. 이것이 의미하는 바에 따르면 어떤 경우에 비록 살인이 죽는 자의 욕구를 크게 좌절시킨다 할지라도 이러한 욕구의 좌절을 능가하는 다른 좋은 결과가 있을 경우 그것은 정당한 것일 수가 있다. 그리로 또한 사람의 생명을 구조하는 것이 비록 그 사람에게 커다란 욕구의 만족을 결과한다 할지라도 그의 생명을 구조하는 일이 다른 사람에게 나쁜 결과를 가져온다는 이유로 부당한 것일 수도 있음을 의미한다. 이것들 중 어떤 것도 놀라운 일은 아니다. 왜냐하면 우리가, 공리주의자들은 결과론자들이고 어떤 것도 그 자체로서 그르지 않다고 믿는 자들이라고 말할 때 우리가 의미하는 것은 바로 그런 뜻에서이기 때문이다.

수단은 중요시되지 않는다 제9장에서 살핀 바 같이 어떤 사람이 능동적으로 타인의 생명을 빼앗는 일과 수동적으로 생명을 구조하지 못한 일을 서로 구분하는 것이 중요하다고 생각한다. 공리주의적 분석은 그러한 구분을 그다지 도덕적 의미가 없는 것으로서 거부하게 마련이다. 결국 공리주의에 따르면 어떤 행위의 결과만이 중요하며 살인의 결과도 사람이 죽도록 내버려두는 것의 결과와 동일하다. 그 두 경우에 있어서 결과는 모두 그 사람의 죽음인 것이다. 따라서 공리주의자는 그러한 구분의 의미를 받아들이지 않게 마련이다.

이 장의 나머지 절에서 우리는 이와 같은 기본적인 공리주의적 접근이 그 기본적인 이론적 귀결들과 함께 우리가 다루고 있는 삶과 죽음의 문제에 관한 중대한 결론에 어떻게 이르게 되는가를 살피고자 한다.

2. 자살과 안락사에 대한 공리주의적 분석

우리가 이 절에서 제시하는 공리주의적 분석에 따르면 다음과 같은 세 가지 주요 결론에 이르게 된다.

(1) 제9장 2절에서 요약한 자살과 안락사에 관한 대표적인 논변은 모두가 자살과 안락사가 도덕적으로 허용 가능한 것이 어떤 경우인가를 결정하는 데 있어 전혀 적절하지 못하다.

(2) 자살과 살인 행위를 서로 하는 데 있어서의 옳고 그름을 결정할 객관적인 척도가 있으며, 그것은 죽게 되는 사람의 욕구와 어느 정도 무관한 것이다.

(3) 죽음을 유발하는 일과 죽음이 발생하도록 내버려두는 일 간의 구분, 자발적 안락사와 비자발적 안락사 간의 구분은 통상적으로 그것에 부여되는 것만큼 큰 의미가 없다.

공리주의가 이상과 같이 지극히 논란의 여지가 있는 각각의 결론에 이르게 되는 방식을 검토해 보기로 하자.

자살의 도덕적 허용 가능성을 옹호하는 대표적인 논변은 사람들이 자기가 가장 최선이라고 생각하는 대로 자신의 생명을 처리할 권리를 갖는다는 것이다. 공리주의자들은 개인의 권리에 의거하는 모든 논변을 받아들이지 않듯이 이러한 논변도 거부한다. 자살에 반대하는 대표적인 논변은 자살하는 사람이 타인에 대한 것이든 사회 혹은 신에 대한 것이든 간에 자신의 의무를 이행할 수 없게 된다는 것이다. 공리주의자들은 사람이 갖는 특수한 의무에 의거하는 모든 논변을 받아들이지 않듯이 이러한 논변도 거부한다. 자발적인 안락사를 옹호하는 대표적 논변은 사람이 죽여달라고 부탁할 권리를 가지며 다른 사람은 그러한 부탁을 존중할 권리를 갖는다는 것이다. 자살의 경우에서와 같이 공리주의자들은 개인의 권리에 의거하는 모든 논변을 받아들이지 않듯이 이러한 논변도 거부한다. 그리고 계속 이런 식으로 논변을 진행해 간다. 논점은 명백한 것인데, 즉 자살이나 안락사에 대한 대표적인 모든 찬반 논변은 누가 어떤 권리를 소지하며 누가 어떤 의무를 지고 있다는 생각에 바탕을 두고 있다 따라서 결과론적인 사고 유형으로서 공리주의는 이러한 모든 대표적인 논변을 거부하게 마련인 것이다.

그러면 공리주의자들은 주어진 자살이나 안락사 행위를 어떤 기준에 의거하여 평가하는가? 그것은 그들의 통상적인 기준으로서 어떤 행위가 최선의 결과를 가져오면 옳고 그렇지 않으면 그르다는 것이다. 따라서 자살이나 안락사 행위가 욕구의 최대 만족과 최소의 좌절을 가져올 경우에는 도덕적으로 옳은 것이 된다. 자살이나 안락사 행위가 그러한 결과를 달성하지 못할 경우 그것은 도덕적으로 허용할 수 없는 것이다.

예를 들어 설명하기 위해 불치의 병을 앓고 있어서 서서히 죽어가는 고통과 불명예를 참아내는 일을 원치 않는 까닭에 자살을 하고자 하는 어떤 사람의 경우를 생각해 보자. 나아가서 이런 사람이 더 오래 산다고 해서 그의 가족이나 사회에 어떤 중대한 이득이 생기지는 않으리라는 것이 분명하다고 가정해 보자. 이런 경우 공리주의자들은 자살이 옳은 행위라고 주장할 것이다. 결국 그가 더 살게 되면 고통과 불명예를 피하고자 하는 그의 중대한 욕구가 좌절될 것이며, 그가 더 살게 됨으로써 좌절된 욕구를 상쇄시키고서 충족될 다른 욕구도 없다. 결국 그가 계속 사는 것보다 죽는 것이 더 나은 결과를 가져올 것이므로 그의 죽음을 유발하는 것이 옳은 일이 된다.

여기에서 이끌어낸 결론은 자살과 안락사를 구분하지 않고 적용된다는 점에 주목할 필요가 있다. 나아가서 그것은 자발적 안락사와 비자발적 안락사도 구분하지 않는다. 따라서 우리가 제시한 상황에서는 공리주의적 관점에 따를 경우 자살, 자발적 안락사, 비자발적 안락사 간에 거의 차이가 없다는 것이다.

그런데 이와는 다른 일련의 상황을 상정해 보자. 이번 경우에는 어떤 사람이 사업에 실패하였고 그 때문에 인생을 더 살 가치가 없다고 느끼게 되어 자살을 하려 한다고 해보자. 그런데 이 경우에는 그가 어떻게 생각하든 그의 죽음이 최선의 결과를 가져오리라고 예측할 수 없다. 이 사람의 일시적인 불행으로 인해 그는 자신의 여생의 성격을 그릇되게 판단했을 수가 있다. 그가 계속해서 산다면 그는 자신의 인생을 다시 설계할 수 있으며 그럼으로써 (아마 순간적으로는 잊고 있겠지만) 여러 가지 중대한 욕구들이 충족될 수 있을 것이다. 그런데 그가 죽게 될 경우에는 그러한 욕구들이 좌절될 것이므로 공리주의자는 그 스스로이건 아니면 타인에 의해서이건 그의 죽음이 유발되는 것은 도덕적으로 그르다고 결론짓게 될 것이다.

주목해야 할 것 중 중요한 것은, 위 경우들 중 한 경우에는 공리주의자가 그 사람이 하고자 하는 것이 도덕적으로 옳다는 점에 동의하지만 다른 한 경우에는 그 사람이 선택한 일을 도덕적으로 그른 것으로 본다는 점이다. 공리주의적 관점에서 볼 때 그 사람의 욕구가 중요한 이유는, 그가 계속 살아 있을 경우 더 많은 욕구의 충족이 결과되는지 아니면 더 많은 좌절이 결과되는지를 결정짓는 데 그의 욕구가 도움이 되기 때문이라는 사실을 염두에 두기로 하자. 그러나 삶을 계속하고자 하는 그 사람의 욕구가 문제를 해결해 주지는 않는다. 두번째 경우가 보여주는 것과 같이 공리주의적 분석은 어떤 경우에는 자살과 안락사가 그르다는 결론을 당연히 내릴 수도 있기 때문이다. 이런 관점에서 볼 때 공리주의적 입장은 당사자 개인의 욕구나 의사 결정과는 어느 정도 독립적일 수밖에 없는 각 상황에 대한 평가를 요구한다.

이러한 경우들에서 또 하나의 중요한 고려사항은 특정인의 죽음이 타인들의 욕구 충족과 좌절에 어떤 함축적 의미를 갖는가 하는 것이다. 예를 들어 불치의 병에 걸린 사람이 타인들의 생명에 중대한 기여를 하게 되리라고 기대할 만한 어떤 근거가 있을 경우 공리주의자는 그 사람이 자살을 하든가 다른 사람으로 하여금 죽여달라고 요청하는 일이 그릇된 것이라는 결론을 내릴 수도 있다. 그가 계속 연명함으로써 생기게 될 그 자신의 욕구 좌절보다 그의 생명이 다른 사람들에게 주게 될 이득이 훨씬 더 클 가능성이 있다. 같은 추론 방식에 의해 우리는 사업에 실패하여 자살하려 하는 사람에 있어서 어떤 새로운 증거들로 인해서 그의 연명이 타인들의 생명에 지극히 부정적인 경향을 갖는다는 것이 제시될 경우 공리주의자는 그의 자살이나 타인에 의한 자발적인 안락사가 정당화된다고 결론짓게 될 것이다. 이것은 타살과 안락사의 옳음과 그름에 대한 공리주의적 기준이 해당 당사자의 욕구와 어느 정도 무관한 것임을 보여주는 또 하나의 사례가 된다.

이상과 같은 두 가지 논점은 자살과 안락사에 대한 공리주의적 분석에서 나온 세번째 주요 결론을 이끌어내는 데 도움이 된다. 예를 들어 설명하기 위해 다시 한번 불치의 병을 앓는 사람의 경우를 생각해 보자. 공리주의자는 흔히 이러한 경우에 자신이 그렇게 하듯이 그 사람이 죽음을 택한 것이 옳다는 결론을 내렸다고 해보자. 이러한 결론은 그 사람의 연명이 자신이나 다른 사람에 대해 함축하고 있는 의미에 의거하고 있다. 따라서 누가 그를 죽이느냐, 어떤 식으로 죽이느냐는 일반적으로 아무런 문제가 되지 않는다. 다시 말하면 이러한 경우에 공리주의자들은 그 사람 자신이 스스로 죽음을 유발하든(자살) 다른 사람이 그의 죽음을 유발하든(안락사), 또한 능동적으로 그를 죽이든 아니면 수동적으로 그를 죽지 않게 하기 위한 아무 일도 하지 않든, 이 모든 것을 그대로 옳은 것으로 받아들일 것이다. 두번째 경우에서와 같이 당사자가 상당한 역경에 부딪쳐 죽고자 할 경우 공리주의자들은 이런 경우에 흔히 그러하듯이 함축된 다른 의미가 동일한 경우 그가 죽음을 택한 것은 그르다고 결론을 내릴 것이다. 죽음의 방식이 어떤 것이든, 즉 그 사람 자신의 손에 의한 것이든(자살) 다른 사람에 의한 것이든(안락사), 그리고 그 죽음이 능동적으로 이루어진 것이든 수동적인 방기의 결과이든 간에, 어떤 방식이건 이 경우에는 그른 것으로 간주될 것이다.

그래서 요약해 보면 공리주의적 분석은 특정인이 살아 있는 것이나 혹은 죽는 것이 그에게 더 나은지 어떤지의 문제와 그가 살아 있거나 죽는 것이 타인들에게 더 나은지 어떤지의 문제를 전면에 부상시킨다. 공리주의자들은 특정인의 죽음이 모든 이의 관심을 고려해서 최선의 결과를 가져올 경우를 제외하고는 목숨을 빼앗는 모든 형태의 일이 그르다고 생각할 것이다. 따라서 공리주의자에 있어서는 인간 생명을 빼앗는 행위의 도덕적 성격은 그 생명이 그것을 유지해야만 하는 본인에게 갖는 성질과 그의 삶이 그에 의해 영향을 받는 자에게 함축하는 의미에 달려 있는 것이다.

3. 임신중절에 대한 공리주의적 분석

제9장 3절에서 임신중절 문제를 검토했을 때, 우리는 이러한 주제에 대한 모든 대표적인 논의가 두 가지 주요 문제에 초점을 맞추고 있다는 것을 보았다. 한 가지는 태아가 이미 태어난 사람이 갖는 생존권과 같은 강력한 생존권을 갖는 인간 존재인가에 관한 것이고, 다른 하나는 태아의 지위와 그의 생존권을 결정하는 일로부터 임신중절의 도덕적 허용 가능성에 대해 어떤 함축적 의미가 도출되는가의 문제이다.

도덕적 문제에 대한 공리주의적 접근 방식에 관해 지금까지 알게 된 바에 근거할 때 명백한 것은 공리주의적으로 생각하는 사람은 이상과 같은 종류의 고려사항에 기초하여 임신중절에 대해 분석할 것이라는 점이다. 결국, 대표적인 논의에서 전제되는 것은 임신중절의 도덕적 허용 가능성은 임산부의 권리와 (만일 있다면) 태아의 권리에 의해 결정된다는 것이다. 그러나 공리주의적 접근은 도덕적 문제에 대한 이와 같은 분석의 타당성을 인정하지 않는다. 그 대신에 그것은, 임신중절이 그것이 가져올 결과에 의해서만 검토될 것을 요구한다. 따라서 특정한 임신중절 행위가 도덕적으로 허용될 수 있기 위해서는 그것이 욕구의 만족을 극대화하는 결과를 가져와야 한다. 그렇지 못할 경우 그것은 도덕적으로 허용될 수 없다. 따라서 일반적으로 공리주의자는 자살과 안락사의 도덕적 허용 가능성에 대한 대표적인 논변을 무시하는 것과 꼭 마찬가지 방식으로 임신중절의 도덕적 허용 가능성에 대한 대표적인 논의도 무시하게 된다.

공리주의적 관점에서 임신중절 문제를 검토하기 위해 우선 우리는 이러한 분석에 근본이 되는 것을 다루어야만 한다. 아주 간단히 말하면 그것은 다음과 같다. 즉 임신중절의 결과를 평가함에 있어 우리는 이미 태어난 자에 대한 결과만을 고려해야 하는가, 아니면 태아에 대한 결과도 역시 고려해야 하는가? 특히,

(1) 임신중절을 하지 않음으로써 생기는 결과를 평가함에 있어 우리는 태아가 계속 살아 있음으로써 그에게 생겨날 결과를 포함시켜야 하는가?

(2) 임신중절을 함으로써 생기는 결과를 평가함에 있어서 우리는 태아가 생존하지 않음으로써 그에게 생겨날 어떤 이해 득실을 고려해야 하는가?

공리주의자들이 이들 두 가지 문제에 대해 서로 다른 해답을 하게

될 가능성이 있다. 만일 임산부가 임신중절을 하지 않을 경우, 태아는 생존하게 될 것이고 그것이 갖는 욕구의 일부는 충족되고 다른 일부는 좌절될 것이다. 그의 생존은 특정한 삶의 질을 지닌 것으로서 평가받아야 할 한 가지 결과이다. 만일 그의 삶의 질이 높은 것일 경우 — 그의 인생이 욕구 좌절보다 훨씬 더 많은 욕구 충족을 내포하리라는 의미에서 — 임신중절을 하지 않는 것이 좋은 결과를 가져오는 것이며 따라서 임신중절을 하지 않는 쪽이 택해져야 한다. 반면에 태아의 삶의 질이 낮은 것일 경우에는 — 다시 말하면 그의 인생이 욕구의 충족보다 훨씬 더 많은 욕구의 좌절을 내포할 경우 — 임신중절을 하지 않는 것이 나쁜 결과를 가져오게 되며 임신중절을 하지 않는 것이 그르다고 말하는 편이 더 존중되어야 한다. 그러나 임신중절을 했을 때 생기는 결과를 정함에 있어서 (적어도 태아가 욕구를 갖기 시작하기 전까지) 우리는 태아가 생존했을 경우 그의 삶이 어떠하리라는 것을 고려하지 않아도 될 것이다. 왜냐하면 태아가 죽게 될 경우 그것은 어떤 욕구도 갖지 않았던 까닭에 충족되거나 좌절될 것이 아무것도 없기 때문이다. 공리주의적 관점에서 볼 때 우리가 관심을 갖는 모든 것은 욕구의 충족을 극대화하고 욕구의 좌절을 극소화하는 것이다.

그런데 이러한 문제를 달리 보는 다른 공리주의자들도 있다는 점에 주목해 보자. 그들의 생각에 따르면 태아의 삶이 높은 질을 갖게 될 것이라면 이는 임신중절을 반대하는 논거로 간주되어야 할 것이다. 그들의 추론에 따르면 이런 경우에 임신중절은 욕구의 충족을 극대화한다는 목적에 도움이 되지 않을 것이다. 왜냐하면 결국 태아가 생존하게 될 경우 삶의 높은 질이 상실되지 않음으로써 세상에는 보다 더 많은 욕구의 충족이 있게 될 것이기 때문이다. 독자 스스로 이들 두 가지 유형의 공리주의적 분석 중 어떤 것을 선택할 것인지 결정해야 할 것이다.

어떤 형태의 것이든간에, 이러한 이론적인 접근이 임신중절의 문제에 대해 어떤 함축을 갖게 되는가? 물론 이러한 분석에 기초를 둘 경우에는 어떤 확고한 규칙이 옹호될 수는 없다. 임신중절이 특정 경우에 도덕적으로 허용될 수 있는지는 그 특정 경우의 결과들에 대한 평가에 따라 달라진다. 이러한 평가가 어떤 식으로 이루어지게 되는지 한 가지 사례를 살펴보기로 하자.

존스 부인은 건강이 나쁘다. 그녀의 남편은 실직 중이서 이들 부부와 그들의 두 아이는 아주 쪼들리는 경제적 여건 속에서 살아가고 있다. 더욱이 존스 부인은 임신 초기 단계(태아는 아직 욕구를 가질 능력을 계발하지 못하고 있는 상태임)에 있으며 그녀는 임신중절을 하고자 한다. 공리주의적 관점에서 볼 때 임신중절이 도덕적으로 허용될 수 있는지를 결정하기 위해 그녀는 임신중절을 행하는 것과 행하지 않는 것이 가져올 결과들을 검토해야 했다. 만약 그녀가 임신중절을 행하지 않게 되면 그녀는 계속 임신을 하게 되고, 그로부터 생겨나는 출산은 그녀와 가족에게 불행한 결과를 가져오게 될 것이다. 이러한 결과 중의 하나는 그것이 그녀의 질병을 악화시킨다는 것이고 또 다른 결과들 중 하나는 그것이 이 가족의 경제적 부담을 증대시킨다는 점이다. 따라서 태아를 제외하고는 모든 사람에게 있어 임신중절을 하지 않을 경우의 결과는 아주 나쁜 것이다. 물론 고려의 대상이 되어야 할 태아에 대한 결과는 예측하기가 더욱 어렵다. 그러나 이 경우에 태아가 계속 생존함으로써 태아에게 생기는 이득이 태아가 계속 생존함으로써 어머니와 나머지 가족에게 부가하는 손실을 능가할 만큼 대단한 것은 아닐 것이라고 추정할 만한 근거가 있다. 만일 그렇지 않을 경우에는 임신중절을 하지 않는 것은 득실의 차에서 부정적인 결과를 갖게 될 것이다. 존스 부인이 임신중절을 한다면 그럼으로써 그녀는 임신중절을 하지 않을 경우에 득실의 차이로서 나타나게 될 나쁜 결과를 피할 수 있을 것이다. 그러므로 존스 부인은 이 경우에 임신중절을 해야만 하는 것으로 보인다.

주목해야 할 것은 임신중절을 행함으로써 생기는 결과를 평가함에 있어서, 우리는 목숨을 빼앗김으로써 태아에게 생기는 이해 득실을 고려하지 않았다는 점이다. 우리는 임산부가 임신중절을 하지 않았을 경우 존재하는 모든 사람(태아를 포함해서)에게 생기는 나머지 결과를 계산했으나, 그녀가 임신중절을 행했을 경우에는 우리의 계산으로부터 태아를 제외했었다. 그 이유는 우리가 앞에서 제시된 접근방식 중 첫번째 입장을 따랐기 때문이다.

물론 대부분의 경우는 이와 같이 선명하게 알 수가 없다. 그래서 공리주의자는 모든 도덕적 문제에 있어서와 같이 이 경우에도 공리주의적 원칙 그 자체 이외에는 어떤 적절한 절대적 규칙도 있을 수 없다고 말한다. 따라서 우리가 할 수 있는 것이라고는 태아의 계속적인 생존이 임산부와 그녀의 가족 및 관련된 타인들, 그리고 태아 자신에 대해서 가져올 결과를 평가하는 일이 전부이다. 임신중절의 도덕적 허용 가능성에 대한 결정은 결과들에 대한 특정 경우마다의 분석에 의존하게 될 것이다.

4. 부족한 의료자원의 할당에 대한 공리주의적 분석

제9장 4절에서 부족한 의료자원의 할당이라는 문제를 우리가 처음 제시했을 때 사회가 구조 가능한 사람의 생명을 구조하는 데 필요한 것이면 무엇이든지 명백히 소비하게 되리라는 것을 가정했었다. 그 절에서 우리가 제시한 중대한 문제는 사회가 모든 사람을 구조할 능력이 없을 경우 누구를 죽도록 내버려둘지를 어떻게 결정할 것인가 하는 문제이다.

그 문제에 대해서 공리주의자가 어떤 해답을 할 것인지를 검토하기에 앞서 주목할 만한 가치가 있는 것은, 공리주의자들이 우선 우리가 가능한 한 많은 인명을 구조하기 위해 필요한 자원을 소비해야 한다는 전제를 검토하고자 할 것이라는 점이다. 많은 비공리주의자들은 그러한 전제를 단지 그대로 받아들일 것인데, 그 이유는 그들이 인명은 신성한 것이라고 믿으며 따라서 그것을 구조하기 위해 온갖 노력이 기울여져야 한다고 믿기 때문이거나, 아니면 그들은 모든 사람이 구조되어야 할 권리를 가지며 따라서 우리는 그러한 권리를 옹호하는 데 요구되는 것은 무엇이든지 소비해야 한다고 믿기 때문이다. 그러나 공리주의자들은 결과론적인 도덕 사상가인 까닭에 이러한 견해들 중 어떤 것도 지지하지 않는다. 그들의 관점에서 볼 때 인명을 구조하는 일은, 그렇게 한 결과가 사람들이 죽도록 내버려두는 결과보다 전반적으로 더 나을 경우에만 좋은 것이다. 바로 이러한 의미에서 공리주의자는, 우리가 언제나 가능한 한 많은 인명을 구조하기 위해 노력해야 한다는 전제에 의문을 제기하고자 하는 것이다.

신장 투석은 고가의 생명 구조 기술의 좋은 한 사례이다. 이러한 문제에 대한 한 가지 사례는 현실 체험으로부터 이끌어낼 수가 있다. 몇 년 전 미국 의회는 신장 투석을 요구하는 모든 환자에 대해 투석 치료의 경비를 연방정부가 충당한다는 법안을 통과시켰다. 이 법안은 별다른 반대 없이 통과되기는 했으나 사실 수년에 걸쳐 이 정책을 쓸 경우 엄청난 지출이 있게 되리라는 것은 누구에게나 명백한 일이었다. 아마도 이 경우에 의회는 어떤 희생을 치르더라도 우리가 가능한 한 많은 인명을 구조해야 한다는 대표적인 견해를 채택했던 것이라 할 수 있다.

공리주의자들은 이러한 지혜를 의심스럽게 생각한다. 즉 우선 한 가지 문제로서 그들은 우리가 돈을 이같이 쓰는 것과는 달리 더 유익하게 쓸 방식을 찾을 수 없는지 의문을 갖고 있다. 예를 들어 영양실조로 고통을 당하는 자에게 식량계획을 제시하고, 다양한 경화증으로 고통을 당하는 자에게 신체상의 치료를 베풀며, 혹은 다른 몇 가지 용도로 경비를 더 잘 쓸 수 있는 길이 있을 것이다. 따라서 공리주의적 관점에서 볼 때 지극히 중요한 것은 우리가 모든 사람을 구조할 수 없을 경우 누구를 구조할 것인지의 문제를 검토하기에 앞서 우선 우리는 생명을 구조하는 치료를 베풀기 위해 요구되는 그 돈을 그런 식으로 쓸 것인지의 문제를 검토해야 한다는 점이다.

분석을 진행하기 위해 특정한 어떤 경우에 있어 일정한 생명 구조 치료를 하기 위해 필요한 자원을 쓰는 것이 최상의 것이라는 견해에 우리가 합의한다고 해보자. 제9장 4절에서 논의된 세 가지 대안들에 대해 공리주의자는 어떤 이야기를 하게 될 것인가?

거기에서 우리가 제시한 첫번째 견해는 처음 온 자에게 우선적으로 베푼다는 근거에서 운용해야 한다는 것이었다. 이러한 접근 방식의 배후에 깔린 가정은 모든 사람이 치료를 받을 권리를 가지고 있다는 것과 우리가 더 이상 치료를 할 수 없을 때까지 도움을 청하러 온 모든 사람에게 베풀어야 한다는 생각이다. 더 이상 치료를 베풀 능력이 없을 때부터는 사람들을 돌려보내도 좋다. 그런데 분명한 것은 모든 사람들이 치료받을 권리를 갖는다는 이러한 논변을 공리주의자들이 받아들이지 않으리라는 것이다. 왜냐하면 우리가 여러 번 보아 온 바와 같이 공리주의자들은 그러한 권리를 믿지 않기 때문이다. 나아가서 공리주의자들은 아마도 먼저 온 자에게 우선적으로 베푼다는 접근 방식을 전적으로 받아들이지 않을 것인데, 왜냐하면 그것은 특정한 각 생명을 구조함으로써 생기는 결과에 대한 분석을 하지 않기 때문이다. 실제로 그럴 가능성이 있어 보이듯이 어떤 생명을 구조했을 경우 다른 생명을 구조하는 것보다 더 유익한 결과가 생겨난다면 공리주의자들은 문제의 사람이 치료를 요청한 첫번째 사람이 아니라 할지라도 보다 더 유익한 결과를 가져오는 경우의 사람을 구조해야 한다는 주장을 할 것이다.

제9장 4절에서 논의한 두번째 견해는 임의적 선정 방식이다. 이러한 대책을 옹호하는 기본적 논거는 그것이 모든 사람에게 치료받을 동등한 기회를 주어야 한다는 요구사항을 충족시키는 유일한 방식이라는 점이다. 물론 공리주의자들은 이러한 논거 역시 받아들이지 않을 것인데 왜냐하면 결과론자들로서 그들은 평등이라는 도덕적 이념에 동조하지 않기 때문이다. 나아가 공리주의자들은 임의의 선정 방식 전체를 받아들이지 않을 것이다. 결국 이러한 방식도 어떤 생명을 구하는 것이 다른 생명을 구하는 것보다 나은 결과를 가져올 가능성을 고려하지 않고 있기 때문이다. 만일 그것이 사실이라면 공리주의자는 특정한 생명의 구조를 제안해야 하고 다른 구조의 생명에는 반대해야 할 것이며 따라서 임의적 선정에 의한 할당 방법은 받아들일 수가 없는 것이다.

이러한 배제의 과정을 거쳐서 공리주의자들이 문제시되는 생명의 비중을 평가하는 세번째 접근 방식을 채택할 수밖에 없음은 아주 명백하다. 여기에서 우리는 어떤 생명을 구조했을 경우 생겨나는 이득과 다른 생명을 구조했을 경우의 이득을 검토하고 그 비중을 잼으로써 어떤 생명을 구조할 것인지 결정하게 된다. 우리는 최대의 이득을 주는 자의 생명을 구조하게 된다. 이러한 대안은 온전히 공리주의 정신에 부합되며, 따라서 그것은 부족한 의료자원의 할당에 있어 공리주의적 사상가들이 채택할 방식인 것이다.

5. 결 론

도덕문제를 다루는 이 장의 논의에서도 하나의 공통되는 주장이 나타난다. 즉 공리주의자는 모든 인간 생명을 동일한 가치가 있는 것으로 취급하지 않는다. 그와는 달리 어떤 생명이 계속 생존하게 됨으로써 생겨나는 결과에 의거해서 각 생명은 다른 생명과 비교해서 상대적으로 크고 작은 가치를 갖는다. 이와 같은 혁신적인 견지는 자살, 안락사, 임신중절, 그리고 부족한 의료자원의 할당과 같은 가치문제에 대한 공리주의적 사고 방식에 핵심적인 것이다. 다음 장에서 우리는 인간 생명의 가치에 대한 이와는 다른 견해가 의무론자들로 하여금 도덕적 문제 해결에 아주 다른 접근을 하게 하는 방식을 살피게 될 것이다.

연습문제

• 아래의 용어들을 우리 자신의 말로 설명해 보자.

1. 살인의 그릇됨에 대한 공리주의적 이론
2. 생명의 질

• 복습을 위한 문제

1. 살인이 본질적으로 그릇된 것이라는 견해를 공리주의자들이 거부하는 이유는 무엇인가? 그러면서도 공리주의자들은 어떤 식으로 살인이 일반적으로 그릇된 것이라고 주장하는가?
2. 공리주의적 접근 방식이 무고한 자의 살인이 다른 살인보다 더 그릇되다는 결론에 이르게 되는 방식은?
3. 공리주의자들은 자살이나 안락사와 같이 주어진 행위를 평가함에 있어서 어떤 기준에 의거하게 되는가?
4. 공리주의자들이 능동적 / 수동적 구분을 도덕적으로 부적합하다고 생각하는 이유는?
5. 제안된 임신중절의 결과를 평가함에 있어서 공리주의자는 어떤 요소를 고려할 가능성이 가장 큰가?
6. 공리주의자들이 부족한 의료자원을 할당하는 방식에 대한 문제에 있어 모든 대표적인 접근 방식을 거부하는 이유는 무엇인가?
7. 공리주의자들은 부족한 의료자원의 할당에 있어서 인간 생명의 가치를 어떤 기준에 의거해서 평가하는가?

• 더 생각해 볼 문제

1. 쾌락주의적 공리주의가 살인의 도덕성에 대한 적절한 이론을 전개할 수 있는 어떤 방식이 있는가?
2. 공리주의자는 다음과 같은 반론에 어떻게 대응할 것인가? : "우리의 행위 결과에 대해 우리는 결코 확신할 수 없는 까닭에 우리는 돌이킬 수 없는 행위에 대해 모험을 걸 수가 없다. 따라서 자살을 하는 것은 언제나 그릇된 것이다."
3. 임신중절을 행했을 경우의 결과를 평가함에 있어 태아의 성장단계 중 어떤 시점에서부터 그 욕구가 고려되어야 하는 하나의 인간 존재가 되는가? 어떤 이유로든 임신중절의 도덕성을 옹호함에 있어 앞의 질문에 대한 대답이 어떤 함축적 의미를 갖는가?
4. 많은 사람들은 강간에서 결과한 임신은 임신중절이 도덕적으로 허용되는 명백한 경우라고 말한다. 이런 견해를 공리주의적 관점에서 평가해 보라.
5. 많은 사람들은 태아가 결함을 가진 것으로 알게 된 임신은 임신중절이 도덕적으로 허용되는 명백한 경우라고 말해 왔다. 이러한 견해를 공리주의적 관점에서 평가하라.
6. 임의적 선정 방식을 옹호하는 다음과 같은 공리주의적 논변을 평가하라 : "만일 우리가 임의적 선정 방식을 채택하지 않으면 엄청난 불행이 생기게 될 것이다. 왜냐하면 많은 사람은 사회가 불공정하게 운용된다고 생각하게 될 것이기 때문이다. 따라서 부족한 의료자원을 임의적 선정 방식에 의해 할당하는 것으로부터 생기는 결과가 최상의 결과라고 할 것이다."

제 11 장

삶과 죽음의 문제 : 의무론적 입장

1. 의무론적 분석의 기초
2. 자살과 안락사에 대한 의무론적 분석
3. 임신중절에 대한 의무론적 분석
4. 부족한 의료자원의 할당에 대한 의무론적 분석
5. 결   론

제 11 장

삶과 죽음의 문제 : 의무론적 입장

삶과 죽음의 문제에 대한 의무론적 사고는 생명이 위협받고 있는 당사자의 권리를 중심으로 해서 이루어진다. 이 장에서 살피게 되겠지만 의무론적언 관점에서 볼 때 중대한 문제는 위협받는 당사자의 권리가 존중되어야 하는 것은 어느 경우이며 그 권리가 침해될 수 있는 것이 언제인가 하는 문제이다. 삶과 죽음의 문제에 대한 이러한 공통된 입장에 의무론자들이 모두 합의하고 있기는 하지만 문제시된 당사자의 권리에 관한 그들의 세밀한 견해들에 있어서는 의견을 달리하고 있다. 따라서 다시 한번 염두에 둘 것으로서 주의해야 할 필요가 있는 것은, 이 장의 분석이 삶과 죽음에 관련된 도덕문제에 대한 하나의 의무론적 입장일 뿐이지 그것이 유일한 의무론적인 입장은 아니라는 점이다.

1. 의무론적 분석의 기초

지난 몇 년 동안에 널리 유행하게 된 구절은 생명에의 권리, 즉 생명권(right to life)이다. 이 말은 서로 다른 사람에게 서로 다른 함축적 의미를 갖게 되었는데, 그것이 의무론적 분석에 대해서는 근본적인 함의를 갖는 까닭에 우선 당장 그것이 의미하는 바가 무엇인지를 이해해 보기로 하자. 첫째로 이와 같은 생명권이 갖는 두 가지 측면을 구분하는 일이 지극히 중요하다. 이들은 다음과 같다.

(1) 죽음을 당하지 않을 권리 : 우리가 모든 타인들에 대해 주장하게 되는 이 권리는 아무도 우리의 죽음을 유발할 수 없다는 권리이다.

(2) 생명 구조의 도움을 받을 권리 : 우리가 타인들에 대해서 서로 다른 정도로 내세우게 되는 권리로서 타인들이 우리의 생명을 구조하는 데 도움을 주어야 한다는 권리이다.

둘째로, 어떤 사람 A가 다른 사람 B를 죽인다고 할 경우 우리가 의미하는 바를 정확히 이해해야만 한다. 가장 광범위한 의미에서 그것은 A가 B의 죽음을 유발했음을 의미한다. 그러나 한 사람이 다른 사람의 죽음을 유발할 수 있는 방식이 여러 가지 있음은 물론이다. 때때로 약물을 먹이고 총을 쏘며 칼로 찌르는 등 특정 행위를 수행함으로써 죽일 수가 있다. 다른 경우에는 어린이를 보살피지 않는 것과 같이 행위를 수행하지 않음으로써 이루어질 수도 있다. 스스로 먹을 능력이 없는 어린이를 먹이지 않는 부모는 그런 일을 계속하게 되면 어린이를 죽게 할 수가 있다. 달리 말하면 우리가 타인의 죽음을 유발하는 것으로 규정할 경우 우리는 작위(행위)와 부작위(무행위) 양자를 통한 것 모두를 의미하게 된다. 살인에 있어서 중요한 요소는 행위가 아니라 유발인 것이다.

살인에 대한 이러한 분석에 의할 경우 우리가 알 수 있는 것은 생명권이 그 일부에 있어서, 우리가 모든 타인에 대해 그들이 우리의 죽음을 유발하지 못하게끔 주장하는 권리라는 점이다. 염두에 두어야 할 중요한 것은 이러한 권리가 우리와 타인 간에 성립하는 특정한 관계와 무관하다는 점이다. 우리가 그들에 대해 생명권을 갖게 되는 이유는 우리와 그들 간에 성립하는 특정한 관계 때문이 아니라 단지 우리와 그들이 인간이라는 점 때문이다. 또한 이것이 지극히 중대한 권리임을 이해하는 것도 중요하다. 이 점을 이해하는 한 가지 방식은 이러한 권리를 침해하는 자들이 이용할 수 있는 정당 근거가 거의 없다는 점을 염두에 두는 일이다. 자기 방어를 위해 살인을 정당화해야 할 경우와 같이 정당화가 가능한 경우에도 그 사람은 이보다 덜 중요한 다른 선택지를 이용할 수 없음을 입증해야 한다. 타인의 죽음을 유발하는 사람에게 이용 가능한 다른 정당 근거는 거의 없다. 타인의 죽음을 유발해서는 안된다는 의무는 거의 모든 다른 것들에 우선한다.

그런데 생명권이 갖는 이러한 측면과 대조를 이루는 두번째 측면에 의하면 우리는 다른 모든 사람들에 대해 우리의 생명을 구조하는 데 필요할 경우 그들이 우리에게 도움을 주어야 한다는 권리를 갖는다는 것이다. 이러한 권리가 있음에도 불구하고 그 권리가 무시되어 사람이 죽게 되는 대부분의 경우에 있어서 도움을 주지 않는 자들이 살인자라고 말해지지 않는다. 예를 들어 내가 강에 빠져 있는 어떤 사람을 그냥 지나치게 되었는데 내가 그의 생명을 구할 수 있었을 경우 내가 구조하지 않은 것은, 분명히 내가 그에게 도움을 주어야 하는 바 그가 나에 대해서 가진 권리를 내가 충족시키지 못했음을 의미한다. 그러나 그의 죽음에 대한 원인은 내가 행동을 취하지 않았음이 아니라 물에 빠졌다는 데 기인한다.

그런데 행위를 하지 않은 다른 경우들 중에는 행위와 행위 유발 간의 구분이 아주 미묘한 사례들이 있다. 한 가지 좋은 사례는 어린이를 돌보지 않음으로써 결과되는 죽음이다. 우리의 분석에 따르면 이 경우도 그 사람이 당사자의 죽음을 유발하기 위한 의도적인 행위를 한 것은 아니다. 또한 그 두 경우 모두에서, 그 사람이 적절한 방식으로 행위했을 경우에 생명은 구조되었을 것이다. 그러나 이 두 경우가 구분되는 것은 물에 빠진 사람의 죽음의 원인은 그를 돕지 않은 것이라기보다는 물에 빠진 일인 데 비해 어린이의 죽음의 원인은 어머니의 행위가 없었다는 점이다. 이렇게 해서 우리는 다시 살인을 규정함에 있어서 결정요인으로서 인과율(causality)의 개념에 도달하게 된다. 인과율은 까다로운 개념으로 정평이 나 있다. 나아가서 의무론자들은 제시할 만한 정연한 인과율 이론이 없으면서도 그들 자신의 분석은 이러한 경구들을 구분할 수 있는 그들의 능력에 의거하고 있다.

어떤 의무론자들은, 우리에게는 타인들에 대해서 그들이 우리의 생명을 구조하기 위해 도움을 주어야 할 것을 요구할 권리가 없다고 주장한다. 이들에 따르면 곤궁한 경우에 타인들이 우리의 도움을 되어준다면 아주 훌륭한 일이며 그들이 우리의 요구를 무시해 버리면 아주 무정한 일이기는 하다. 그러나 우리에게 이러한 도움에 대한 권리가 있는 것은 아니며, 따라서 그들이 이러한 도움을 제공할 의무를 갖는 것도 아니라는 것이다. 하지만 우리와 특수한 인간관계를 맺고 있는 사람들의 경우에는 다르다. 예를 들어서 우리는 가족의 성원들이나 우리의 친구들, 그리고 특정한 다른 사람들에 대해서는 이러한 권리를 갖는다. 그리고 반대로 그들도 우리에게 생명 구조를 위한 도움을 제공할 의무를 갖는다. 그러나 낯선 사람들은 그러한 의무를 갖지 않는다.

우리가 우리의 의무론적 분석을 위해 이상과 같은 견해를 채택하고자 하는 것은 아니다. 우리가 가정하고자 하는 것은 사람들이 모든 타인들에 대해서 구조를 받을 권리를 지니며 모든 다른 사람들도 우리의 생명을 구조하기 위해 도움을 줄 의무를 갖는다는 점이다. 그런데 우리는 특정한 인간관계가 특정한 의무를 부여하게 된다는 견해를 채택하고자 한다. 나아가서 이러한 도움에 대한 우리의 권리는 인간관계의 친밀성에 비례해서 증대된다. 그러나 그 모든 경우에 있어서 그러한 권리는 죽음을 당하지 않을 우리의 권리보다 약하다. 이들 각 논점들을 좀더 면밀히 살펴보자.

어떤 사람의 생명을 구조하지 못한 데 대해 우리가 제시할 수 있는 정당한 근거는 어떤 종류인가? 생명 구조는 엄청난 희생을 각오할 때에만 가능하며 따라서 우리의 모든 구조행위가 결국 우리가 치른 희생에 의해 상쇄되어 버린다고 생각해 보자. 이러한 이유로 해서 우리가 어떤 사람을 죽이게 되는 것이 정당화될 것인가? 우리의 생명 구조를 위해 무고한 사람을 죽일 수 있는가? 아마 그럴 수는 없을 것이다. 그런데 우리가 전혀 낯선 사람의 생명을 구하기 위해 우리의 생명을 포기해야 할 의무가 없다는 것 또한 분명한 것으로 보인다. 그는 우리에 대해 이런 극단적인 도움을 요구할 권리가 없다. 물론 아주 가까운 가족 성원의 경우는 전혀 다르다. 이 경우에 그들은 그러한 도움을 받을 권리를 가지며 우리도 그것을 제공할 의무를 갖는다.

이러한 종류의 대조부터 시사되는 점은 (1) 죽음을 당하지 않을 권리가 구조받을 권리보다 더 근본적이라는 것과 (2) 우리는 전혀 낯선 사람에 대해서보다 특정한 인간관계를 맺고 있는 사람에 대해서 구조받을 더욱 실질적인 권리를 가진다는 것이다.

이 장에서 의무론적 분석은 도덕적인 문제에 접근함에 있어서 이러한 근본적인 개념적 구분을 이용하는 될 것이다. 우리는 생명권의 어떤 측면이 관련되고 있는지를 살피게 될 것이다. 즉 죽음을 당하지 않을 권리가 관련되었는가, 아니면 구조받을 권리가 관련되었는가를 검토하게 될 것이다. 그러한 문제에 대답한 다음 우리는 문제시되는 그러한 권리를 침해하는 데 대한 어떤 정당 근거가 있는지 확인하게 될 것이다.

2. 자살과 안락사에 대한 의무론적 분석

의무론자가 자살과 안락사의 문제를 다룰 경우 하게 되는 가정은, 그러한 행위가 죽음을 당하지 않을 어떤 자의 권리를 침해하는지의 여부와 관련된 도덕문제라는 것이다. 의무론적 관점에서 볼 때 자살과 안락사의 경우는 어떤 사람이 죽음을 당하는 사례이다. 따라서 도덕적 문제는 그러한 죽음이 죽음을 당하는 당사자의 권리를 침해한다는 근거에서 그릇된 것인지 어떤지 하는 문제이다.

이러한 분석에 의거할 때 의무론자는 자살의 도덕적 허용 가능성을 별다른 어려움 없이 정당화할 수 있다. 자살의 경우 그 생존권이 침해되는 사람은 언제나 침해하는 사람 자신이다. 물론 자살을 하는 사람도 모든 사람에 대해서 그들이 그의 목숨을 빼앗지 못할 권리를 갖는다. 왜냐하면 이것이 바로 우리가 그 사람의 생명권에 대해서 이야기할 경우에 의미하는 바의 일부이기 때문이다. 그러나 자살 행위를 함에 있어서 죽는 자는 생명권의 이러한 측면에 대해서만은 포기하고 있다. 따라서 그의 자살 행위는 도덕적으로 허용 불가능한 것이 아니다. 이와 같은 의무론자들의 논변에 있어서의 여러 가지 중대한 논점에 주목하는 일이 중요하다.

(1) 그것이 전제하는 바는 만일 자살을 하는 일에 그 자체로서 도덕적으로 반대할 만한 어떤 것이 있다면 그것이 그 일이 죽는 자의 생명권을 침해하는 일이라는 점이다. 주목할 점은 그렇게 말함으로써 의무론자는 그 사람이 (그가 행할 수 있는 기여에 대한) 국가의 권리를 침해하거나 (그가 죽을 시간과 방식을 결정할) 신의 권리를 침해하기 때문에 자살이 그르다는 견해를 거부한다는 점이다.

(2) 자살 행위가 그 자체로서 도덕적으로 허용 못할 게 없다고 말함으로써 의무론자는 자살하는 일이 그릇될 경우가 있을 수 없다고

말하는 것은 아니다. 죽는 자는 그에게 의존하고 있는 많은 사람들을 그대로 내버려두고 감으로써 그들을 상해할 수가 있으며 여러 가지 의무를 이행하지 않은 채 떠날 수도 있는 등등의 사태가 생겨난다. 이런 여러 경우에 그의 행위는 도덕적으로 허용할 수가 없는데 왜냐하면 그것이 자기 파괴 행위임과 더불어 타인들에게 상해를 하거나 타인들을 속여서 그들에게 행해야 할 바를 행하지 않는 등의 행위가 되기 때문이다.

(3) 이들의 논변에서 중대한 마지막 논점은 우리가 우리의 권리들 중 일부를 포기할 수 있다는 점이며, 일단 그렇게 했을 경우 아무도 그들이 포기한 권리를 침해했다는 근거에서 그릇된 행위를 한다고 할 수 없다는 점이다.

(4) 자살 행위가 도덕적으로 허용 가능하다고 주장함에 있어서 의무론자는 그러한 행위가 합리적이거나 현명한 행위라고 주장하는 것은 아니다. 사람들은 고뇌, 절망, 허약할 때, 가끔 어리석은 이유로 혹은 충동적으로 자살을 하게 된다. 도덕적으로 허용될 수 있는 행위이면서도 그렇게 하는 것이 어리석은 일이 되는 여러 가지 경우가 있다. 의무론자는 자살이라는 특정 행위가 현명한 일인지에 상관없이 자살을 행하는 자가 그럼으로써 타인에게 해악을 끼치거나 타인에 대한 의무를 이행하지 못하는 경우를 제외하고 자살이 허용 가능한 일이라고 말할 뿐이다.

이상과 같은 의무론적 논변이 자발적 안락사 행위를 정당화하는 것으로 쉽사리 연장될 수 있는 두 가지 길이 있다. 첫째로 우리는 자살이 정당하다는 것과 동일한 원리를 자발적 안락사 행위에 그대로 적용할 수가 있다. 그리고 둘째로 우리는 대리인(agency) 원리를 적용할 수가 있다.

자살의 도덕적 허용 가능성에 대한 의무론적 논변의 요체는 자살 행위에 함축되어 있는 바 자신의 생명이 빼앗겨도 좋다는 데 동의함으로써 죽는 자는 자신의 생명권을 포기하게 된다는 점이다. 만일 이점이 합당한 정당화라면 그러한 동의에 따라서 누가 행위하느냐—즉, 그가 행위하느냐 혹은 타인이 행위하느냐는 아무런 상관이 없는것으로 생각된다. 어떤 경우에 있어서나 그의 동의는 생명권을 포기함으로써 죽이는 행위를 정당화해 주게 된다. 이는 또한 대리인 원리를 제시한다. 예를 들어 만일 이러한 근거에 의거해서 내 목숨을 내가 끊는 일이 도덕적으로 허용될 수 있다면 다른 누가 (대리인으로서 행위하라는) 나의 요청에 따라 내 목숨을 끊는 행위 또한 도덕적으로 허용될 수 있어야 한다. 결국 만일 내가 어떤 일을 할 수 있다면 다른 사람(나의 대리인)에게 나 대신에 그 일을 해달라고 내가 의뢰하지 못할 이유가 어디 있겠는가? 결론적으로 말하면 이러한 논변을 어떤 식으로 적용하건간에 자발적 안락사는 자살의 연장으로 간주되어야 하며 따라서 한 행위의 도덕적 허용 가능성에 대한 정당 근거는 다른 행위에 적용될 수 있다는 점이 제시된다.

어떤 사람은 국가가 자살 행위는 합법화할지라도 자발적 안락사 행위는 합법화해서는 안된다고 주장한다. 그들의 추론에 따르면 어떤 안락사 행위를 진정으로 자발적인 경우로 판정하기가 지극히 어렵다고 한다. 왜냐하면 사기 행위를 가려내기가 어렵기 때문이다. 이것은 중요한 고려사항으로서 국가가 죽는 자의 동의를 살인 행위가 아니라는 보증 근거로 삼음으로써 자발적 안락사를 합법화해야 할 것인지를 고려할 경우 조심스럽게 비중을 평가해야 할 사항이다. 하지만 그러한 중요한 법적 문제는 현재 우리의 논의와 상관이 없다. 여기에서 우리의 관심사는 자발적 안락사의 개별 행위들이 도덕적으로 허용 가능한지를 다루는 것이다.

비자발적 안락사는 어떤가? 의무론적 관점에서 볼 때 이것은 전혀 다른 문제이다. 비자발적 안락사 행위는 어느 것이나 죽음을 당하지 않을 사람의 권리를 침해하는 것으로 보인다. 왜냐하면 그 행위가 비자발적인 까닭에 그 사람은 자신의 권리를 포기하지 않고 있기 때문이다. 따라서 의무론자는 언제나 비자발적 안락사에 반대하게 될 것으로 보인다. 그러나 반드시 고려되어야 할 또 다른 요인이 있다. 때때로 우리는 문제된 사람이 그럴 능력만 있다면 죽여달라는 요청을 함으로써 자신의 생명권을 포기하리라는 아주 강한 신념을 느낄 때가 있다. 예를 들어서 카렌 퀸란 양의 경우 그의 가족과 친구들은 만일 그녀가 그럴 수만 있었다면 안락사를 청했으리라고 확신하고 있었다. 이러한 경우에 의무론자가, 그 사람이 할 수만 있었다면 제시하게 되었을 동의, 즉 그 사람의 가상적 동의가 그의 생존권을 무효화하기에 충분하다고 기꺼이 주장함은 당연할 것이다. 따라서 이렇게 한정된 종류의 행위들에 있어서 의무론자는 비자발적 안락사도 도덕적으로 허용 가능한 것이라고 생각할 것이다.

능동적 자살과 수동적 자살 혹은 능동적 안락사와 수동적 안락사 간의 구분에 대해서는 아무런 논의도 하지 않은 점에 주목하자. 자살과 자발적 안락사(그리고 특정한 경우의 비자발적 안락사)의 도덕적 허용 가능성은 죽는 자의 동의(때로는 가상적 동의)로부터 나오며 죽는 자가 동의하는 한에 있어서 이러한 허용 가능성은 그의 목숨을 능동적으로 빼앗는 일과 그의 생명을 수동적으로 구조하지 못하는 일에도 그대로 확대 적용된다. 만일 이러한 구분이 도대체 어떤 의미를 갖게 된다면 그것은 비자발적 안락사의 경우에서일 것이며 그 경우에 의무론자는 능동적 안락사가 도덕적으로 허용될 수 없다고 결론지을 것이다.

우리의 도덕문제에 대한 직관주의적 분석과 제10장 2절에서 제시된 공리주의적 분석을 비교함에 있어서 우리는 이러한 접근 방식들이 전적으로 상반된 것임을 알 수 있다. 공리주의자와는 달리 의무론자는 자살과 안락사에 대한 대표적인 논증의 대부분(제9장 2절 참조)

에 합의한다. 나아가 의무론에 따르면 시도되는 어떤 자살이나 안락사 행위의 옳고 그름을 판정하는 기준은 죽는 자의 욕구에 강하게 의존한다는 것이다. 즉 그것은 그 사람의 생명이 갖는 가치에 대한 우리들의 판단과는 전적으로 무관하다. 또 한 가지 차이는 공리주의자와는 달리 의무론자는 자발적인 안락사와 비자발적인 안락사, 그리고 능동적 죽임과 수동적 죽임 간의 구분과 같은 것에 중대한 의의를 부여한다는 점이다.

3. 임신중절에 대한 의무론적 분석

제9장 3절에서 임신중절 문제를 검토했을 때 우리는 모든 표준적인 논의들이 두 가지 주요 주제에 초점을 모으고 있다는 것을 알았다. 그 한 가지는 태아가 이미 태어난 사람의 생명권만큼 강력한 생명권을 가진 인간 존재인가 하는 것이다. 다른 하나는 태아가 어떤 생명권을 가지고 있는가가 임신중절의 허용 가능성에 대해 어떤 함의를 갖고 있는가 하는 것이다. 제10장 3절에서 살핀 바와 같이 공리주의는 이와 같은 모든 대표적 접근 방식을 전적으로 거부한다. 그러나 의무론은 그것을 받아들이며 그 논변의 기초를 표준적인 논의 체계 속에서 구하고 있다.

의무론이 우선 고려해야 할 문제는 태아의 인간됨에 대한 것이다. 어떤 사람은 태아가 임신되는 순간부터 생명권을 가진 인간 존재(혹은 간단히 말해 단적으로 인간 존재)라고 주장한다. 다른 사람들은 태아가 태어나는 시기부터 비로소 인간 존재가 된다고 주장한다. 이 두 가지 극단론 사이에 여러 가지 입장들이 제시되기도 했다. 어떤 입장이 옳은지를 어떻게 결정할 것인가?

우리가 여기서 제시하고자 하는 분석은 어떤 형이상학적 가정에 의거하고 있는데 그것은 다음과 같은 논변으로 요약된다.

(1) 문제는 태아가 인간 존재가 되기 위해 본질적인(필수적인) 모든 속성을 갖게 되는 것은 언제인가 하는 것이다. 왜냐하면 태아가 그 속성을 갖게 되었을 때 그는 인간이 되기 때문이다.

(2) 본질적인 속성이란 그것 없이는 인간이 더 이상 존재하지 않게 되는 어떤 것으로 규정된다.

(3) 인간은 죽었을 때 더 이상 존재하지 않게 된다. 따라서 태아는 생명에 본질적인 모든 속성을 갖게 되었을 때 인간 존재가 된다. 이러한 특성 중 어느 하나라도 상실할 경우 죽음에 이르게 된다.

전통적으로 죽음은 심장과 호흡 활동의 중단으로 규정되어 왔다. 의사들은 이러한 중단을 확인하기 위해 거울을 이용하여 숨의 내쉼을 검진하고 계속적인 피의 순환을 검진하기 위해 맥박을 확인한다. 또한 죽음은 다른 계통이나 장기(간, 신장, 뇌)의 파괴로 인해서도 올 수 있다고 인정되어 왔는데 그러한 것들의 파괴는 심장과 폐의 기능에 간접적인 영향을 줌으로써 죽음을 유발한다고 일반적으로 생각되어 왔다. 최근에 와서 이와 같은 전통적인 견해 대신에 죽음은 심장과 호흡 활동의 중단보다는 뇌 기능의 회복 불가능한 중단으로 정의하는 견해로 대치되는 경향이 점차 강해지고 있다.

인간 존재가 되기 위해 본질적인 것이 무엇인가를 결정하는 데 도움이 되기 위해 죽음의 개념을 정의하게 되는 까닭에 우리가 기억해야 할 것은 의무론자들에게 정확한 대답을 할 수가 없는 몇 가지 근본적인 문제들이 남아 있다는 점이다. 이것은 인간 생명의 복잡성에 비추어볼 때 놀라운 일은 아니다. 우선 우리는 돌이킬 수 없는 뇌 기능의 중단(뇌사 이론)이 있을 경우에만 죽음이나 생명의 종식이 일어난다는 견해로부터 어떤 속성이 인간 존재에 본질적인가 하는 문제를 고찰하고자 한다. 그리고 뇌, 심장, 폐 모두가 회복할 수 없을 정도로 기능이 중단되었을 때(수정된 전통 이론)에만 죽음이 발생한다는 견해로부터 동일한 문제를 고찰해 보고자 한다.

뇌사 이론(brain-death theory)이라 불리는 것에 따르면 뇌의 기능이 돌이킬 수 없이 중단되지 않는 한 문제의 사람은 다른 어떤 현상이 일어난다 할지라도 계속해서 생존하고 있는 셈이다. 이러한 견해에 따르면 인간이 존재하기 위한 본질적인 속성은 ― 이러한 속성이 수반하는 속성들을 제외한다면 ― 오직 한 가지 즉 돌이킬 수 없는 기능상의 중단을 당하지 않은 뇌의 소지 한 가지만이라는 결론이 나온다. 이제 다음 논변을 살펴보기로 하자.

(1) 기능을 하고 있는 뇌(혹은 적어도 현재 기능은 하고 있지 않지만 기능할 수 있는 뇌)는 모든 인간이 가져야 하는 속성인데 왜냐하면 그것은 인간에게 본질적인 것이기 때문이다.

(2) 태아가 그런 속성을 갖게 될 때 태아는 인간 존재에게 본질적인 다른 모든 속성을 갖추게 된다.

(3) 따라서 태아가 기능하는 뇌를 갖게 될 때(대략 임신 6주경) 그것은 인간 존재가 된다.

그러나 만일 뇌사 이론을 받아들이지 않고 그 대신 그와 대등하게 합당한 주장으로서 수정된 전통 이론(modified traditional theory)을 대체하면 어떻게 되는가? 이러한 견해에 따르면 인간 존재는 뇌, 심장, 폐 등이 돌이킬 수 없을 정도로 자연적인 기능을 중단하게 될 때까지는 인간 존재가 죽지 않는다(생존이 끝나지 않는다). 이 이론에 따를 때 인간 존재의 본질적 특성은 무엇이 되는가?

실제로 이런 이론을 채택한다고 해서 중대한 수정을 해야 하는 것은 아니다. 인간 존재에 있어서 본질적인 것 ― 즉 인간 존재가 계속 생존하기 위해서 반드시 각 인간이 지녀야 하는 바―은 (현실적인 것이건 잠재적인 것이건 간에) 심장, 폐, 혹은 뇌가 기능하는 상태를 소지하는 일이다. 따라서 태아가 이러한 기관들 중 어떤 것을 갖게 될 경우 태아는 인간 존재가 된다.

수정된 전통 이론에 따르면 논변은 이제 다음과 같이 전개된다.

(1) 기능하는 뇌, 심장, 혹은 폐(혹은 적어도 현재 기능하고 있지 않으면 앞으로 기능할 수 있는 것)는 그것이 인간이 되는 데 본질적인 것인 까닭에 모든 인간이 지녀야 하는 속성이다.

(2) 태아가 그런 속성을 가질 때면 태아는 인간 존재에 본질적인 속성인 다른 모든 속성을 갖추게 된다.

(3) 따라서 태아가 기능하는 심장을 갖게 될 때(이러한 기관들 중 가장 먼저 기능하는 것이 심장인데 대략 임신 3주 내지 6주경) 그것은 인간 존재가 된다.

태아가 언제 인간이 되는지의 문제에 대해 우리가 정확한 답변에 이르지 못하기는 했으나 그것이 임신 3주 중반(심장의 고동이 시작할 무렵)과 임신 2개월 후반(뇌 활동이 처음으로 감지될 때) 사이의 어느 때인가 일어난다는 것을 알게 되었다. 따라서 우리는 받아들일 만한 대답의 범위를 상당히 줄이게 된 셈이다.

이제 우리는 태아가 인간이 되는―그래서 이미 태어난 사람과 동일한 생명권을 갖게 되는―시기를 알게 되었으므로 이러한 것이 임신중절의 도덕적 허용 가능성에 대해 함의하는 바를 살펴야만 한다.

태아의 계속적인 생존이 산모의 생명을 위협하는 경우를 생각해 봄으로써 이러한 문제에 대한 의무론적 분석을 시작해 보기로 하자. 그럴 경우 산모는 비록 태아가 생명권을 갖는 인간일지라도 태아를 중절해 버리고자 하는 권리에 대한 가장 강력한 요구를 하게 될 것으로 보인다. 태아의 계속적인 생존이 그녀의 생명에 위협이 되는 까닭에 임신중절을 함으로써 태아를 죽이는 것은 최종적인 자기 방어 행위로 간주될 수 있을 것이다.

　물론 태아의 죽음을 유발하는 것은 산모 자신이 아니라 의사나 다른 대리인일 것이지만 의무론자들에 있어서 그러한 차이는 상관이 없는 것이다. 결국 생명의 위협을 받고 있는 사람(A)은 그녀의 생명을 위협하는 사람(B)을 죽이거나 혹은 다른 사람(C)에게 자신을 대신해서 그 일을 해달라고 요청하게 될 것이다. 그래서 A의 생명을 구하기 위해 C가 B의 목숨을 빼앗는 일이 허용 가능할 것으로 보인다. 전통적인 용어로 표현하자면, 실제로 우리는 추격하는 자(the pursuer)인 태아를 추격당하는 자(the pursued)인 산모가 죽일 권리, 혹은 다른 사람이 죽일 권리 등에 대해서 말하는 것이다.

　그런데 이와 같이 전반적인 추격의 문제는 좀더 면밀하게 검토할 필요가 있다. A가 계속 살기 위해 필요한 어떤 약이 있다고 가정해 보자. D라는 사람이 그 약을 일부 가지고 있는데, D는 A가 B를 죽일 경우에만 A에게 그 약을 주게 된다. 나아가 A는 그 약을 구할 다른 방도가 없다. 이런 경우 B의 계속적인 생존은 분명히 A의 생명에 위협이 된다. A는 B가 생존하지 않을 경우에만 살아남을 수 있다. 그러나 A가 A 자신의 생명을 구하기 위해서 B를 죽이는 일은 도덕적으로 허용될 수 없다. 그럴 수 없는 이유는 무엇인가? 이 경우가 추격자를 죽이는 통상적인 이유와 어떻게 다른가? 가장 간단한 대답은 이 경우에는 B의 계속적인 생존이 A의 생명에 위협이 되기는 하나 B는 A의 생명을 빼앗고자 하는 죄가 없는데 왜냐하면 일차적으로 그러한 죄를 짓고자 하는 시도가 없기 때문이다. 그런데 태아의 계속적인 생존이 산모의 생명에 위험이 되는 경우를 생각할 때 우리는 그 경우가 의약품의 경우와 비슷하고 추격자를 죽이는 통상적인 경우와 같지 않다는 것을 알게 된다. 태아는 그 산모의 생명에 위협이 되고 있기는 하나 (우리의 가상적인 상황에 있어서) 그 산모의 생명을 빼앗고자 하는 죄를 짓지는 않는다. 따라서 약품의 경우와 유사하게 산모(혹은 그녀의 대리인)는 추격자를 죽이는 일이 허용 가능한 일이라는 근거에서 태아를 죽이는 일을 정당화할 수가 없다.

앞에서 전개한 두 논변이 설득력을 가질 경우 제시되는 바에 따르면 산모의 생명을 구하기 위한 임신중절이 추격자를 죽이는 것과 같은 허용 가능한 행위로 간주될 수 있는지 여부를 결정하기 이전에 우리는 전반적인 추격의 문제를 훨씬 더 면밀히 분석해야 한다.

(1) B의 계속적인 생존은 A의 생명에 위협이 되며 이 위협은 B의 생명을 빼앗음으로써만 해결 될 수 있다(우리는 이것을 위험의 조건 [condition of danger]이라 부르고자 한다).

(2) B는 A의 생명을 부당하게 빼앗고자 시도하고 있다(우리는 이를 시도의 조건[condition of attempt]이라 부르고자 한다).

(3) B는 A의 생명을 빼앗고자 하는 그의 시도에 대해 책임이 있다 (우리는 이를 유죄 조건[condition of guilt]이라 부르고자 한다).

약품의 경우에는 위험 조건만이 성립한다. 그 경우에 A가 B의 생명을 빼앗는 일이 그르다는 우리의 직감은 B가 A에게 위험한 존재라는 단순한 사실만으로는 B를 죽이는 것이 추격자를 줄이는 정당한 행위가 되리라는 것을 입증하기에 충분하지가 않다는 우리의 믿음을 반영하고 있다. 그러나 B를 죽이는 일이 추격자를 죽이는 정당한 행위가 되기 위해 나온 세 가지 조건이 모두 반드시 충족되어야 한다고 결론짓는 것은 성급한 일이다. 예를 들어 유죄 조건을 제외하고 처음 두 조건이 성립할 경우에는 어떤 일이 일어나는가?

처음 두 조건이 성립할 경우 B를 죽이는 일이 추격자를 죽이는 행위로서 충분히 정당화될 수 있다고 생각할 만한 합당한 근거들이 있다. 예를 들어 추격 모형의 한 가지 변형으로서 B가 A를 사살하고자 하며 A는 먼저 B를 죽임으로써 그 행위를 멈추게 할 수 있는 경우이다. 그러나 B는 A를 죽이는 자신의 시도에 대해 책임을 질 수 없는 미성년자인 경우를 생각해 보자. 이 경우에 성립하지 않은 유일한 조건은 유죄 조건이다. 그러나 이런 사실이 있음에도 불구하고 A는 추격자를 죽이는 허용 가능한 행위로서 B의 생명을 정당하게 빼앗을 수 있는 것으로 보인다. 이 경우에 추격자의 유죄 여부는 추격자를 죽이는 일의 정당성을 위한 요구 조건이 아닌 것이다.

위험의 조건과 시도의 조건보다 약한 어떤 조건의 성립만으로 A가 B를 죽이는 것이 추격자를 죽이는 행위로서 정당화되는 데 충분한 그러한 경우가 있는가? 그러한 경우가 있을 수 있는 것으로 보인다. 예를 들어 다음과 같은 경우를 생각해 보자. 즉, B가 불이 켜지는 버튼을 누르고자 한다. 그런데 B는 그렇게 할 경우 A를 살상하는 폭탄이 폭발하게 되리라는 것을 알 수 있는 근거가 없다고 하자. 나아가서 우리가 B를 멈추게 하여 A를 구할 수 있는 유일한 방법은 B의 생명을 빼앗는 일이다. 왜냐하면 B에게 그의 행위의 실제적인 결과가 어떤 것인지를 경고해 줄 기회가 없기 때문이다. 이런 경우 B는 A를 죽일 시도를 한 것이 아니며 따라서 그는 이러한 어떤 시도를 했다는 책임도 없고 죄도 없다. 그렇긴 하지만 이것은 A의 생명을 구하기 위해 B를 죽일 정당 근거가 있는 경우가 될 수 있다. 다시 말하면 이것은 추격자를 죽이는 정당한 경우일 수가 있는 것이다.

이 경우가 어떤 점에서 약품의 경우와 다른가? 혹은 우리의 물음을 다른 식으로 표현하자면 의약품의 경우에는 성립하지 않으나 이 경우에는 성립함으로써 (위험의 조건 성립과 더불어) B를 죽이는 것을 추격자를 죽이는 행위로서 정당화하기에 충분한 조건으로서 위험의 조건에 추가할 만한 조건은 도대체 어떤 것인가? 두 경우에 대해 생각해 볼 때 다음과 같은 생각이 저절로 제시된다. 즉 이 가장 마지막 예에서는 A의 죽음을 결과하게끔 B가 행하는 어떤 행위(버튼을 누르는 일)가 이루어지게 되는데 그 행위는 충분한 지식을 가지고 자발적으로 이루어지기만 했다면 A가 생명을 잃는 것에 대해 B가 책임을 져야 할 결과를 가져오는 행위이다. 비록 충분한 지식과 의도가 없이 수행되기는 했으나 이 행위는 그 자체가 B를 죽이는 것을 정당화해 준다. 반면에 약품의 경우에는 이와 같은 행위가 수행되지 않는다. A가 B를 죽이는 일을 거절해서 D가 A에게 약을 주지 않을 경우 A의 생명이 상실되는 데 대해 D가 책임이 있다는 것은 당연하다. 그러나 이것은 B와는 상관이 없다. 그런데 B가 A에게 위험이 된다는 점과 더불어 다음 조건이 성립한다면 A가 B를 죽이는 것도 추격자를 죽이는 행위처럼 정당화될 수 있을 것으로 보인다.

(2′) B가 A의 죽음을 결과할 어떤 행위를 한다. 그리고 그 행위는 만일 B가, 이런 결과가 발생하리라는 것을 알고서 자발적으로 그러한 행위를 행한 책임을 질 수 있는 사람이라면 B는 A의 생명이 상실된 데 대한 책임을 물을 수 있는 그러한 행위이다(우리는 이러한 조건을 행위의 조건[condition of action]이라 부르고자 한다).

추격자를 죽이는 것에 대한 우리의 일반적인 논의를 요약하기 위해 우리는 다음과 같이 말할 수 있을 것이다. 즉 위험의 조건이 성립하는 것만으로는 추격자를 죽이는 일이 정당화되기에 충분하지 못하다. 만일 그와 더불어 시도의 조건이나 행위의 조건이 충족된다면 추격당하는 자의 생명을 구하기 위해 추격자를 죽이는 일은 정당화될 것이다. 어떻든 충분한 지식과 의도로부터 비롯되는 유죄의 조건은 충족될 필요가 없다.

이제 임신중절의 문제로 돌아가 이상과 같은 결과를 태아의 계속적인 생존이 산모의 생명에 위협이 되는 경우에 적용해 보자. 산모의 생명을 구하기 위해 태아를 임신중절하는 것이 추격자를 죽이는 행위와 같이 허용될 수 있는 것인가? 이런 경우에 태아가 그 산모에게 위험이 되고 있는 것은 사실이다. 그러나 시도의 조건이 성립하지 않고 있다는 점 또한 분명한 일이다. 태아는 우리가 지적했던 신념도 의도도 갖지 않았다. 나아가서 태아의 편에서 어머니의 생명을 위협하는 아무런 행위도 없었다. 따라서 행위의 조건마저도 성립하지 않는다. 따라서 태아를 중절하는 것은 추적자를 죽이는 것과 같이 허용할 수 있는 행위가 될 수 없다. 그리고 태아가 다른 모든 인간들과 동일한 생명권을 가진 인간 존재라면 임신중절은 산모의 생명을 구하기 위해서일지라도 도덕적으로 허용될 수 없을 것이다. 그래서 우리의 의무론적 분석은 태아의 발달에 있어 비교적 초기 단계에서부터 임신중절은 도덕적으로 거의 허용될 수 없는 것이라는 결론을 내리게 된다.

4. 부족한 의료자원의 할당에 대한 의무론적 분석

부족한 의료자원의 할당 문제는 모든 사람을 구조할 수 없을 때 누구를 구조하기로 결정할 것인가의 문제이다. 그 자체로서 문제가 되고 있는 것은 죽음을 당하지 않을 권리가 아니라 구조받을 권리이다. 이런 관점에서 볼 때 이 마지막 문제는 자살, 안락사, 그리고 임신중절의 문제와 근본적으로 다른 것이다.

1절에서 지적된 바와 같이 일부의 의무론적 사상가들은 우리가 생명 구조의 도움을 받을 권리가 있으며 이에 대응해서 다른 사람들이 그러한 도움을 베풀 의무가 있다는 믿음에 동조하지 않는다. 그러나 이 장에서의 분석은 이러한 두 가지 믿음을 모두 전제하고자 한다. 따라서 우리는 부족한 의료자원의 할당이라는 도덕문제를 이와 같은 도움을 받을 권리에 의거해서 해결하고자 할 것이다. 우리가 1절에서 본 바와 같이 우리의 생명을 구하기 위해 요구되는 도움을 받을 권리는 죽음을 당하지 않을 권리와는 매우 다른 것이다. 현재 우리의 목적상 가장 중대한 차이는 우리가 전혀 낯선 사람들에 대해서보다 우리와 특정한 인간관계에 있는 자들에 대해서 구조받을, 더욱 실질적인 권리를 갖게 된다는 점이다. 이와 같은 식으로 해서 우리와 특정한 관계에 있는 자들은 우리에게 전혀 낯선 사람들보다 그 관계에 상응하여 우리를 도와줄 보다 더 큰 의무를 갖는다.

그런데 우리가 생명을 구조하는 새로운 기술이 개발된 병원의 원장이라고 가정해 보자. 이러한 기술을 필요로 하고 그에 의해 도움을 받을 수 있는 지원자가 도움을 줄 수 있는 사람보다 훨씬 많다고 해 보자. 각 지원자들은 도움을 받을 권리를 주장하며 병원 측에서 그를 구조할 의무가 있음을 내세운다고 가정하자. 우리는 어떤 지원자를 받아들이고 어떤 자는 거부하는 것을 어떤 식으로 결정할 것인가?

모든 신청인들이 낯선 사람들일 경우 우리나 우리 병원, 병원을 짓고 새로운 기술을 개발하기 위해 자원을 제공한 사회는 그 사람들 중 누구에게도 특정한 의무를 갖지 않는다. 이런 경우에 그들은 모두 우리에 대해 구조받을 동등한 권리를 가지며 우리는 먼저 온 자에게 우선적으로 베푸는 방법이나 임의적 선정 방식에 의해 선택할 수밖에 없을 것으로 보인다. 그러나 모든 신청인이 전적으로 낯선 사람들이 아닐 경우 우리와 병원 혹은 사회는 다양한 당사자들에 대해 특정한 의무를 가질 수 있다. 예를 들어 우리는 그들 중 일부가 사회에 행한 기여에 대해서 보은의 의무를 가질 수 있다. 혹은 만일 우리가 그 부모를 구조하지 않으면 고아원에 내버려질 아이들을 돌보아야 할 의무 등을 가질 수도 있다. 현실세계에 있어서 우리가 모든 신청인에 대해서 똑같은 의무를 가질 가능성은 없다. 그리고 갖가지 도움에 대한 동등한 권리를 가질 가능성도 마찬가지로 없다. 이와 같은 것이 사실일 경우 처음 온 자에게 우선적으로 베푸는 방식이나 임의적 선정 방식은 모두 부적합한 것으로 보인다.

바로 이런 상황에서 그러한 경우를 처리해 줄 일반 공식을 제공함으로써 의무론자가 제시할 수 있는 한 가닥 길이 있다. 각 경우에 신청인의 여러 가지 개인적·사회적 의무의 비중이 평가되어야 하며 그리고서 우리들은 우리가 가장 큰 의무를 가지고 있고 우리에 대해서 가장 큰 권리를 소지한 자를 반드시 구조해야 한다.

공리주의자들이나 의무론자들이 모두 임의적 선정 방식이나 처음 온 자에게 우선적으로 베푸는 방식을 거부하는 것을 주목해 보면 흥미롭다. 그러나 그렇다고 해서 그들이 부족한 의료자원의 할당 문제를 해결하는 방식에 대해서 합의한다는 의미는 아니다. 공리주의자는 문제되는 생명의 비중을 평가하여 계속적인 생존이 사회적으로 최대의 이익을 나타내는 자의 생명을 구할 것이다. 의무론자들은 신청자에 대해서 갖게 되는 의무를 검토해서 그에 대해 구조되어야 할 최대의 권리를 갖는 자에게 도움을 줄 것이다. 이것들은 분명히 같은 문제에 대한 전혀 다른 해결책이다.

5. 결 론

도덕문제를 이 장에서 다루는 가운데 공통되는 한 가지 입론이 나타났다. 즉 의무론자는 인간 생명의 가치를 평가하는 것이 아니고 인간 생명권에 관심을 갖는다는 점이다. 그들은 모든 인간이 죽음을 당하지 않을 동등한 권리를 갖는다고 보지만 도움을 받을 인간의 권리상의 차이점들을 인정한다. 그러나 이러한 차이점들은 인간 생명의 가치에 대한 판단에 의거하는 것이 아니고 단지 우리가 그러한 권리를 갖는 정도를 규정하는 인간관계에 의거하는 것이다.

연습문제

- 아래의 용어들을 우리 자신의 말로 설명해 보자.

 1. 생명에의 권리(생명권)
 2. 죽음을 당하지 않을 권리
 3. 도움을 받을 권리
 4. 죽임의 정의
 5. 자발적 안락사에 있어서 대리인의 원리
 6. 가상적 합의
 7. 죽음에 대한 전통적 정의
 8. 죽음에 대한 뇌사적 정의
 9. 죽음에 대한 수정된 전통 이론
10. 위험의 조건
11. 시도의 조건
12. 유죄의 조건
13. 행위의 조건

- 복습을 위한 문제

1. 생명권의 주요 구성요소는 무엇인가? 그 구성요소들이 그 의의에 있어서 구분되는 중대한 측면이 있는가?
2. 의무론자들은 자살권을 어떻게 옹호하는가? 그러한 논거의 주요 전제들은 무엇인가?
3. 의무론자들이 자발적 안락사를 옹호하는 이유는 무엇인가? 그들이 비자발적 안락사를 옹호하게 되는 어떤 조건이 있는가?
4. 임신 직후의 태아도 인간임을 옹호하는 주요 논변은?
5. 임신중절이 자기 방어 행위로서 정당화될 수 있는가?

6. 생명권에서 어떤 요소가 부족한 의료자원의 할당 문제에 관련되는가? 의무론자가 그러한 대답으로부터 이끌어내는 함축은 어떤 것인가?
7. 의무론자는 공리주의자들이 행하는 인간 생명에 대한 평가를 어떤 방식으로 피하게 되는가?

• 더 생각해 볼 문제

1. 우리가 낯선 사람에 대해서 그들이 우리 생명을 구하기 위한 도움을 주어야 한다는 권리를 갖는다는 견해에 대해 우리는 어떤 종류의 찬반 논변을 제시할 수 있는가?
2. 공리주의적 입장이나 의무론적 입장 모두 자살과 자발적인 안락사 간에 아무런 도덕적 차이점을 발견하지 못하는 것으로 보인다. 그럼에도 불구하고 법이 양자를 달리 취급하게 되는 어떤 이유가 있는가?
3. 3절에서 채택된 접근 방식에 대해 매우 잘 알려진 대안적 견해는, 태아가 스스로 계속 생존하고자 하는 욕구를 가진 지속적인 존재로서 분명한 생각을 갖게 되는 시기로부터만(보통 태어난 이후부터) 생명권을 갖는다는 견해이다. 이러한 견해가 어떻게 이 장에서 도달한 결론과 다른 결론에 이르게 되는가? 이런 대안적 견해의 강점과 약점은 무엇인가?
4. 어떤 사람은 태아가 비록 생명권을 가진다 할지라도 태아가 임산부의 욕구에 반하여 그녀의 신체를 점유하고 있는 까닭에 임신중절이 허용된다고 주장한다. 이것이 모든 경우에 있어서 효과적인 논변이 되는가? 강간을 통해 임신된 태아의 경우에는 어떻게 되는가?
5. 임신중절을 하지 않으면 태아와 임산부가 모두 죽지만 임신중절이 행해질 경우에는 적어도 양자 중 하나가 살게 되는 희소한 경우를 어떻게 분석할 수 있을 것인가?
6. 다음과 같은 반론에서 그릇된 점은 무엇인가? : "우리는 동등한 생명권을 갖고 있다. 따라서 어떤 생명을 구하고 다른 생명을 무시하는 일에 대해서는 어떤 도덕적 정당 근거도 있을 수가 없다."

자율성과 간섭주의 : 몇 가지 가치문제

1. 기본 개념들
2. 의료행위 강요
3. 래트라일 이용 금지
4. 면허에 대한 요구
5. 비자발적 시민 감금

제 12 장

자율성과 간섭주의 : 몇 가지 가치문제

우리가 마지막으로 다루고자 하는 일련의 가치문제는 의사결정의 문제, 특히 누가 누구를 위해 의사결정을 해야 하는가의 문제를 중심으로 한 것이다. 우리는 이러한 문제들이 의사와 환자 그리고 사회 간에 생겨나는 바 다양한 문제들을 검토하고자 한다. 그러나 우리가 당장 다루게 될 기본적인 주제들은 여러 가지 다른 영역에서도 역시 제기되는 것으로서 독자들이 이와 같은 의료적 상황으로부터 다른 맥락으로 일반화하는 일은 그다지 어렵지 않을 것이다.

1. 기본 개념들

우리가 어린이를 어른과 달리 취급하는 데는 여러 가지 방식들이 있다. 어른은 어린이가 갖지 못하는 일정한 특권(예를 들어 투표하고 결혼하고 자신의 돈을 마음대로 쓸 권리)을 갖는다. 같은 식으로 어른들은 어린이가 갖지 않는 여러 가지 책임(예를 들어 자립해야 하고 자신의 계약상의 의무를 이행해야 하는 등의 책임)을 갖는다.

어린이를 어른들과 달리 대우하는 중요한 방식들 중 한 가지는 의사결정의 영역에 있어서이다. 어른들이나 일반적으로 부모들은 어린이를 위해 여러 가지 중대한 의사결정을 할 것으로 기대된다. 그들은 어린이들이 양육되는 방식, 교육받게 될 방식, 그들이 어디에 살 것인지 등등을 결정한다. 어른들은 그러한 의사결정이 어린이의 전 생애에 심대한 함의를 갖는다 할지라도 어린이들 대신에 그들을 위해 이러저러한 중대한 의사결정을 하게끔 요청받는다. 나아가서 특히 어린이가 아주 어릴 경우 어른들은 사전에 어린이와 상의조차 하지 않는다. 이러한 관행은 흔히 있는 일이며 우리도 그것을 당연하게 받아들인다. 그러나 우리는 일반적으로 어른들간에는 이런 종류의 행동이 일어날 것을 기대하지는 않는다. 우리는 어른들이 자신의 의사결정, 특히 중대한 의사결정을 스스로 할 것으로 기대한다.

이상과 같은 주장은 다소 직설적으로 들리기는 하나 몇 가지 중대한 문제를 제기한다. 예를 들어 부모의 특권이 끝나게 되는 것은 몇 살이 지나서인가? 다시 말하면 몇 살이 되어서야 어린이는 어른으로 대우받으며 그들 자신의 의사결정을 스스로 하고 그들 자신에 대해 스스로 책임질 수 있을 것으로 기대되는가? 어떤 어른들은 어린이와 같이 대우받을 필요가 있을 정도로 무능력한가? 어떤 기준에 의해 우리는 그들을 판정할 것인가? 이상과 같은 문제들이 중대한 함축을 지니기는 하나 그것들은 우리들이 하고자 하는 논의와는 상관이 없다. 현재 우리의 목적상 우리는 자기 자신의 의사결정을 할 것으로 기대되는 어른과 다른 사람이 대신 의사결정을 해줄 것으로 기대되는 어린이에 대한 대체적인 구분을 단지 그대로 받아들일 필요가 있다.

어린이 대신에 의사결정을 하는 특권과 더불어서 그러한 의사결정이 어린이에게 이득이 되는 방식으로 이루어져야 한다는 책임이 동반된다. 따라서 그들 어린이에게 해악이 되는 결과를 갖는 의사결정을 계속 행하는 부모는 사회가 그러한 권리를 박탈함으로써 그들의 의사결정권을 상실하게 될 위험에 직면하게 된다. 어린이들은 재산이 아니며 따라서 그들이 이용될 수는 없다. 그들을 위한 의사결정이란 무조건적이거나 양도할 수 없는 권리가 아니다. 부모가 그들 어린이에게 이득이 될 의사결정을 할 책임을 이행하지 않을 경우에는 박탈될 수도 있는 권리이다.

부모나 다른 성인들이 어린이의 이익을 위해 의사결정을 하는 유형을 간섭적 의사결정(paternalistic decision making)이라 부른다. 이와 대조해서 성인이 자신을 위해 행하는 의사결정 유형을 자율적 의사결정(autonomous decision making)이라 부른다. 이러한 용어를 통해서 이제 우리는 이 장과 다음 장들에서 다루고자 하는 문제를 간섭적 의사결정 대 자율적 의사결정을 중심으로 한 문제라고 말할 수 있을 것이다. 좀더 자세히 말하면 간섭적 의사결정 유형을 다른 성인들에게 적용하는 일이 정당화될 경우는 언제인가? 그래서 이는 한 성인 A가 다른 성인 B를 대신해서 B에게 최선의 것이라고 A가 생각하는 바에 따라서 의사결정을 행하는 것이 정당화되는 조건을 묻는 일이라 할 수 있다.

어린이를 다루기 위해 생겨난 의사결정 유형을 어른을 다루는 일에까지 확대하는 것이 타당한 것은 어떤 여건 아래서인가? 대부분의 사람들은, 어떤 사람이 특정한 의사결정을 하는 일에 분명히 유능하고 다른 사람은 그러한 의사결정에 분명히 무능한 상황에서 그러한 확대 적용이 타당하다고 말할 것이다. 한 가지 가능한 사례는 의료 상황이다. 이러한 영역에서 지혜로운 의사결정은 대부분의 성인이 소유하지 못한 정보와 능력을 요청하는 까닭에 우리는 그 영역에 있어서 전문가인 어른이 전문가가 아닌 어른의 이익을 위해 의사결정하는 일을 허용하는 경향을 갖는다.

이 장을 통해서 우리는 사회가 자율적인 의사결정보다 간섭적 의사결정을 허용하는 경향을 갖는 의료상의 네 가지 영역을 서술하고자 한다. 우리는 적절한 주제를 검토할 수 있게 하기 위해 다소간의 배경적 정보를 제공 할 것이다. 그리고 우리의 일반적 형식에 따라 다음 두 장에서 이러한 주제들을 공리주의적 입장과 의무론적 입장에서 살펴보고자 한다.

2. 의료행위 강요

우리가 고찰하고자 하는 첫번째 영역은, 살기 위해서 분명히 의료행위를 받아야 하는 어떤 성인이 그러한 치료를 거부하거나 그러한 치료에 조건을 붙여 의사가 그러한 치료를 할 수 없게 하는 경우에 속한다. 우리의 가치문제는 의사나 사회 일반이 그러한 성인 환자가 치료를 거부하게끔(자율적인 의사결정을 하게끔) 내버려두어야 할 것인지, 아니면 이런 경우 자율적 의사결정을 할 환자의 특권을 박탈하고 그의 의지에 반하더라도 강제로 치료를 제공해야 할 것인지(간섭적 의사결정)를 결정하는 일이다.

이런 상황은 가끔 여호와의 증인(Jehovah's Witnesses)의 경우에 생겨난다. 그들 신앙의 교리에 따르면 아무리 긴박한 위기일지라도 수혈을 금지한다. 따라서 여호와의 증인이 스스로 수혈을 거부하는 결정을 내려 그런 결정으로 인해 그 자신이 죽게 되도록 내버려두어야 하는가, 아니면 사회가 사회 자체의 가치 기준에 입각해 볼 때 그 사람이 생명 구조를 위한 수혈을 받는 것이 가장 좋으며 의사가 환자의 동의 없이 치료할 수 있는 권한을 부여하기로 결정해야 하는가라는 문제가 제기된다.

이러한 종류의 사건들이 재판에 회부되는 것은 흔히 있는 일이다. 일반적으로 환자가 미성년자이고 수혈받는 일을 거부하는 것이 부모일 경우에 재판부는 의사로 하여금 어린이에게 가장 좋다고 생각하는 바를 행할 권한을 부여한다. 그래서 결국 재판부는 의사의 간섭적 판단을 부모의 간섭적 판단에 대체해 버린다. 이러한 경우들은 흥미로운 여러 가지 문제들을 제기하는데, 이를테면 누구의 간섭적 결정이 우선권을 가져야 하는가, 즉 종교적 근거에서 수혈을 요구함으로써 어린이의 이해관계가 가장 잘 도모될 것인가와 같은 것이다. 그런데 여기에서 우리의 관심사는 그와는 다른 문제와 관련된 것인데, 즉 성인은 자기 자신의 자율적인 의사결정을 하도록 허용되어야 하는가, 아니면 사회가 간섭적 판단을 하도록 허용되어야 하는가 하는 것이다. 성인인 여호와의 증인이 종교적 근거에서 의료행위를 거부할 경우에는 재판부에서도 만장일치가 있기 어렵다. 어떤 재판관은 건전한 정신을 가진 성인이 자기 자신의 믿음에 근거해서 자기 자신의 선택을 할 권리를 강조하면서 비록 많은 경우에 환자가 결국 죽게 된다 할지라도 종교적 근거에서 환자가 의료행위를 거절하는 일을 허용해 왔다. 그러나 다른 재판관들은 가능한 한 언제라도 인간의 생명을 보존해야 하는 의사와 사회의 의무를 강조하면서 이런 경우들에 있어서는 자율적 의사결정권을 박탈해 왔다.

여호와의 증인에게는 수혈을 하는 것이 죄악이다. 환자의 소망을 존중하기로 결정했던 일부의 재판관들은 이러한 경우들을 종교적 자유의 문제로 다루어왔으며 성인의 자율권의 문제로 다루지 않았다. 동일한 결론에 이르렀던 다른 재판관들은 자율성을 중대한 주제로 다루었다. 그들은 환자가 치료를 거부하는 이유가 그의 종교적 믿음 때문이라는 것을 의심하지는 않았다. 그러나 그들은 이러한 의사결정의 배경에는 성인이 자신이 가진 신념과 가치관에 의거해서 자기 자신의 자율적 의사결정을 할 권리를 갖는지 어떤지라는 진정한 문제가 놓여 있다는 것을 알고 있다.

물론 동일한 문제와 관련된 것이면서도 종교적 신념에 바탕을 두지 않은 경우들도 있다. 점차 일반의 관심사가 되고 있는 이러한 경우들은 의료행위를 거부할 권리와 '품위 있는 죽음을 죽을'(die a dignified death) 권리와 관련된 것이다.

의료기술의 엄청난 발전들 가운데는 인위적인 방법에 의한 생명 연장술이 있다. 그러나 초인적인 생명 구조 기술은 그것을 제공받는 사람들이 언제나 바라는 것은 아니다. 이런 경우에 환자는 자신이 별로 오래 살지 못하리라는 것을 알고 있고 그러한 기술이 병원 안에서 다소 연장된 생명을 제공할 뿐이라는 걸 잘 알고 있다. 많은 사람들이 이같이 제한된 대단찮은 생명 연장이 그들이 경험하게 될, 전적으로 기계에 의존해서 계속적인 간호를 요구함으로써 경험하게 될 품위의 상실을 감수할 만한 가치가 없다고 생각한다. 나아가서 이와 같이 초인적인 의학적 노력에는 엄청난 경비가 따르게 되며, 이는 흔히 환자의 가정에 앞으로 몇 년 동안 엄청난 경제적 부담을 주게 된다. 이런 이유 때문에 그러한 유의 상황에 처한 많은 사람들은 굳이 그렇게 살기를 바라지 않는다. 그러나 의사와 더불어 관련된 다른 이들은 흔히 환자의 소망에도 불구하고 이와 같이 생명을 구조하는 방도에 의거한 생명 연장을 내세우게 된다.

따라서 여기에서 우리는 종교적인 것에 바탕을 둔 것이 아니면서도 동일한 주제를 갖게 된다. 즉 누가 누구를 위해 의사결정을 할 것인가? 환자가 자신의 생명을 인위적으로 연장할 것인지의 여부를 스스로 결정하도록 허용해야 할 것인가? 아니면 그의 가족이나 의사가 그를 대신해서 이러한 문제를 해결하도록 허락해야 할 것인가? 이러한 문제들과 그와 유사한 문제들은 사회뿐만 아니라 사적이고 개인적인 의사결정자들에게 어려운 법적이고 도덕적인 문제를 제기한다.

3. 래트라일 이용 금지

암을 두려워하지 않는 사람은 아무도 없다. 현대적 탐구의 최선의 노력에도 불구하고 암으로 죽어가는 사람들에게 행해질 수 있는 일은 아직도 보잘 것 없다. 한편으로는 이런 이유 때문에, 그리고 다른 한편으로는 암으로 죽어가는 것이 지루하고도 고통스러운 과정인 까닭에 흔히 암환자들이, 정통적인 방법이 별다른 도움을 주지 못하는 것으로 보일 경우 비정통적인 요법에 의거하게 되는 것은 놀랄 만한 것이 아니다. 이러한 비정통적인 요법 중 가장 널리 알려진 것의 하나는 살구씨에서 추출한 약인 래트라일(Laetrile)로서 치료하는 일이다. 실험을 거듭해 보아도 래트라일로부터 치료적 이득이 있음을 찾아내지 못한 까닭에 그러한 약품의 생산이나 판매는 순수 식품 및 약품 법안에 의거해서 미국 내의 각 주간 상거래에서는 금지되어 있다. 따라서 래트라일을 구하고자 하는 자들은 불법적으로 공급되는 것을 입수하든지 아니면 그것을 합법적으로 얻을 수 있는 어떤 나라 (가장 흔히는 멕시코)로 가야 한다.

순수 식품 및 약품 법안(the Pure Food and Drug Act)의 규정에 주목하는 일은 흥미롭고도 중요하다. 1906년 최초 법안의 목적은 단지 사기 상표나 허위 상표로부터 소비자를 보호하기 위한 것이었다. 1912년 셸리 수정안은 약의 치료적 효과에 대한 거짓된 주장을 금지함으로써 소비자 보호내용을 확대하는 것이었다. 1962년, 더욱 최근의 수정안은 생산자나 판매자들이 의약품을 시장에 내놓기 전에 그것의 안정성과 효과성을 모두 입증할 수 있도록 요구함으로써 소비자 보호를 더욱 증진시켰다. 바로 이와 같이 강력한 법규와 래트라일의 생산과 판매에 대한 그 법규의 적용 때문에 자율성과 간섭주의라는 우리의 현안 가치문제들이 극단적으로 직접적인 방식으로 제기되는 것이다. 이 점을 좀더 면밀히 살펴보기로 하자.

어떤 주에서는 래트라일이 생산되고 그 주에서 판매될 경우 그 개별 주 내에서 약품을 이용하는 것을 합법화하는 법안이 제정되어 왔다(부가적으로 래트라일이 실제로 생산되고 판매될 수 없다는 것을 주목하자. 이러한 법안의 목적은 래트라일을 이용하고자 하는 사람들 편에서 연방 법안에 반대 의사를 나타내는 데 불과한 것이다). 예를 들어 인디애나 주에서는 치료를 위해 래트라일을 요구하는 사람은 다음과 같은 규정 서식에 서명을 해야 하는데, 즉 (1) 그는 식품의 약국(FDA)이 래트라일의 제조와 판매를 금하고 있다는 사실을 알고, (2) 래트라일이 일반적으로 공인된 의료협회로부터 이용이 권장되지 않는다는 것을 잘 알며, (3) 그의 의사가 제공할 수 있는 다른 대안적 치료 형태도 알고 있어야 한다는 것이다. 이런 식으로 해서 인디애나 법규는 래트라일을 찾는 자가 사기의 희생물이 되지 않을 것을 보장하는 것인데, 즉 그는 정통적인 의료상의 견해가 무엇인지를 알면서도 어떻든 래트라일로 치료를 받고자 하는 자이어야 한다는 것이다. 그러나 현재 순수 식품 및 약품 법안에 따르면 그는 래트라일로 치료받을 수 없다. 왜냐하면 그 법안은 어떤 약품이 안전하고 효과가 있다는 것이 입증되기 이전에는 아무도 그 약품으로 치료받을 수가 없다고 명시하고 있기 때문이다. 따라서 이러한 법안에 구현되어 있는 사회의 판단은 래트라일이나 다른 약품의 사용이 권고할 만한지에 대한 개인 자신의 자율적인 판단이 허용되어서는 안된다는 것이다. 이는 사회가 어른들에게 간섭적 의사결정을 적용하는 분명한 사례이며 따라서 그것이 간섭 대 자율의 문제를 제기한다는 것은 명백한 일이다.

순수 식품 및 약품 법안과 그 법안이 래트라일 이용을 금지하는 것을 옹호하는 자들은 당연히 다음과 같이 주장할 수 있을 것이다. 통상적으로 성인이 자기 자신에게 이득이 된다고 판단하는 방식으로 행위하기를 원할 경우 다른 사람에게 해악이 없으면 비록 대부분의 사람들이 그에게 이득보다는 해악이 초래된다고 믿을지라도 사회는 그러한 행위를 허용해야 한다. 우리가 그 사람의 자율적 의사결정을 존중하는 이유는 성인들은 자신에게 최선의 것이 무엇인지를 가장 잘 판단하는 자라고 가정하기 때문이다. 그러나 이러한 가정이 사실일 가능성이 없는 어떤 경우들이 있는데 그것은 사람이 합리적인 판단을 내릴 정상적인 능력에 방해가 되는 스트레스나 두려움 그리고 불안 등의 조건 아래서 행동하고 있을 경우이다. 그와 같은 상황에서 사회는 그 개인을 자기 자신으로부터 보호하기 위해 간섭적인 방식으로 개입하여 행위할 의무를 갖는다. 암에 걸린 것으로 검진된 사람은 이런 종류의 보호를 요구할 가능성이 있다. 결국 암의 진단은 아직도 느리고 고통스러운 사형선고를 받은 것과 같은 것으로 널리 인식되고 있다. 따라서 암 희생자들은 그릇된 의사결정을 내릴 경향을 특별히 갖게 되며 보호가 요청되는 것이다. 무엇보다도 우선 그들은 래트라일을 사용하려는 그들 자신의 자유로운 의사결정을 하지 못하도록 보호받을 필요가 있는 것이다.

래트라일 금지 법안에 반대하는 자들은 사태를 달리 본다. 그들은 인디애나 법안과 같은 법안을 충분히 가질 수 있다고 믿으며 이로 인해서 래트라일을 요구하는 사람이 모두 거짓된 선전의 희생자는 아니라는 것을 단적으로 보장하게 된다. 그들은 인디애나 법안의 모든 조건이 충족되었을 경우에도 래트라일 이용을 연방 법안이 금지하는 데 대해서 반대하는데, 그 근거는 만일 이 같은 모든 정보를 다 알면서도 어떤 성인이 그에 비추어 정통적인 의료적 견해를 따르는 대신 래트라일에 모험을 걸어보기를 택했을 경우 우리는 그의 선택을 존중해야 한다는 것이다.

래트라일 금지 법안에 대한 이 같은 반대자들의 주장에 따르면 일단 우리가 어떤 상황에서 성인을 대신해서 선택을 해주기 시작하면 ─ 예를 들면 그들이 당하고 있는 스트레스를 이유로 해서 ─ 전반적으로 간섭주의적인 사회로 불가피하게 진행해 가는 길을 막을 수가 없고, 결국 그러한 사회에서 우리의 최선의 이익이 무엇인지를 결정할 가장 많은 능력이 있다고 주장하는 자들에 의해 우리 대신 모든 결정이 이루어지게 된다. 따라서 암환자가 래트라일의 이용을 선택

하게 허용함으로써 우리는 성인이 자기 자신의 선택을 따를 권리와
더불어 결과적으로는 사회에 있어 최선의 이득을 도모하게 되는 것
이다.

명백한 것은 만일 우리가 식품 및 약품 법안이 구현되어 있는 사
회정책과 인디애나 주 법안에 구현된 사회정책 중에 선택해야 한다
면 자율 대 간섭의 문제는 반드시 해결되어야 한다는 것이다. 다음
두 장에서 우리는 이 문제에 대해 공리주의와 의무론이 어떤 이야기
를 하게 될 것인지 살피고자 한다.

4. 면허에 대한 요구

미국의 모든 주에서 면허 없이 의료행위를 하는 것은 불법이다.
나아가서 이러한 면허는 요구되는 연구과정을 이수하고 인가된 의과
대학과 병원에서 인턴 과정을 마치고 관련된 시험에 합격한 사람만
이 취득할 수가 있다. 우리 모두가 이와 같이 면허를 위한 요구조건
을 알고 있기는 하나 이러한 제도의 정당 근거에 대해 많은 생각을
해본 사람은 우리들 가운데 거의 없다. 이 점에서 우리는 면허제도가
단지 존재한다는 사실이 자율과 간섭에 관한 근본적인 문제를 어떻
게 제기하게 되는지를 살피고자 한다.

중세시대에 유럽은 길드제도(guild system)에 의해 지배되고 있었
는데, 이는 일정 기준을 유지하고 성원들의 이익을 도모하기 위한 상
인과 거래조합의 체계였다. 많은 거래들이 적절한 길드의 성원에 의
해서만 시행될 수 있었다. 그러나 근대사회의 대두는 여러 가지 다른
변화들과 더불어 길드제도의 붕괴를 가져왔다. 결국 사람들은 자신
의 거래 행위나 직업 활동을 위해 어떤 길드에 속할 필요가 없게 되
었다. 그러나 오늘날 우리의 면허제도는 많은 점에서 중세의 길드제

도와 유사하다.

　면허제도의 정당한 근거를 재고할 필요를 느끼게 하는 또 한 가지 관찰은 그 종사자들에 대한 허가가 요구되는 전문직업의 수효가 점차 증가한다는 점이다. 의사, 변호사, 조제사, 심리치료사의 허가를 요구함과 더불어 어떤 지방에서는 이발사, 담배꽁초 거래상, 식물 외과의사, 맹도견 조련사, 과도 모발 전문가(볼썽 사나울 정도의 과도한 모발을 제거하는 사람)의 허가까지 요구하는 주 법률과 시의 법령이 있기까지 하다. 나아가서 특정한 직종이나 직업의 면허를 관장하는 위원회도 통상적으로 그러한 직업이나 직종을 개업한 자들에 의해 직접적으로 통제되고 있다. 이러한 관찰로 인해 우리는 면허의 문제에 대해 다시 한번 생각해 보지 않을 수 없는 것이다.

　면허의 효과를 확인하기 위해 행해진 여러 연구들에 비추어볼 때 흔히 그 결과로서 지적되는 것은 그러한 제도의 주요 수혜자들은 면허받은 전문가들 자신이라는 점이다. 면허에 대한 엄격한 요구는 전문가들에 의해 경쟁을 배제하고 가격을 인위적으로 높이기 위해 이용될 수가 있다. 그러나 이와 같은 면허제도의 남용 가능성에 주목하고자 하는 것이 이 장의 목적은 아니다. 오히려 우리의 관심은 그러한 제도를 갖는 데 대한 이론적 정당화에 관한 것이다. 그와 같이 가능한 남용은 면허제도가 결코 당연한 것으로 받아들여져서는 안된다는 점에 대한 독자의 의식을 증대시키기 위해 제시된 것일 뿐이다.

　좀더 이론적인 관점에서 면허 요구의 문제를 살피는 일에서 중요한 것은 의료행위를 규제하기 위한 가능한 세 가지 유형의 제도를 구분하는 일이다.

　등록제도(registration system)　이 아래서는 의료행위를 하고자 하는 자는 누구나 등록 사무소에 자기 이름을 등록하고 자신에 관한 적절한 정보를 제시하기만 하면 개업할 수가 있다. 자신을 등록

하는 데 필요한 아무런 전제조건이 없다. 이러한 명단을 보관하는 목적은 어떤 자의 의료행위와 관련해서 어떤 문제가 발생할 경우 주 당국이 그의 소재, 그의 배경 등을 파악하는 일을 보장하기 위한 것이다.

증명제도(certification system)   이 아래서는 정부가 일정한 요구조건을 충족시킨 자들에게 증명서를 발급하게 된다. 증명의 목적은 의료행위자가 그러한 요구조건을 충족시켰는지 여부를 예상되는 환자들이 확인할 수 있게 하기 위한 것이다. 원하는 자면 누구나 의료행위를 할 수 있으나 규정된 요구조건을 만족시킨 자만이 증명된 의사로서 선전할 수 있다. 이런 방식으로 해서 일반인들은 사기로부터 보호받을 수 있고 그들이 원할 경우에는 증명서 없는 의료행위자로부터 그런 줄 알고서 치료받는 일을 자유로이 선택할 수도 있게 된다.

면허제도(licensing system)   오늘날 시행되고 있는 이러한 제도 아래서는 각 주가 일정한 요구조건을 만족시킨 자들에게 의료행위를 할 수 있는 면허증을 발급한다. 자기가 면허증을 받지 못한 주에서는 비록 그가 그러한 요구조건을 만족시키지 못한 자임을 알고 있는 사람들이 그에 의해 치료받기를 원한다 할지라도 그는 의료행위를 할 수가 없다.

이상과 같은 세 가지 가능성을 검토해 볼 경우 분명해지는 것은 오직 마지막 가능성만 자율과 간섭의 문제를 제기한다는 점이다. 사회가 언제나 성인의 자율적 선택을 존중해야 한다고 믿는 자들은 등록제도나 증명제도에 반대하지는 않을 것이다. 왜냐하면 그러한 제도들은 둘 다 의료행위를 하고자 하는 모든 사람을 허용하고 성인들이 자기의 의료행위자로서 원하는 자는 누구나 제약 없이 선택하는 일이 허용되기 때문이다. 면허요구만이 자율성 문제를 제기하는데, 왜냐하면 그것은 — 비록 두 사람의 성인이 사기나 강요 없이 자유로운 합의에 이르게 되었다 할지라도 — 어떤 사람이 의료행위를 할 수 있고 어떤 사람이 할 수 없는가를 규정하기 때문이다. 따라서 무제한의 자율적 의사결정을 할 권리를 성인이 갖는다고 믿는 사람은 적어도 면허 요구의 타당성에 의문을 제기할 수밖에 없다.

면허에 대한 요구를 옹호하는 사람들은 사정을 달리 본다. 그들은 면허를 취득하는 데 필요한 요구를 만족시키지 못한 의료행위자들에 의해 어떤 사람이 치료받기를 선택하게 될 이유에 의문을 제시한다. 그에 대한 가장 그럴 듯한 설명은 그 사람이 비정통적인 의료행위를 요구하고 있다거나 아니면 그가 염가로 의료혜택을 받게 된다는 것이다. 비정통적이거나 유래없는 염가의 치료는 일차적으로 교육을 받지 못한 사람이나 그들의 질병으로 인해 정상적인 판단을 행할 능력이 없는 자들에게 매력을 갖는다. 만일 이런 사람들에게 자율적인 의료상의 결정을 하도록 허용한다면 그들은 자신도 모르게 자기의 생명을 위태롭게 하게 된다. 따라서 그들 자신의 이익을 위해서도 사회는 그들이 자격을 가지고 면허를 가진 의사에 의해서만 치료를 받아야 한다고 주장하는 것이다.

여기에서 우리는 간섭주의적 논변의 명백한 표현을 살펴보았다. 그것은 기껏해야 의료행위를 규제하기 위해 증명제도를 허용하게 될 논변과 뚜렷한 대조를 이루고 있다. 다음 두 장에서 이러한 문제들을 검토할 때 우리는 그것들을 좀더 자세하게 살피게 될 것인데, 우선은 공리주의적 관점에서 살피고 다음에는 의무론적 관점에서 살피고자 한다.

5. 비자발적 시민 감금

의료행위가 자율 대 간섭의 문제에 대해 제기하는 문제 영역의 마지막 사례는 정신병동에 비자발적인 시민을 감금하는 문제인데, 여기에 사람이 감금되는 이유는 그가 타인에 대해서보다 자기 자신에게 위협적 존재로 간주되기 때문이다. 이러한 맥락에서 제기되는 법적・도덕적 문제는 아주 복잡하므로 우리는 그러한 문제를 아주 조심스럽게 검토해야 할 필요가 있다. 우선 정신병동에 어떤 사람을 감금하기 위한 네 가지 근거들을 구분해 보자.

죄를 지은 정신이상자의 감금   대부분의 선진 사회와 같이 우리 사회에서 정신이상은 범죄의 책임으로부터 법적으로 인정된 면책(excuse)조건이 된다. 제3장에서 살펴 본 바와 같이 면책조건은 피고가 문제의 범죄를 행했다 할지라도 그가 처벌되어서는 안된다는 것을 입증하기 위해서 마련된 논거이다. 정신이상이라는 면책조건이 내세우는 바에 따르면 피고는 그가 책임 추궁당하고 있는 범죄에 대해 처벌되어서는 안되는데 왜냐하면 그의 정신질환으로 인해 그는 자신의 행위, 특히 그러한 범죄 행위에 대해 책임을 질 수 없기 때문이다. 우리가 이러한 면책조건을 인정한다 할지라도 그것이 제대로 채택될 경우 우리는 범죄자를 그대로 방면하지는 않는다. 대부분의 판결에서 그는 정상인으로 되었음이 확인될 때까지 정신질환의 치료를 위해 그의 의지와는 달리 정신병동에 자동적으로 (아니면 적어도 통상적으로) 감금당하게 된다.

범죄자가 자신의 의지와는 달리 감금되는 이와 같은 유형의 감금은 몇 가지 문제를 야기한다. 대부분의 경우 정신이상의 범죄자는 자신의 범죄에 대해 처벌받게 될 경우 감옥에서 보내게 될 것보다 더 오랜 시간을 정신병동에 감금되어 보낼 수밖에 없다. 나아가서 정신병동에의 감금은 흔히 범죄자가 자신의 범죄에 대해 처벌받을 경우 받게 되는 것보다 훨씬 더 나쁜 처벌임이 판명된다. 이것은 범죄적 정신이상자의 감금에 대한 심각한 가치문제이긴 하나 그것은 간섭 대 자율의 문제가 아닌 까닭에 우리는 그 문제를 여기서 다루지는 않을 것이다.

정신질환자의 자발적 감금   자신의 문제에 도움을 얻기 위해 자발적으로 정신병동에 감금되고자 하는 입장을 취하는 사람들이 많이 있다. 이러한 경우들은 감금되는 사람들의 자발적 선택과 관련되어 있는 까닭에 이 또한 자율 대 간섭의 문제를 제기하지 않는다.

사회에 대한 위협적 존재의 비자발적 시민 감금   어떤 사람은 범죄를 행했기 때문이 아니라 사회에 대한 잠재 위험인물로 판단되는 이유에서 비자발적으로 정신병동에 감금된다. 어떤 유형의 비자발적 감금은 많은 중요한 문제들을 야기한다. 우선 우리의 예견이 신빙성이 있는가라는 매우 어려운 문제가 있다. 우리가 그의 의지와 달리 감금할 수 있기 위해서는 그 이전에 그 사람이 타인에게 해악을 주게 될 가능성이 어느 정도인가를 물어야 한다. 그리고 이런 가능성에 대한 우리의 평가가 어느 정도 신빙성이 있는가? 이것은 범죄도 행해지기 전에 이루어지는 처벌의 경우인가, 아니면 전염성 질환을 가진 자를 다른 나머지 사람을 전염으로부터 보호하기 위해 격리시키는 경우와 같은가? 또한 비록 이러한 것들이 사회에 대해 중대한 문제일지라도 우리는 격리를 위한 이러한 근거와 그에 수반되는 문제를 지금으로서는 무시하고자 한다. 왜냐하면 그것은 자율 대 간섭이라는 우리의 문제를 제기하지 않기 때문이다. 다시 말하면 만일 우리가 어떤 사람을 그의 의지와는 달리 감금하기로 택했다면 우리가 그렇게 한 목적은 우리 자신의 이득을 위해서, 우리 자신을 보호하기 위해서이지 그 자신의 이득을 위한 것이 아니다. 따라서 만일 우리가 그런 선택을 했다면 그것은 우리가 뜻하는 바 선의의 간섭적 선택이 아닌 것이다. 따라서 이러한 유형의 경우가 제기하는 가치문제는 개인의 자율성 대 간섭주의의 문제가 아니라 개인의 자율성 대 사회의 보호라는 문제이다.

자신을 해칠 개인을 보호하기 위한 비자발적 시민 감금 자율 대 간섭의 문제를 제기하는 것은 바로 감금을 위한 이러한 근거이며 오직 그것뿐이다. 이런 경우에 있어서 그 사람은 감금되기를 원치 않는다. 즉 그의 자발적 선택은 그대로 자유롭게 존재하는 것이다. 만일 우리가 자율적 선택을 믿는다면 우리는 이러한 비자발적 감금에 반대해야 할 것이다. 반면에 만일 우리가 이런 유형의 비자발적 감금을 받아들인다면 우리가 그렇게 하는 이유는 그것이 감금당하는 사람의 최선의 이익을 위한 것이라고 믿기 때문이다. 우리는 그를 그 자신으로부터 보호하기 위해 감금하는 것이다. 이러한 근거를 받아들일 경우에는 적어도 문제된 그 사람에 관해서 어떤 형태의 간섭주의에 대한 신념이 전제되고 있다.

이런 유형의 감금에 대한 가장 통상적인 이유들 중 하나는 자살하려는 사람을 그 자신을 죽이는 일로부터 보호하기 위한 것이다. 이런 경우에 간섭주의를 기꺼이 받아들이는 자는 어떤 사람이 자살하는 일을 막는 것이 그 사람의 욕구와 그의 자유로운 의사결정에 대한 존중보다 우선적인 것이라는 믿음을 가져야 한다. 반대로 이런 형태의 비자발적 감금을 받아들이기를 거부하는 자는 자율적이고자 하는 개인의 권리를 존중하는 일이 그의 생명을 구하고자 하는 사회의 의무보다 더 우선적인 것이라는 견해를 채택해야만 한다.

한 가지 점이 분명히 되어야 한다. 이러한 유형의 비자발적인 시민 감금에 많은 사람들이 반대하는 이유는 정신병동이 그와 같은 불행한 사람을 돕기 위한 아무런 실제적인 노력을 하지 않는다는 점을 걱정하기 때문이거나, 혹은 그러한 유형의 감금이 남용될까 염려하기 때문이다. 후자의 염려는 어떤 가정이나 공동체가 감금에 대한 이러한 근거를 이용하여 원치 않는 부담스러운 존재를 제거하기 위한 구실로서 사용할 수 있으리라는 걱정이다. 불행히도 그러한 비자발적인 시민 감금 제도가 이런 식으로 실제로 남용되어 온 경우들이 있다. 그리고 이러한 비극적인 사정과 더불어 어떤 사람이 실제로 도움이 필요한 경우에도 그가 감금된 병동 속에서는 아무런 도움도 받을 수 없는 경우가 종종 있다는 사실도 알아야 한다.

이상과 같은 것들은 중요한 점이며 그것들은 우리가 앞에 나온 문제들을 바라보는 방식을 규정하는 데 일정한 역할을 한다는 것도 의심의 여지가 없다. 그러나 그것들이 우리의 논의에 속하지 않은 까닭에 우리는 그것들을 제외해 두고자 한다. 그 대신 사회가 그 절차적 보장책들을 강화하여 남용의 가능성이 극소화되었으며 그러한 병동이 그곳에 감금된 자를 진정으로 도울 수 있는 것이라고 가정해 보자. 그럴 경우 우리는 사회가 그런 사람에 대해 간섭적 입장을 채택할 권리가 있는지 여부에 대한 근본적인 가치문제에 대면하게 된다. 우리들은 그들이 우리에게 아무런 위협이 되지 않을 경우에도 그들이 감금되는 것이 더 나은지를 그들을 대신해서 결정해야 할 것인가? 다음 장들에서 우리는 자율 대 간섭에 대한 공리주의적 입장과 의무론적 입장이 이러한 근본적인 가치문제들을 어떻게 바라보는지 살피고자 한다.

연습문제

- 아래의 용어들을 우리 자신의 말로 설명해 보자.

1. 간섭적 의사결정
2. 자율적 의사결정
3. 길드제도
4. 인디애나 법령과 순수 식품 및 약품 법령 간의 구분
5. 등록 / 증명 / 면허 제도 간의 구분
6. 범죄적 정신이상자의 감금
7. 비자발적인 시민 감금
8. 자신에 대한 위협과 타인에 대한 위협 간의 구분

- 복습을 위한 문제

1. 간섭적 의사결정을 어린이로부터 어른에게 확대하는 일에 대해 제시될 수 있는 중요 이유들은 무엇인가?
2. 여호와의 증인이 위급한 수혈을 거부하도록 허용하는 데 대한 찬반 논변은 무엇인가?
3. 품위를 잃지 않고 죽을 권리에 대한 주요 찬반 논변은?
4. 인디애나의 약품 규제 제도가 연방 제도와 어떻게 다른가? 각 제도의 강점과 약점은 무엇인가?
5. 면허 요구와 과거의 길드제도가 유사하다면 어떤 점에서 그러한가?
6. 등록, 증명, 면허가 갖는 장점과 단점은 무엇인가?
7. 사회가 정신이상자를 감금하게 되는 서로 다른 이유들은 무엇인가? 이들 각 조건과 관련해서 제기되는 주요 가치문제는 무엇인가?
8. 타인에게 위협적 존재가 아닌 자의 비자발적인 시민 감금은 어떤 식으로 간섭주의의 정당성 문제를 야기하게 되는가?

▪ 더 생각해 볼 문제

1. 간섭적 의사결정이 명백히 정당화되는 경우에 있어서조차 성인이 어린이를 위해 행할 수 있는 선택의 유형에 대해 어떤 제한을 가할 수 있는가? 이러한 제한이 부모 자식 간의 관계를 부당하게 침해함이 없이 어떻게 시행되어야 할 것인가?

2. 다음 진술에 대해 논평하라 : "적절한 지식을 갖는다 해도 아무도 래트라일과 같은 약을 이용하는 일을 진정한 의미에서 자유로이 선택할 수는 없다. 이와 같은 사례들은 모두가 실제로는 그러한 매매하는 자들의 편을 드는 간접적인 사기와 강요의 경우에 불과한 것이다."

3. 아마도 우리가 증명과 면허를 주어야 할 직업과 그런 수고를 하지 않아도 될 직업을 구분하기 위해 우리는 어떤 원칙을 이용할 것인가? 각 유형의 보기를 들어보라.

4. 범죄적 정신이상자의 감금과 범죄자의 감금을 어떻게 구분해야 할 것인가? 그들은 서로 달리 취급해야 할 것인가? 그들의 시민권은 서로 달라야 하는가? 그들의 감금기간은 달라야 할 것인가?

5. 사회에 위협적 존재로 생각되는 자의 비자발적인 시민 감금이 범죄가 행해지기 이전에 이루어지는 처벌과 어떤 근거에서 구분될 것인가? 감금된 자의 처우에 의해서인가? 그들의 감금에 의해서인가? 아니면…?

제 13 장

자율성과 간섭주의 : 공리주의적 입장

1. 공리주의적 분석의 기본 가정들

2. 의료행위 요구에 대한 공리주의 이론

3. 래트라일 이용 금지에 대한 공리주의 이론

4. 면허 요구에 대한 공리주의 이론

5. 비자발적인 시민 감금에 대한 공리주의 이론

6. 결   론

제 13 장

자율성과 간섭주의 : 공리주의적 입장

1. 공리주의적 분석의 기본 가정들

간섭 대 자율의 문제는 실제로 누가 누구를 위해서 어떤 의사결정을 해야 하는가에 대한 논의이다. 처음 보기에 이 논의는 공리주의적 관점에 쉽사리 부합하는 문제가 아니다. 결국 공리주의자들은 전적으로 무엇이 최선의 결과를 가져올 것인가라는 문제만을 다루고자 한다. 따라서 어떤 특정한 경우 공리주의자는 누가 의사결정을 할 것인가에 관심을 갖는 것이 아니라 어떤 의사결정이 이루어질 것인가에 관심을 가질 것으로 보인다. 달리 말하면 우리는 공리주의자가 관련된 모든 이에게 최선의 결과를 가져다줄 의사결정을 따랐는지 확인하는 일에 일차적인 관심을 가질 것으로 기대하게 된다. 우리는 공리주의자가 그것이 어떤 사람의 의사결정인지에 관해 많은 염려를 할 것으로 기대하지 않는다.

이를 예시하기 위해 앞장에 나온 경우로서 자신에게 위험스럽다고 판단되는 사람의 비자발적인 시민 감금의 예를 들어 생각해 보자. 우리는 이 경우에 공리주의자의 유일한 관심이 문제의 그 사람을 감금하거나 감금하지 않을 경우 생겨난 결과를 고려하는 것이라는 점을 예견할 수 있다. 만일 그 결과가 좋으면 그는 감금되어야 하며 그 결과가 나쁠 경우에는 그를 감금해서는 안된다. 우리는 공리주의자가 누구에 의해 이러한 판단이 이루어졌는지에 대해서는 이러저러한 식으로 염려하리라고 기대하지 않을 것이다.

　분명히 공리주의자들이 관심을 갖지 않는 한 가지는 성인들이 자율적인 의사결정자가 되고자 하는 권리이다. 어떤 결정이 이루어지는지 뿐만 아니라 누가 의사결정을 하는지에 대해서도 관심을 갖는 많은 사람들이 있는데 그 이유는 그들이 사람은 자기 자신의 인생에 대해 의사결정을 할 어떤 권리를 갖는다고 믿기 때문이다. 그러나 공리주의자들은 그런 식으로 분석하는 자들에 속하지 않는다. 우리가 이 책에서 여러 번 보아 온 바와 같이 공리주의자들은 권리를 독립적인 도덕적 고려사항이라고 믿지 않는다. 바로 그런 이유 때문에 그들이 어떤 의사결정이 이루어지는지 뿐만 아니라 누가 그러한 결정을 하는지에 관심을 갖는 이유를 설명하는 한 가지 방식으로서 자율적인 의사결정자의 권리에 의거할 수가 없는 것이다.

　공리주의자들이 어떤 의사결정이 이루어지는지 뿐만 아니라 누가 그러한 결정을 하는지에 관심을 갖는 데 대한 그들의 이유를 설명하는 데 도움이 되는 것으로서 전개하는 두 가지 주요 입론이 있다. 하나는 다양한 의사결정자들의 상대적 역량과 관계되는 것이며 다른 하나는 사람들이 자율적인 의사결정자가 되고자 하는 욕구와 관련된다. 이들 각각을 차례로 살펴보기로 하자.

　하나의 사회로서의 우리는 각 의사결정이 최선의 결과를 가져올 가능성이 있는지 여부를 결정하기 위해 모든 사람이 행한 모든 의사결정을 검토할 시간이나 방법이 없다. 또한 이러한 과제를 고려하는 것조차 우스운 일이다. 따라서 우리는 어떤 상황에서 누구의 의사결정은 점검하기로 하고 어떤 사람의 의사결정은 점검하지 않고 그대로 수행되게끔 허용하고자 하는지에 대해서 어떤 일반적인 지침을 가져야 할 필요가 있다. 중대한 의사결정에 있어 어린이의 능력은 거의 믿을 수 없는 까닭에 우리는 다른 누군가(보통 그들의 부모)가 그러한 의사결정을 대신 해주든지, 아니면 적어도 어린이들을 점검해 주기를 바란다. 또한 타인의 인생에 엄청난 영향을 미치게 될 의사결정이 개인에 의해 결정되는 것을 그대로 믿기 어려운 까닭에 우리는 그것을 점검하고 필요할 때는 그러한 의사결정을 수정하기 위해 다양한 기구를 제도화하고자 한다. 그러나 그 일차적인 영향이 자기 자신에게 미치게 되는 의사결정을 성인이 하게 되는 경우 공리주의적 관점에서 볼 때 그러한 의사결정은 점검하지 않고 그대로 허용하고 어떤 사회적 통제 없이 이루어지게 하는 것이 타당하다. 우선 개인은 자기 자신에게 최선의 행위가 어떤 것인지에 대한 최상의 판단자일 것이기 때문이다. 나아가서 그러한 행위들이 나머지 다른 사람에게 영향을 준다 해도 대단찮은 것이며 개인의 의사결정을 일일이 감독하고자 할 경우 드는 경비는 그로부터 결과할 이득에 비해 엄청날 것이기 때문이다. 따라서 특수한 경우를 제외하고서 자율적인 의사결정을 존중할 만한 공리주의적 이유가 성립하는 것이다.

누가 어떤 의사결정을 할 것인지의 문제를 공리주의자들이 다루는 두번째 방식은 사람들이 그들 자신의 인생을 좌우하고 자율적인 의사결정자가 되고자 하는 욕구를 통해서이다. 다른 욕구들과 마찬가지로 이러한 욕구도 공리주의자들이 고려해야 할 욕구이다. 어떤 사람의 의사결정은 바로 그 자신에게 좋지 않은 결과를 가져올 것이기 때문에 그릇된 것으로 생각될지라도 우리는 그가 그 자신의 의사결정을 행하도록 허용할 정당한 공리주의적 근거를 가질 수가 있다. 문제의 그 사람이 우리들 대부분과 유사하다면 그는 자기 자신의 의사결정을 행함으로써 자기 자신의 운명의 주인이 되고자 하는 상당한 욕구를 가질 것이다. 우리가 그의 의사결정을 통제하고 그에게 간섭적으로 행동할 경우 생겨날 욕구의 좌절은 종종 우리가 그를 대신해서 하게 되는 의사결정에서 생겨날 모든 이득을 능가하게 된다. 이런 식으로 해서 자율성의 원리에 의거하지 않고서도 공리주의자는 성인들이 자유로운 의사결정자가 되는 것을 허용하는 일에 대해 독자적인 중요성을 부여할 수가 있는 것이다.

이상과 같이 말한다고 해서 공리주의자들이 언제나 자율성에 대한 믿음을 갖는다는 의미는 아니다. 이상의 논변은 단지 사람들의 자율적 선택을 존중하는 데 대한 정당한 공리주의적 근거가 있음을 보여줄 뿐이다. 앞장으로부터 우리가 알고 있는 바이지만 이것이 의미하는 것은 이와 같은 자율성이라는 고려사항을 무시하고 우리가 간섭적으로 행동하기를 요구하게 될 정당한 공리주의적 근거 또한 있을 수 있다는 점이다. 예를 들어 어떤 사람이 자기 자신의 선택을 따르는 결과가 아주 나쁘다면 우리는 그의 선택을 통제하고 그에 대해 간섭적으로 행동하지 않을 수 없다. 다른 영역에서와 같이 이러한 문제 영역에서도 공리주의자는 우리가 그러한 제반 결과들을 평가해야 한다고 말하게 된다. 그러나 우리가 살핀 바와 같이 어떤 결과는 행해진 의사결정에서 곧바로 생겨나겠지만 다른 결과들은 누가 그러한 의사결정을 행할 것인가라는 점과 관련된다. 이 장의 나머지 절들에서 우리는 공리주의자가 제12장에서 제기된 문제에 대해 자신의 기본적인 이론체계를 적용하는 방식을 살피고자 한다.

2. 의료행위 요구에 대한 공리주의 이론

앞절에서 전개된 공리주의적 분석에 비추어볼 때 이제 우리는 제12장에서 제기된 문제들을 검토할 위치에 있게 되었다. 우리가 고찰하게 될 문제 중 첫번째 것은 우리가 어떤 사람에게 그의 의지와는 달리 의료행위를 받도록 정당하게 요구할 수 있는 조건에 대한 것이다. 제12장 2절에서 나온 예를 계속 이용해서 우리는 이 문제를 수혈을 거부하는 여호와의 증인과 생명을 구하는 치료를 거부하는 불치병 환자를 통해서 살펴보고자 한다.

공리주의자들이 이러한 문제들을 다룰 때 의거할 수 있는 여러 가지 친숙한 논변들이 있다는 것은 반복해서 말할 만한 가치가 있다. 공리주의자들이 자율적인 의사결정을 행할 개인의 권리에 의거할 수 없는 이유는 그들이 인간의 권리를 독자적인 도덕적 고려사항으로 간주하지 않기 때문이다. 이런 이유 때문에 공리주의자는 또한 종교적 자유에 대한 개인의 권리에도 의거할 수 없는데 바로 이러한 종교적 자유권은 많은 재판관들이 여호와의 증인의 경우에 있어 자율성을 옹호하기 위한 그들의 논변에서 의거했던 것이다. 이러한 것들 대신에 공리주의자는 각 상황에서 개인의 소망을 존중했을 때와 무시했을 때 생기는 결과에 의거한다. 우리가 논의하고자 하는 각 경우들을 차례로 살펴보기로 하자.

불명예스럽게 나중에 죽기보다는 품위를 잃지 않고 일찍 죽고자 하는 불치의 병을 앓는 환자의 경우 공리주의적 입장은 아주 간명하다. 우리에게 필요한 것은 그 사람의 생명을 구해야 한다는 주장의 결과를 확인하는 일일 뿐이다. 우선 그는 자기가 피하고자 하는 고통과 불명예를 당하게 될 것이다. 나아가서 우리는 그의 가족에게 상당한 인간적·경제적 부담을 지우게 된다. 끝으로 그는 그의 소망이 무시되었고 명예롭게 죽고자 하는 욕구가 방해받은 좌절감을 감수해야 할 것이다. 결국 그 사람의 소망을 무시하는 간섭적 의사결정으로부터 여러 가지 중대한 손실들이 결과하게 된다.

이와 같은 간섭적 의사결정으로부터 결과할 수 있는 이득이 무엇인가를 알기는 더욱 어렵다. 어떤 사람은 의사와 병원 측에 이득이 있다고 주장한다. 그들의 주장에 따르면 이러한 제도들은 생명의 보존에 종사하는 것인데 이 같은 그들의 노력에 지장을 줌으로써 우리는 그들의 목적을 손상시키게 되고 그들의 능력을 감소시키게 된다.

따라서 환자의 소망에 어긋날지라도 생명을 구해서 계속 생존하게 하려는 노력을 허용함으로써 어떤 사회적 이득(social gain)이 있게 된다. 이러한 주장에 반대하는 자들은 비록 그러한 이익이 있다 할지라도 그것이 그 개인의 실질적인 손실을 능가한다고 믿기가 어렵다고 내세운다. 나아가서 그러한 제도들이 어떠한 대가를 치르고서라도 그들의 단일목표로서 생명의 보존을 내세우는 일을 우리가 실제로 권장하고 싶어하는지 명백하지가 않다. 만일 이러한 공리주의적 분석이 옳다면 우리는 당연히 그와는 다른 태도를 권장하기를 바라게 된다. 즉 의사와 병원으로 하여금 환자에게 도움을 주는 것을 그들의 역할로 간주하게 함으로써 생명의 대가가 노력을 기울일 만한 가치가 있을 경우에는 환자가 생존하게끔 돕고, 품위 있게 죽는 것이 환자의 합당한 선택일 경우는 그러한 죽음을 돕는 태도를 권장하고자 한다. 요약하면 공리주의적 분석이 분명히 이르게 될 결론은, 이런 경우 최선의 결과는 그 사람이 의료행위를 거부할 수 있도록 허용함으로써 생겨나리라는 점이다.

여호와의 증인의 경우에는 문제가 훨씬 더 복잡하다. 이때 환자는 수혈을 받을 경우 지옥에 빠지게 되리라고 믿기 때문에 의학적 치료를 거부하고자 한다. 이러한 믿음을 합당한 것으로 받아들이지 않는 사람은 그 사람의 판단이 그릇된 신학적 믿음에 바탕을 두고 있기 때문에 나쁜 것이라고 생각할 수도 있다. 그래서 그들은 다른 대부분의 사람들과 같이 그의 생명이 구조됨으로써 그의 처지가 더 나아지리라고 결론지을 것이다. 그런데 언뜻 보기에 공리주의적 관점이 제시할 것으로 보이는 것은, 이런 경우에는 여호와의 증인의 자율적인 의사결정보다 선의의 간섭이 더 나은 결과를 가져올 것이기 때문에 이 경우에 사회가 간섭적인 방식으로 개입해야 한다는 점이다.

그러나 좀더 면밀히 검토해 보면 사정이 그렇게 간단하지가 않음을 알게 된다. 우선 우리는 그 사람이 수혈을 강요받는 일이 그의 생명에 대해 갖게 될 의미를 고려해야 한다. 그가 이런 식으로 죄를 짓게끔 강요받았기 때문에 그가 죄의식을 느끼게 될 것인가? 이러한 죄의식이 그의 나머지 여생에 그림자를 드리울 정도로 대단한 것인가? 그리고 만일 그러하다면 그에게 이러한 치료를 받도록 강요하지 않을 경우 그의 사정이 실제로 더 나아진다고 결론내리기에 충분한가? 이러한 문제들에 해답하기는 어렵다. 어려운 점들 중의 하나는 그 사람이 그의 의지와는 달리 치료받는다고 생각할 경우 그가 이러한 상당한 죄의식, 죄책감, 수치감을 느낄 가능성이 어느 정도인가를 결정하는 것이다. 둘째로 우리가 물어야 할 것은 이러한 성인의 종교적 믿음을 침해하는 일이 사회에 어떤 부담을 가져올 것인가 하는 것이다. 그러한 신념을 침해하는 일로 인해서 종교적 믿음 일반이 반드시 그것을 공유하지는 않을 다른 사회성원들에 의해 침해받을 가능성이 열려 있다는 의식이 널리 유포되는 결과가 생겨날 것인가? 만일 그러하다면 이러한 결과는 그 사람의 생명을 구함으로써 생겨날 이득을 능가할 만큼 충분히 나쁜 것인가?

여기에서 우리는 그러한 문제를 해결하고자 하는 시도를 할 수가 없다. 우리가 내리게 될 결론은 여호와의 증인의 경우가 품위 있게 죽고자 하는 사람의 경우보다 훨씬 더 복잡하다는 것이 전부이다. 후자의 경우 개인의 권리에 대한 신념이 있는 것은 아니나 공리주의자들이 명예롭게 죽고자 하는 그 사람의 소망이 존중되어야 한다는 데 의견의 일치를 볼 것은 확실하다. 전자의 경우에는 그 사람의 소망을 무시하고 비록 그것이 그에게 수혈을 하는 것을 의미할지라도 그의 생명을 구조해야 할 강력한 공리주의적 논거가 있기는 하나 이 경우는 훨씬 더 충분하게 숙고되어야 할 필요가 있는데, 그 까닭은 다른 방식을 암시할 고려사항들이 있기 때문이다. 우리가 예견할 수 있는 것과 같이 공리주의자는 전적으로 자율성을 편들지도 않고 전적으로 간섭주의를 편들지도 않을 것이다.

3. 래트라일 이용 금지에 대한 공리주의 이론

래트라일의 이용 금지의 문제는 단지 그 약품의 이용 금지에 관한 독립적인 문제가 아니다. 결국 래트라일의 이용을 금지하는 특정법은 없는 것이다. 관련 법령은 순수 식품 및 약품 법안의 1962년도 개정안인데, 이는 어떤 약품도 그것이 안전하고 효과가 있다는 것이 완전히 입증되기까지는 생산, 판매, 처방 및 이용될 수 없다는 것을 규정하는 것이다. 그래서 우리가 고찰해야 할 문제는 이런 형태의 간섭적 입법이 공리주의적 관점에서 볼 때 바람직한 것인지, 그리고 만일 그러하다면 래트라일의 이용은 예외가 되어야 하는지 여부의 문제이다.

이러한 문제의 초점을 좀더 분명하게 하기 위해 그에 대한 대안적 제도가 어떤 것일지를 가정해 보는 것이 도움이 될 것이다. 곧바로 제안될 수 있는 것으로는 인디애나 주가 래트라일을 다루기 위해 채택한 것이다. 이 모형에 따르면 어떤 약품이 해로운 것이라는 증거가 없는 한 그 약품에 대해 어떤 절대적인 금지를 부과하지는 않는다는 것이다. 그 대신 그 약품을 제조, 판매, 처방하는 자들 모두가 예상되는 이용자들에게 그 약의 효과에 대한 공인된 견해를 주지시키는 일이 요구될 뿐이다. 이러한 법령은 사기로부터 충분히 보호해 주면서도 환자에게 선택의 자유를 허용한다.

이런 유형의 제도가 공리주의적 관점에서 쉽사리 정당화될 수 있는 까닭은 그것을 채택한 결과가 긍정적인 것임이 분명하기 때문이다. 그 한 가지 이유로서 일반 시민들은 일정한 약품의 이용을 포함하는 치료과정이 바람직한지 어떤지를 알기가 어려운데, 왜냐하면 대부분의 사람들이 적절한 정보에 접하기가 어렵고 그러한 문제들을 온전하게 평가할 훈련도 받을 수가 없기 때문이다. 따라서 그들은 무가치한 약품의 허위 선전에 피해를 볼 수가 있다. 이러한 사기의 결과가 아주 나쁜 까닭은 한편에서는 그와 같은 무가치한 약품에 쓰인 엄청난 돈 때문이고, 다른 한편에서는 직접적으로는 잘못된 약품의 이용에서 그리고 간접적으로는 그들에게 도움을 줄 수 있는 약품을 이용하지 못함으로써 생겨나게 될 사람들의 건강에 대한 위험 때문이다. 그래서 우리의 주요 문제는 어떤 약품이 이용될 수 있기 이전까지 그것이 안전하고 효과가 있다는 입증을 요구하는 데 대한 (현재 우리가 요구하듯이) 어떤 공리주의적 근거가 있는지 혹은 어떤 의약품의 사용자는 인디애나 법령에서 제시된 유형의 정보를 제공받을 것만을 요구하는 것이 더 나을 것인지를 정하는 일이다.

공리주의적 관점에서 볼 때 선택의 자유를 강조하는 인디애나 법령과 같은 제도를 선호할 만한 명백한 한 가지 이유가 있다. 그 이유는 사람들이 그들의 병을 치료하기 위해 원하는 어떤 의약품이든지 사용하는 일을 금지할 경우 우리는 그러한 약품을 이용하고자 하는 그들의 강력한 욕구를 좌절시키게 된다. 사람들은 그들 스스로 의사를 결정하고 그들의 인생 여정을 결정하고자 하는 강한 욕구를 지니고 있는데 순수 식품 및 약품 법안과 같은 법규는 결국 그러한 욕구를 좌절시킬 수가 있다. 따라서 우리는 두 가지 입법 방식간의 비교를, 공리주의적 관점에서 볼 때 현행 순수 식품 및 약품 법안에 대한 중대한 반론이 있다는 인식에서 시작해야 한다.

그러나 현행 법규에 대한 강력한 공리주의적 옹호론도 있다. 과거의 경험을 통해 알 수 있는 바와 같이 중병을 앓는 사람들은 아주 속기 쉬운 처지에 있다. 치유되고자 하는 그들의 욕구와 지연되는 질병과 죽음에 대한 그들의 두려움으로 인해 흔히 그들은 주어지는 처방이라면 어떤 것이든, 설사 그것이 표준적인 의료상의 견해에서 전적으로 무가치한 것으로 판정되었다 할지라도 기꺼이 시험해 보고자 한다. 이러한 의사결정 배후의 근거에 대해 깊이 생각해 보는 것은 흥미 있는 일이다. 물론 그러한 것의 일부는 환자와 의사의 긴장관계를 반영한다. 많은 경우에 환자는 의사를 구조자로 보기보다는 적으로 보게 된다. 그 결과 그들은 의사가 실험되지 않고 입증되지 않은 약품을 의도적으로 허용하지 않으려 한다고 생각한다. 또 하나의 요인은 단순히 전통적 의학에 대한 믿음의 상실일 수가 있다. 그러나 그 근거가 무엇이건간에 많은 사람들이 실제로 그들을 도울 수 있는 치료책보다 무가치한 처방을 택하게 될 것은 확실하다. 이러한 사실들이 만약 무가치한 치료약들이 법률을 위반하고서야 판매되고 있는 지금에 있어서도 그러하다면, 가령 우리가 순수 식품 및 약품 법령과 같은 것을 갖지 않을 경우 그러한 사실들은 더욱 심화될 것이다. 그러한 법규를 갖지 않는 결과로서 많은 사람들이 그들에게 도움을 줄 수 있는 의학적 치료를 버리고 그 대신 무가치한 치료약에 의거할 것이기 때문에 심각한 질병과 죽음을 당하게 된다. 이러한 불행한 결과들은 사람들이 그들 자신의 치료책을 선택하는 것을 허용함으로써 생기는 유익한 결과들을 능가함에 틀림없다. 따라서 간단히 말하면 공리주의는 간섭적인 현행 법령을 옹호하게 될 것으로 보인다.

그러나 또 한 가지 복잡한 문제가 있다. 위에 제시된 논변의 핵심은 현행 법령이 사람들을 무가치한 치료책으로부터 효과적인 의학적 치료로 인도해 주기 때문에 더 바람직한 것이라는 점이다. 그러나 공인된 치료책이 없는 경우를 생각해 보자. 정통 의학이 죽음의 고통을 감소시키는 진통제 이외에는 제시할 것이 없는 환자를 다룬다고 해보자. 래트라일을 사용하고자 하는 자의 일부는 바로 이러한 상황에 처해 있다. 그리고 한두 법정(그들의 견해가 지배해 왔음)에서는 그러한 사람들이 그들에게 도움이 될 수 있다고 믿는 의약품이 무엇이든지 이용할 권한을 가져야 한다고 주장하고자 해왔다. 이러한 법정들은 환자 개인의 권리에 의거해서 그들의 의사결정을 보호해 왔다. 물론 그러한 주장은 공리주의적 관점에서 받아들일 수 없는 것이다. 그러나 그들의 논점은 공리주의 체계 내에서도 정식화될 수가 있다. 불치의 환자들이 그들이 원하는 어떤 치료약이든지 이용할 수 있도록 허용함으로써 더 나은 결과가 생기지 않을 것인가? 결국 적어도 우리 자신의 욕구와 믿음을 따름으로써 어느 정도의 만족이 얻어질 것이며 그리고 또한 온갖 수단을 남김없이 다 써보았다는 것을 앎으로써 어떤 만족이 얻어질 수 있다. 우리가 그것을 어찌할 수 없는 이상 우리가 그것을 막음으로써 누구에게 어떤 이득이 있겠는가?

따라서 우리의 공리주의적 분석은 안전과 효과가 입증되지 않은 어떤 약품의 제조, 판매, 처방, 이용을 금지하는 현행 체제를 옳은 것으로 받아들인다. 그러나 그것은 정통적인 방법으로 도울 수가 없는 경우들에 대해서는 우리가 그 체계 속에 예외를 도입하기를 원한다는 것을 암시해 준다.

4. 면허 요구에 대한 공리주의 이론

제12장 4절에서 본 바와 같이 한 가지 중대한 사회적 선택은 의료행위자들을 증명하는 제도와 면허하는 제도 간의 선택이다. 각 제도에 있어 정부는 일정한 요구를 만족시키는 자들에게 증명서나 면허증을 발부한다. 중대한 차이는 증명제도 아래서는 원하는 자면 누구든지 의료행위를 할 수 있으나 규정된 요구조건을 만족시킨 자들만이 증명된 의사로서 선전을 할 수 있는 반면, 면허제도 아래서는 인가를 위한 요구조건을 만족시킨 자만이 의료행위를 할 수가 있다. 그러한 요구조건을 만족시키지 못한 자들은 비록 그의 잠재적 환자들이 그가 이러한 요구사항을 만족시키지 못한 것을 알면서 그에 의해 치료받기를 바랄지라도 의료행위를 하는 것이 허용되지 않는다.

증명제도와 면허제도 간의 차이가 앞절에서 논의된 바 의약품 이용을 규제하기 위한 인디애나 주의 래트라일 제도와 의약품 이용을 규제하기 위한 현행 식품 및 약품 법안 간의 차이와의 긴밀한 유사성을 보여주는 한 가지 중대한 방식이 있다. 인디애나 주 제도와 의사 증명제도는 둘 다 예상되는 환자들이 일정한 정보— 즉 입증된 약품의 효과와 의사가 될 수 있는 훈련에 대한 정보— 를 갖게 될 것을 보장하고서는 최종 의사결정은 환자 개인에게 내맡기는 제도이다. 굳이 원하는 자는 입증되지 않은 약품과 증명서 없는 의사를 이용할 수도 있다. 이와는 달리 순수 식품 및 약품 법안과 의사 면허제도는 이러한 문제들에서 환자에게 선택의 여지를 남기지 않는다. 환자는 면허 없는 의사를 이용할 수도 없고 입증되지 않은 의약품을 사용할 수도 없다. 그의 선택의 자유는 그런 식으로 제한된다. 간단히 말하면 의사 면허와 순수 식품 및 약품 법안은 국가가 개인의 선을 위해 의사결정을 대신하는 간섭적 체제의 사례이다. 의사 증명제도와 래트라일 이용을 규제하는 인디애나 제도는 의사결정을 개인의 손에 맡기는 체제의 사례들이다.

이상과 같은 유사성으로부터 앞장에서 제시된 논변들이 그대로 이 장의 논의에 적용될 수 있다는 것을 알 수 있다. 예를 들어 순수 식품 및 약품 법안과 마찬가지로 의료 면허제는 사람들이 자기 스스로 의사결정을 하고 그들의 인생 여정을 결정하고자 하는 강한 욕구를 좌절시키는 불행한 결과를 낳는다. 증명이 없는 의료인을 이용하고 싶으면서도 그것이 허용되지 않는 사람들은 입증되지 않은 의약품을 이용하고자 하는 환자들과 마찬가지로 이와 같은 그들의 자율성의 제한으로 인해 좌절감을 맛보게 된다. 같은 이유로 해서 순수 식품 및 약품 법안과 같은 법규를 받아들이는 데 대한 강력한 공리주의적 이유가 있듯이 의사 면허제를 인정하는 데 대해서도 그와 마찬가지의 강력한 이유가 있는 것이다. 이러한 법이 없을 경우 많은 사람들은 유능하고 증명된 의사보다는 무능한 의료자를 택하게 된다. 그 결과는 심각한 질병과 죽음이다. 그러나 만일 우리에게 무능한 사람이 의료행위를 하지 못하게 하는 법률이 있을 경우 우리는 불필요한 죽음과 질병의 수를 상당한 정도로 감소시키게 된다.

이상과 같은 모든 것으로부터 암시되는 바는 우리가 앞장의 분석을 그대로 적용해서 공리주의자들이 현행 순수 식품 및 약품 법안을 인정하는 것과 똑같은 방식으로 면허제도를 인정해야 한다고 결론짓는다는 것이다. 그러나 우리는 이와 같이 긴밀한 것으로 보이는 유사성으로 인해 잘못을 범해서는 안된다. 그러한 경우들간에는 중대한 차이점도 존재하기 때문이다. 공리주의자들은 사람들에게 입증되지 않은 약품 이용을 허가해서는 안된다고 당연히 결론지을 수 있지만 그들이 의사 면허제를 내세울 것인가 하는 점은 분명하지가 않다. 이러한 구분 뒤에 있는 이유들을 살펴보기로 하자.

면허 요구는 전형적으로 매우 높은 수준을 부과한다. 이는 의료행위자가 되기 위해 오랜 기간의 그리고 고가의 훈련을 거쳐야 하는 사람들에게 있어 확실히 사실이다. 그에 대한 보람으로 그들은 자신이 베푸는 의료행위에 대해 상당한 돈을 지불받는다. 이와 같이 고도의 기술을 갖는 전문가에게 요구되는 상당한 돈을 지불받는다. 이와 같이 고도의 기술을 갖는 전문가에게 요구되는 상당한 비용으로 인해서 적어도 복잡하지 않은 질병에 대해서는 그보다 훈련을 제대로 받지 못했고 따라서 낮은 비용을 요구하는 의료행위자들에게 치료받는 일도 나름대로 의미가 있게 된다. 사회가 엄격한 면허법을 부과함으로써 그러한 선택의 길을 금지할 경우 돈 없는 많은 사람들의 건강은 타격을 받게 된다. 그러한 이유 때문에 면허법은 적어도 그것이 통상적으로 규정되는 바에 따르면 증명제도만큼 좋은 결과를 가져올 수가 없는 것이다.

이런 문제점을 다른 식으로 표현해 보자. 정통 의료기술에 의해 도움을 받을 수 있는 사람에게 입증되지 않은 약품 사용을 금지해야 한다는 공리주의적 판단은 그와 같은 약품을 사용하고자 하는 그들의 그릇된 의사결정을 통제함으로써 그들에게 최선의 결과가 생겨난다는 믿음에 근거해 있다. 그러나 면허 없는 의사를 이용하는 경우에는 그들의 판단이 실제로 잘못된 것이라는 점이 분명하지가 않다. 만일 우리가 전문성의 다양한 수준에 따라 의료행위자를 증명할 수만 있다면 아마 가장 좋을 것이다. 그럴 경우 사람들은 각자의 필요와 그들이 기꺼이 쓸 수 있는 돈의 정도에 따라 그런 의료인들 가운데서 선정할 수 있을 것이다. 우리는 전문기술이 없는 사람에게는 의료행위를 금지하는 어떤 종류의 면허제도를 견지할 수가 있다. 이와 같이 면허의 측면을 견지하면서 공리주의자들은 최선을 다해서 그와 같이 다양한 증명제도로 나아갈 수도 있다. 간단히 말하면 공리주의자들은 우리가 처음에 살핀 바, 언뜻 보기에 그럴 듯한 유사성에도 불구하고 순수 식품 및 약품 법안 아래 상정된 약품 통제 제도와 의사를 면허하는 우리의 현행 제도를 구분하고 전자를 받아들이면서도 후자에 대해서는 의문을 제기할 수가 있는 것이다.

5. 비자발적인 시민 감금에 대한 공리주의 이론

우리가 자율과 간섭 간의 갈등에 관한 공리주의적 관점을 검토하게 될 마지막 영역은 비자발적인 시민 감금의 영역이다. 제12장 5절에서 살핀 바와 같이 이런 유형의 감금은 범죄적 정신이상자의 감금, 정신질환자의 비자발적 감금, 사회에 대한 위협적 존재의 비자발적 시민 감금과 구별되어야만 한다. 그들 자신에 대해 위협적 존재로 생각되는 자들의 비자발적 감금만이 자율 대 간섭의 문제를 제기한다.

많은 공리주의 사상가들은 단지 자신에게 해로운 자에 대한 비자발적인 시민 감금 제도를 갖는 결과가 그러한 제도를 전적으로 거부해야 할 정도로 나쁘다는 주장을 쉽사리 할 수 있을 것으로 생각한다. 이러한 결과들 가운데는 어떤 가정이 배제해 버리고 싶은 성원을 감금하는 방식으로 그러한 제도를 이용하는 일, 정당하게 감금된 자들에게 있을 수 있는 지극히 저급한 처우 등이 포함된다. 그러나 제12장 5절에서 지적한 바와 같이 그러한 결과들은 우리가 행하고자 하는 논의의 목적으로부터 이탈하는 까닭에 우리는 그것을 제외해 두기로 하고 그러한 오용을 피하고 그러한 병동이 제고할 처우의 질을 개선함으로써 우리의 절차적 보장책을 강화할 수 있는 것으로 가정하고자 한다. 그럴 경우 공리주의자들은 이러한 형태의 감금에 대해 어떤 주장을 할 것인가?

그러한 결과들을 배제한다고 가정할 경우 공리주의자들은 그러한 질문에 대한 손쉬운 해답을 더 이상 찾기가 어렵다. 결국 의심할 나위 없이 그 결과가 좋은 이와 같은 유형의 비자발적인 시민 감금의 경우들이 있게 될 것이며 그 결과가 나쁜 다른 경우들도 있을 것이다. 따라서 우리가 할 수 있는 최선의 길은 공리주의자가 몇 가지 특수한 경우들에 접근하는 방식을 살피는 일이다.

그 첫번째 경우는 자살하려는 사람을 자살하지 못하도록 비자발적으로 감금하고자 하는 경우이다. 이러한 경우에 대한 공리주의적 분석을 이해함에 있어 제10장 2절에서 행한 앞서의 논의를 상기하는 것이 도움이 될 것이다. 거기에서 우리가 살핀 바와 같이 공리주의자들은 어떤 사람의 계속적인 생존의 결과가, 그가 더 이상 살지 않는 결과보다 더 나쁜 상황에서는 자살이 도덕적으로 바람직한 대응책이라고 믿는다. 이것을 염두에 둘 때 공리주의자가 이러한 사람이 자살하지 못하도록 그의 의지와는 달리 감금시키는 것을 옹호하기 위해 어떤 종류의 논변을 제시할 것인지 알기가 어렵다. 자살하는 결과가 계속 살아 있는 결과보다 더 낫다면 그가 계속 살아 있는 것을 보장하는 제도적 감금의 결과는 그가 자유로이 자살하도록 내버려두는 것의 결과보다 더 나쁠 것이다.

그러나 자살하려는 자가 살아남는 것이 더 나을 경우들도 많이 있다. 그럴 경우 공리주의자들은 자살하는 것이 도덕적으로 나쁘다고 믿는다. 나아가서 이러한 경우에 있어서는 그 사람이 자살하지 못하도록 비자발적으로 감금하는 것이 옳은 일이 될 것이다. 왜냐하면 그를 계속 살아 있게 하는 결과가 — 비록 병동 속에서나마 — 그를 죽게 내버려두는 결과보다 더 낫기 때문이다. 따라서 언제나 그러하듯이 공리주의자는 각 경우들을 개별적으로 살펴보고자 한다. 공리주의자는 그 사람이 살아 있는 경우의 결과와 죽을 경우의 결과를 평가하고 그러한 평가를 이용해서 그 사람이 자살하지 못하도록 감금할 것인지 아닌지를 결정하는 주요 기준으로 이용하게 되는 것이다.

우리가 검토하고자 하는 두번째 경우는 어떤 사람이 자기 자신을 해치거나 죽일 가능성이 있기 때문이 아니라 자기 자신을 보살필 능력이 없는 까닭에 자기에게 위협이 되는 사람의 경우이다. 예를 들어 실제로 있었던 다음과 같은 이야기를 고찰해 보자. 얼마 전에 디트로이트 웨스트사이드에 있는 낡은 버스 은신처에서 어떤 사람이 52일간 낮과 밤을 보냈다. 가까이 있는 햄버거 매점에서 빌어먹으면서 따뜻한 잠잘 곳을 제공하는 것도 마다하고 뼈대만 남은 그 버스 구조물에 몰아치는 찬바람을 피하기 위해 머리에 얇은 레인코트를 뒤집어쓴 채 은신처의 나무벤치에서 밤을 보냈다. 대부분의 시간 동안 그는 바람에 날리어 그의 발 주변에 쌓이는 쓰레기를 응시하면서 고개를 숙이고 앉아 있을 뿐이었다. 분명히 자기 스스로의 힘으로는 어떤 의사결정도 할 수 없는 이 불행한 사람을 우리가 어떻게 할 것인가?

공리주의자는 이러한 상황에서 비자발적인 시민 감금을 아주 쉽게 정당화할 수 있다고 생각한다. 자살의 잠재성을 가진 많은 경우들과는 달리 이 경우에는 그 사람에게 최선의 결과를 가져올 것이 무엇인가에 대한 우리의 판단이 그 사람 자신의 판단보다 더 낫다고 가정할 이유들이 여러 가지가 있다. 따라서 공리주의자는 간섭주의를 정당화하는 데 별다른 어려움을 갖지 않을 것이다.

사회가 사람들을 그들 자신으로부터 보호하기 위해 비자발적인 시민 감금을 시행하는 여러 경우들 중 두 가지만을 살펴보았지만 공리주의자들이 언제나 이러한 문제의 도덕성을 각 경우에 독립적으로 판단하게 되리라는 것은 분명한 일이다.

6. 결 론

우리가 살핀 바와 같이 공리주의는 자율 대 간섭의 문제에 대해 어떤 유형의 의사결정이 최선의 결과를 가져올 것인지 결정함으로써 접근하고 있다. 때때로 이러한 공리주의적인 접근으로 인해서 우리는 개인의 자율적인 의사결정도 존중하는 결과에 이르게 되는데 특히 자기 스스로 의사결정을 하고자 하는 그 개인의 욕구가 강하거나 그가 자기 자신에게 최선의 것이 무엇인가에 대한 가장 훌륭한 판단자라고 믿을 정당한 이유가 있을 때에 그러하였다. 따라서 공리주의자는 가끔 사회가 의학적인 치료를 중단하거나 자살을 행하고자 하는 사람들의 의사결정을 존중해야 한다는 주장도 하게 된다. 다른 경우들, 특히 개인 자신의 판단을 믿을 근거가 거의 없을 경우들에 있어서 공리주의자들은 사회가 사람들을 그 자신으로부터 보호하기 위해 간섭적으로 행위해야 한다고 주장할 것이다. 이런 이유 때문에 공리주의자들은 순수 식품 및 의약 법안, 여러 형태의 비자발적인 시민 감금 등을 옹호하고 여호와의 증인이 갖는 종교적 교설을 침해하면서까지 생명을 구조하는 의료행위를 그들이 받아들여야 된다는 요구를 옹호하게 된다. 이상과 같은 결론이 그 문제에 대한 의무론적 관점으로부터의 분석에 근거한 결론과 어떻게 다른가? 우리는 다음 장에서 개인의 권리에 의거해서 자율 대 간섭 중 어디에 더 역점을 둘 것인지를 살피게 될 것이다.

연습문제

• 아래의 용어들을 우리 자신의 말로 설명해 보자.

1. 자율에의 욕구
2. 생명을 구하고자 하는 욕구에서 생기는 사회적 이득
3. 다원적인 증명 체제
4, 자신을 보살필 능력이 없는 자를 위한 비자발적 감금

• 복습을 위한 문제

1. 누가 의사결정을 해야 하는가라는 문제를 공리주의자들이 고려하는 방식은 어떠한가? 그들이 자율성의 권리에 의거하지 않는 이유는?
2. 공리주의자들이 자율의 문제를 무시하는 것은 어떤 조건 아래서인가?
3. 공리주의자들이 여호와의 증인의 욕구를 무시하고 수혈을 요구하는 경향을 보이는 이유는 무엇인가? 무엇이 그들로 하여금 이러한 결론을 다시 고려하게 했는가?
4. 공리주의자들은 어떻게 해서 약품 이용을 통제하기 위해 순수 식품 및 약품 법안 체제를 옹호하게 되는가? 그들은 어떤 예외 규정을 만들 수 있는가?
5. 면허제도를 옹호하는 공리주의적 논변은 무엇인가? 그보다 약한 제도를 옹호하는 공리주의적 논변은 무엇인가?
6. 공리주의자들은 어떤 근거에서 자살병 환자의 비자발적인 시민 감금을 결정하게 되는가?
7. 낡은 버스 은신처에 있는 사람의 이야기를 통해 공리주의자들이 다른 경우의 비자발적 감금을 분석하게 될 방식을 예시하라.

- 더 생각해 볼 문제

1. 공리주의자들은 일반적으로 개인이 자신을 위한 최선의 것에 대한 가장 훌륭한 판단자이리라고 가정한다. 사람들이 행하게 되는 불행한 선택의 무수한 사례들에 비추어볼 때 그러한 가정이 어떻게 옹호될 수 있겠는가?

2. 여호와의 증인의 경우나 그와 유사한 경우들로 인하여 종교인들 사이에 그들의 신념이 그것을 공유하지 않은 사회성원들에 의해 침해될 수 있다는 광범위한 의식을 실제로 조장하게 될 가능성을 생각해 보자. 만일 이것이 사실이라면 우리는 그와 같은 나쁜 결과를 '존경할 만한' 종교집단에만 관련되는 것으로 간해야 할 것인가, 아니면 이 사실을 지극히 비정통적인 종파들을 포함해서 모든 종교교파의 성원들이 해야 하는 자율적 의사결정을 존중해야 할 타당한 공리주의적 논거라고 생각해야 할 것인가?

3. 공인된 치료책이 없을 경우에도 래트라일과 같은 약품 사용을 금지하기 위해 어떤 종류의 논변이 제기될 수 있는가? 만일 우리가 이러한 경우를 예외 규정으로 하고자 한다면 예외를 허용하지 않는 것보다 허용하는 것이 더 나쁜 결과를 가져오지는 않을 것인가?

4. 이 장에서 논의된 바 의사에게 면허증을 주기보다 증명서를 주기위한 공리주의적 논변은 면허가 부과하는 아주 높은 수준에 근거하고 있다. 그러면 공리주의자는 보다 낮은 수준의 면허제도를 옹호해야 할 것인가?

5. 옹호할 만한 어떤 비자발적인 시민 감금 제도가 요구하는 절차상의 보호책이나 제도상의 개선책은 무엇인가?

제 14 장

자율성과 간섭주의 : 의무론적 입장

1. 의무론적 분석의 기본 가정들
2. 의료행위 요구에 대한 의무론적 이론
3. 래트라일 이용 금지에 대한 의무론적 이론
4. 면허 요구에 대한 의무론적 이론
5. 비자발적인 시민 감금에 대한 의무론적 이론
6. 결 론

제 14 장

자율성과 간섭주의 : 의무론적 입장

1. 의무론적 분석의 기본 가정들

앞장의 공리주의적 분석과는 달리 우리가 전개하고자 하는 의무론적 분석은 개인의 권리라는 고려사항에 깊이 뿌리를 내리고 있다. 이러한 여러 가지 권리들은 자율적 선택을 존중할 것인가, 아니면 간섭적 의사결정을 부과할 것인가를 결정함에 있어서 의무론자들이 제기하게 되는 문제에 핵심적인 것이다.

이 모든 경우 각각에 적용하게 될 하나의 중대한 권리는, 개인이 스스로 의사를 결정하고 그 결정에 따를 개인의 권리인데, 단 그로부터 결과하는 행동이 타인의 권리를 침해하지 않는다는 단서가 덧붙는다. 여기에 관련된 점이 어떤 것인지를 살펴보기로 하자. 첫째로 우리가 묻고자 하는 것은 정확히 누가 어떤 권리를 갖는 것으로 가정되는가이다. 이미 우리가 알고 있듯이 어린이는 분명히 이와 같은 권리를 갖지 않는데 바로 이런 이유로 해서 의무론자들은 어린이에 대해 간섭적 행위를 별로 어려움 없이 받아들이게 된다. 모든 정상적인 성인들은 분명히 이러한 권리를 갖고 있는데 바로 그런 이유 때문에 의무론자들은 이 경우에 전형적으로 어른들의 자율적인 의사결정을 존중할 것을 강력히 옹호하게 된다. 그러나 심각한 정신적 혼란을 겪고 있는 성인들은 어떻게 되는가? 그리고 해당 문제 영역에 있어서 합당한 의사결정을 내리기 위한 지식을 갖지 못하고 있음을 깨닫지 못하고 있는 성인들은 어떤가?

의무론자들은 사람들이 그들의 권리를 상실할 수 있다는 것을 인정함으로써 예외를 허용한다. 어떤 사람이 자신의 권리를 상실할 수 있는 한 가지 방식은 그러한 권리를 포기하는 것이다. 포기된 권리는 침해될 수가 없다. 또한 권리는 타인의 권리를 침해하든가 혹은 침해할 것을 위협함으로써 적어도 어느 정도 그리고 어느 기간 동안 상실될 수가 있다. 바로 이런 까닭에 타인을 죽이려고 위협하는 자는 그의 위협을 실행에 옮기는 일을 막게 해주는 유일한 방도로서 그 자신이 죽음을 당할 수도 있는 이유를 의무론자들이 이해하는 데 어려움이 없는 것이다. 그러나 이러한 사례들 중 어떤 것도 현재 우리가 분석하는 데 있어 도움이 되지 못한다. 지금 우리는 자율적인 의사결정을 하고자 하는 자신의 권리를 포기한 사람과 관련된 경우를 고찰하고 있는 것이 아니다. 또한 우리는 타인의 권리를 침해하거나 위협한 결과로서 그들의 권리를 상실한 사람과 관련된 경우에 관심을 갖고 있는 것도 아니다. 단지 의무론자는 이러한 사람들이나 적어도 그들 중 일부를 어린이와 동일한 자격을 갖는 것으로 간주할 뿐이다. 즉 그들은 자율적인 의사결정자가 될 권리를 갖지 못하고 (혹은 온전한 정도로 갖지 못하고) 있는 것이다.

의무론적 분석에 있어서 중요한 또 다른 권리가 있다. 제11장 1절에서 설명한 대로 우리가 이 책에서 논의하고 있는 유형의 의무론적 이론은, 사람들이 적어도 어느 정도까지는 낯선 사람일지라도 아주 곤궁한 때에는 타인들에게 도움을 주어야 할 의무를 갖는다는 것을 인정한다. 나아가서 도움을 주어야 할 의무는 반드시 사람들이 그러한 도움을 받을 권리가 있다는 것을 함축한다. 현재 우리의 문맥에 있어서 그러한 권리는 사람들이 자율적인 의사결정자가 되고자 하는 권리와 상충하게 된다. 예를 들어 어떤 사람이 자신의 생명이나 행복에 상당한 위협을 가져올 방식으로 행위할 계획을 할 경우 우리는 비록 그 위험이 자기 자신의 자율적 의사결정에서 결과한 것일지라도 그를 자신으로부터 보호하기 위해 간섭할 의무를 가질 수가 있다.

사람들을 도와야 할 우리의 의무, 그리고 그러한 도움에 대응하는 그들의 권리는 간섭 대 자율의 개별적인 경우들을 분석함에 있어서 여러 가지 어려운 문제들을 제기한다. 때때로 의무론자들은 이런 종류의 의무들은 비록 그것이 자율성에 대한 어떤 성인의 권리 침해를 의미할지라도 그들에게 간섭적으로 행동하게 한다고 주장하고자 할 것이다. 그러나 그들이 우리가 그들을 돕기를 바라지 않고 그들 자신의 소망을 수행하도록 그대로 내버려두기를 원할 경우 그들은 도움을 받을 자신의 권리를 포기하는 것이 아닌가? 따라서 우리는 그들을 도울 우리의 의무를 상실하게 되는 것이 아닌가? 간단히 말하면 이러한 의무가 실제로 간섭적 행위에 대한 타당한 의무론적 정당 근거가 될 수 있는가? 만일 그렇다면 문제의 사람이 자신의 권리를 포기할 수 없고 따라서 우리의 의무가 면제될 수 없다는 것을 의무론자들이 확인했다는 이유 때문에 그것이 정당 근거가 될 수 있을 것이다. 그러나 어떤 조건 아래서 그러한 일이 성립하는가?

우리의 주제를 의무론적인 관점에서 검토해 갈 때 우리는 그와 같은 갈등이 분석에 있어서 필수적인 것임을 알게 될 것이다. 한편에서는 성인의 자율적인 의사결정을 존중하고 그가 그러한 결정을 실행할 것을 허용할 의무가 간섭적으로 행위하는 데 대한 강력한 의무론적 반대 근거가 된다. 다른 한편에서는 아주 어려운 처지의 타인에게 도움이 되어야 할 의무는 간섭적으로 행위하는 데 대한 강력한 의무론적 옹호 근거가 된다. 우리의 두 가지 의무들간의 이러한 상충을 끌어들임으로써 주어진 각 상황에서 문제의 사람이 정상적인 성인이 갖는 것과 동일한 권리를 갖고 있는지를 확인해야 할 부가적인 필요가 생겨난다. 의무론자는 간섭 대 자율이라는 우리의 도덕문제들 각각에 대한 해답을 찾음에 있어 이상과 같은 모든 요소들을 고려해야만 한다.

2. 의료행위 요구에 대한 의무론적 이론

앞절에서 전개된 의무론적 분석에 비추어서 우리는 이제 제12장에서 제기된 문제를 검토할 수 있게 되었다. 우리가 고찰하고자 하는 첫번째 문제는 우리가 어떤 사람에게 그의 소망과는 달리 의학적 치료를 받도록 정당하게 요구할 수 있는 조건을 결정하는 문제이다. 제12장 2절에서 행한 우리의 논의의 개요에 따라 우리는 두 가지 종류의 경우에 초점을 맞추고자 한다. 하나는 여호와의 증인과 관련된 것이고 다른 하나는 품위를 잃지 않고 죽고자 하는 사람과 관련된 것이다.

불치의 병에 걸린 자가 품위를 잃지 않고 죽기 위해 신기한 생명 구조 방법을 거부하는 경우를 고찰하는 것으로 시작해 보자. 우리가 제13장 2절에서 본 바와 같이 공리주의자는 이러한 환자의 자율적 의사결정을 존중해야 한다고 주장하는 데 별다른 어려움이 없다. 그의 소망을 존중하는 결과는 그에 대한 치료가 계속될 것을 요구하는 결과보다 훨씬 더 나은 것으로 보인다. 마찬가지로 의무론자들 역시 이런 유형의 경우에 별다른 어려움이 없다. 결국 그 사람이 자율적 의사결정자가 되고자 하는 권리는 의료행위를 중단하고자 하는 그의 의사결정을 존중하기 위한 강력한 근거가 된다. 나아가서 사람들을 도와야 할 우리의 의무는 그가 곧 죽어버리게 될 경우 그에게 의료행위를 계속하라고 강요하는 일에까지 확대되지 않는다는 것이 확실하다. 의료행위를 중단함으로써 이 사람의 처지가 더 나을 가능성이 있다는 일상적인 판단에 비추어볼 때 이러한 경우에 있어서 의료행위를 계속하는 것은 전혀 어떤 도움이 될 것으로 보이지 않는다. 간단히 말하면 의무론자는 이 경우가, 자율적인 의사결정자가 되고자 하는 그 사람의 권리가 그를 도와야 할 우리의 의무와 상충하지 않는 경우들 중의 하나라는 것을 확정하는 데 별다른 어려움을 느끼지 않는다. 따라서 의무론적인 관점에서 볼 때 치료를 중단하고자 하는 의사결정을 존중할 여러 가지 이유가 있으며 간섭적인 간호의 형태로 치료를 계속해야 할 별다른 이유가 없는 것이다.

여호와의 증인의 경우는 공리주의적 관점에 있어서와 꼭 마찬가지로 의무론적 입장에서 보아도 훨씬 더 복잡하다. 따라서 이 문제를 아주 주의깊게 살펴보기로 하자.

통상적으로 사람들의 소망을 존중해야 할 강력한 이유가 있다는 가정에서 시작해 보자. 다시 말하면 문제의 사람이 성숙하고 유능한 성인으로서 자기 자신의 가치관에 따라서 의료행위를 거부하는 쪽으로 선택했다고 가정해 보자. 성숙하고 유능한 성인으로서 자율적인 의사결정자가 되고자 하는 권리는 우리가 그의 의사결정을 존중하고 그에게 치료를 강요하지 않을 강력한 이유가 된다. 그의 의사결정에 대한 근거가, 이런 형태의 의학적 치료가 죄악이라는 자신의 깊이 간직된 종교적 믿음이라는 말을 덧붙이는 것도 매우 합당하다. 그가 행한 결정은 그의 근본적인 신념에 근거를 두고 있으며 따라서 그의 선택을 존중하지 않는 것은 자율적이고자 하는 그의 권리에 대한 심각한 도전이다. 간단히 말하면 의무론자들은 이 경우를 자율적인 의사결정자가 되고자 하는 개인의 권리가 그의 결정을 존중해야 하는 강한 이유가 되는 또 다른 하나의 경우로 보게 된다.

이 마지막 논점은 더욱 강조되어도 마땅하다. 우리가 성숙한 어른에 대해 간섭적으로 행위한다고 생각하는 각 경우에 있어서 마땅히 제기되어야 할 물음은 우리가 무시하고자 하는 그의 선택의 근거가 무엇인가 하는 것이다. 그 선택이 우연적인 여건에 근거한 경우들에 있어서 의무론자는 자율적인 의사결정자가 되고자 하는 그 사람의 권리가 그에게 도움을 주고자 하는 우리의 의무만큼 중요하지 않다고 당연히 말하고자 할 것이다. 여호와의 증인과 같이 그 선택이 매우 근본적인 어떤 믿음에 근거해 있는 다른 경우들에 있어서는 의무론자들이 자율적인 의사결정자가 되고자 하는 권리가 원치 않는 간섭적 도움을 주고자 하는 우리의 의무보다 훨씬 더 크다고 결론내리고자 하는 것도 당연한 일이다. 그러나 이렇게 말한다고 해서 종교적 신념에 근거한 선택은 특별한 대우를 받아야 한다는 것은 아니다. 그와는 달리 그 사람의 인생에 있어서 근본적인 신념에 근거한 선택은 특별히 존중될 가치가 있으며 선택이 그러한 믿음에 근거를 둔 것일 경우 자율적 의사결정자가 되고자 하는 권리가 거의 무시되어서는 안된다는 점이 암시되고 있다는 것이다.

우리가 살핀 바와 같이 여호와의 증인의 경우 자율적 의사결정을 하고자 하는 그 사람의 권리를 존중할 특별히 강한 이유들이 존재한다. 우리의 관점에서 볼 때 우리가 그에게 수혈을 제공함으로써 그를 돕게 되리라는 것은 의심의 여지가 없으나 그가 이러한 도움을 받고자 하는 자신의 권리를 포기하리라는 것도 또한 명백하다. 그래서 치료를 해주어야 할 우리의 의무는 자율적 의사결정자가 되고자 하는 그의 권리보다 훨씬 약한 것이다.

간단히 요약하면 직관주의자들은 우리가 수혈을 거부하려는 여호와의 증인의 선택을 존중해야 한다고 결론내려야 될 것으로 보인다. 자신의 자율적 의사결정을 행하고 그에 따를 개인의 권리가 이러한 경우들에 있어서는 특별히 강한 것이며 원치 않는 의학적 치료를 제공함으로써 그들에게 도움을 주고자 하는 우리의 의무는 특별히 약한 것이다. 이러한 결론에 이름으로써 의무론자들은 공리주의와 의견의 불일치를 보이게 된다. 제13장 2절에서 본 바와 같이 공리주의적 분석은 어떤 경우들에 있어서 우리는 여호와의 증인의 소망을 무시하고 그의 생명을 구하기 위해 수혈의 이용을 요구해야 한다고 결론짓기 때문이다.

3. 래트라일 이용 금지에 대한 의무론적 이론

래트라일 이용 금지 문제에 대한 의무론적 입장을 검토함에 있어서 우리가 염두에 두어야 할 것은 공리주의적 분석에 대한 제13장 3절의 논의에서 나온 두 가지 중요한 논점이다. 한 가지 논점은, 우리의 문제가 사실상 래트라일에 관한 특수한 문제가 아니라는 것이다. 그보다는 오히려 우리의 문제는 1962년 순수 식품 및 약품법 수정안과 같은 간섭주의적 입법이 바람직한 것인가에 대한 일반적 관심사인데 그 수정안은 안전하고 효과가 있는 것으로 입증되기 전까지는 어떤 약품도 조제, 판매, 처방, 혹은 이용될 수 없다고 규제하는 것이었다. 두번째 논점은 입증되지 않은 약품 이용을 금지하는 것보다 일반인들을 보호하는 데 있어 보다 덜 간섭적인 대안적 방법이 있다는 점인데, 한 가지 예는 인디애나 래트라일 법령으로서, 예상되는 이용자들이 문제의 약품과 효과에 관해서 공인된 의학적 견해에 대한 정보를 가질 것만을 요구하는 것이다. 의무론적 관점에서 고찰되어야 할 문제는 현행 간섭주의적 입법과 인디애나 법령에 의해 대표되는 보다 덜 간섭주의적 대안 각각이 갖는 장점이 무엇인가 하는 것이다.

간섭주의 문제와 관련된 다른 경우들에 있어서와 같이 이 경우에도 의무론자는 사람들이 선택한 대로 행위할 수 있는 그들의 권리와 사회의 편에서 그들을 도와야 할 의무를 대비해서 그 비중을 평가하는 일에 관여하게 되는데 물론 여기에서 도움을 주는 것이 그들 자신의 그릇된 의사결정으로부터 그들을 보호하는 것에 지나지 않을 때에도 그러한 평가가 필요하다.

　우리의 논의의 목적상 보통 때와 같이 우리가 가정하는 바는, 래트라일과 같이 입증되지 않는 약품을 이용하고자 선택한 사람이 자기 자신의 자율적 선택에 따라 행동할 권리를 갖는 성숙하고 유능한 성인이라는 점이다. 그런데 이와 같은 특정한 상황에 있어서 우리는 그와 같은 권리에 어느 정도의 힘을 부여해야 할 것인가? 이 경우 그러한 권리에 큰 힘을 부여해서는 안된다고 생각하는 두 가지 의무론적 이유가 있다. 첫째로 입증되지 않은 약품을 이용하고자 하는 결정은 일반적으로 그 사람의 신념 체계에 있어서 근본적인 신조에 근거한 것이 아니다. 그래서 그러한 결정에 대한 간섭은 그 사람의 깊이 간직한 신념이나 인생에 대한 그의 기본적인 입장을 침해하지 않을 것이다. 사실상 한 개인의 자율적인 선택에 대한 어떤 간섭도 심각한 문제라는 것은 확실하다. 그러나 입증되지 않는 의약품 이용의 경우는 수혈을 거부하는 여호와의 증인의 결정에 간섭하는 만큼 심각한 것이 아니다. 둘째로 입증되지 않은 약품 이용을 선택한 사람은 흔히 공포와 불안 혹은 가난으로 인해 그러한 선택을 하게 된다.

　이렇게 말한다고 해서 그 사람이 의사결정을 할 능력이 없다거나 자율적인 의사결정자가 될 수 있는 권리가 없다는 것은 아니다. 그보다 오히려 그것은 이러한 의사결정이 보다 더 심오한 고려사항에 근거해서 이루어진 의사결정만큼 보호되거나 존중될 수 없다는 주장에 대한 또 다른 의무론적 이유이다. 간단히 말하면 자율적 의사결정자로서 행동할 개인의 권리가 이런 상황에서는 다른 상황에 있어서만큼 강력한 것이 못된다고 상정할 여러 가지 이유가 있다는 것이다.

　우리가 그 비중을 평가해야 할 또 다른 요소인, 곤궁한 경우에 있는 사람을 도울 우리의 의무라는 관점에서 이 문제를 살펴보기로 하자. 만일 그들이 공인되고 잘 입증된 방법이 아니라 입증되지도 않고 비정통적인 치료 방법을 선택할 경우 그들은 자신에게 엄청난 해악을 끼칠 가능성이 있다. 그들을 구조해 줄 치료를 받지 못한 결과로서 그들의 건강이 심하게 손상을 받거나 죽기까지 할 수도 있다. 이것은 분명히 사람을 도와야 할 우리의 의무가 아주 중대하게 다루어져야 할 경우이다. 그들을 도울 수 있는 한 가지 방식은 입증되지 않은 약품을 이용하고자 하는 그릇된 결정을 내릴 가능성을 제거하고 그럼으로써 그들이 좀더 정통적인 형태의 치료를 받도록 인도하는 일이다. 이것이 바로 우리가 입증되지 않는 약품 이용을 금지하는 입법을 할 경우 하게 되는 일이다. 그런데 확실히 이러한 사람들은 우리의 의무를 기꺼이 면제해 주고자 한다. 그들은 자기 스스로 의사결정을 하고자 하며 또한 그들은 아주 기꺼이 우리의 도움에 대한 그들의 권리를 포기하고자 한다. 그렇기는 하나 우리가 그러한 의사결정을 조장한 두려움, 불안 그리고 가난 등을 염두에 둘 경우 우리는 우리의 의무를 면제해 주고자 하는 그들의 의지에 대해 큰 비중을 부여하고 싶지가 않을 것이다.

요약하면 의무론자들은 사람들을 입증되지 않은 약품을 이용하려는 그들의 그릇된 결정으로부터 보호함으로써 그들에게 도움을 주고자 하는 우리의 의무는 만일 우리가 그들을 돕지 않을 경우 생길 그들의 손실이 크다는 이유에서 강력한 의무라는 결론을 내릴 것으로 보인다. 반면에 그들 자신의 자율적 선택을 따를 그들의 권리는 이런 경우에 있어서 보다 덜 중대한 것인데 왜냐하면 그들의 의사결정이 그들의 근본적인 신념에 근거한 것이 아니라 그들의 질병에 따르게 되는 두려움, 불안 및 가난 등에 의거한 것이기 때문이다. 따라서 사람들을 그들 자신의 의사결정으로 인해 불행한 결과를 당하는 것으로부터 보호함으로써 그들을 돕고자 하는 우리의 의무가 자율적 의사결정에 대한 그들의 권리를 능가할 것으로 보인다. 그러므로 의무론자들은 현행 순수 식품 및 약품 법안과 같은 법규를 당연히 옹호하게 될 것인데 이는 우리 사회가 시민들을 보호하기 위한 방식으로서 선택한 도움의 형식인 것이다.

여기에서 우리의 마지막 논점을 제시할 필요가 있다. 공리주의와 같이 의무론자들은 정통의학의 죽음의 고통을 줄이는 의약품 이외의 다른 도움을 주지 못하게 되는 사람의 경우는 당연히 예외로 하고자 할 것이다. 래트라일을 사용하고자 하는 사람의 경우는 당연히 예외로 하고자 할 것이다. 래트라일을 사용하고자 하는 사람들 중 일부는 바로 이러한 상황에 처해 있는 것이다. 그들의 생명을 구하는 데 도움을 주기 위해 정통적인 치료에로 인도할 수 없는 까닭에 그들에게 래트라일 이용을 금지하는 것은 전혀 무의미한 것으로 보인다. 그래서 우리는 아마도 정통적인 수단에 의해 도움을 받을 수 없는 사람은 가능하다면 예외로 다루어야 할 것이다.

이 점에 있어서 의무론적인 분석은 그에 대응하는 공리주의적 분석과 의견을 같이 하고 있다. 두 입장이 이르게 되는 결론에 따르면, 정통적인 방법으로 도움을 받을 수 없는 환자를 예외로 하고서 안전하고 효과가 있다고 입증되기까지 의약품의 이용은 금지해야 한다는 것이다. 그러나 주목해 보면 흥미 있는 것은 그 결론이 동일하기는 하나 두 입장은 전혀 다른 이유로 인해 그것에 도달하게 되었다는 점이다.

제13장 3절에서 알게 된 바와 같이 공리주의적 분석이 이러한 결론에 이르게 된 이유는 법 체계를 관련된 사람에게 최선의 결과를 가져오는 것으로 간주했기 때문이다. 그리고 방금 우리가 살핀 바와 같이 의무론적 입장이 그러한 결론에 이르게 된 까닭은 법 체계를 이같이 특별히 어려운 처지에 있는 시민을 도울 사회의 의무를 수행하기 위한 최선의 방법으로 간주하기 때문이며 또한 의무론은 그러한 의무가 자율적인 의사결정자가 되려는 개인의 권리보다 우선적인 것으로 간주하기 때문이다.

4. 면허 요구에 대한 의무론적 이론

앞절에서와 같이 이 절에서도 우리는, 각자의 매우 특이한 이유에서이긴 하나, 다시 의무론적 입장과 공리주의적 입장이 동일한 결론에 이르게 되는 또 하나의 사례를 살피고자 한다. 이번에 다룰 문제는 면허 요구에 관련된 것이다. 잠시만 생각해 보아도 견해에 일치를 보이고 있는 이유가 그리 놀라운 것이 아닌 까닭을 쉽게 알 수가 있을 것이다.

제13장 4절에서 본 바와 같이 면허 요구의 문제는 입증되지 않은 약품 이용을 규제하기 위한 체제의 문제와 아주 유사하다. 면허 문제는 의료행위자를 증명하는 제도와 의료행위자를 면허하는 제도 간의 선택 문제이다. 전자는 누구든지 의료행위를 할 수 있기는 하나 요구조건을 충족시킨 자만이 증명된 의사로서 스스로를 선전할 수 있는 제도이고, 후자는 면허가 없는 사람에게 치료받고자 하는 잠재적 환자와는 상관없이 요구조건을 충족시킨 자만이 의료행위를 할 수 있는 제도이다. 증명제도는 단지 사기로부터 보호할 뿐이나 면허제도는 사람들을 그들 자신의 나쁜 판단으로부터 보호하기 위해 마련된 간섭적 체제이다. 따라서 이러한 선택은 사기로부터 우리를 보호하기 위해 마련된 인디애나 래트라일 법령과 같은 법규와 입증되지 않은 약품을 이용하고자 하는 우리 자신의 그릇된 결정으로부터 우리를 보호하려는 의도를 갖는 순수 식품 및 약품 법안과 같은 법령 간의 선택과 아주 흡사하다. 공리주의와 의무론 간의 계속적인 의견의 일치를 설명해 주는 것은 바로 앞절에 나온 문제와 이 절에 나오는 문제 간의 유사성인 것이다.

간섭주의의 문제와 관련된 다른 모든 문제들에 있어서와 마찬가지로 증명제도 대 면허제도와 관련된 이 문제에 있어서도 의무론자는 문제의 사람이 자기가 선택한 대로 행위할 수 있는 권리와 비록 그 도움이 그들 자신의 그릇된 결정으로부터 그들을 보호하는 데 불과한 것일지라도 사회의 편에서 그들을 돕고자 하는 의무를 대조해서 그 비중을 평가하는 일에 관심을 갖는다. 사람들의 권리에 근거할 경우에는 증명의 제도를 가져야 한다는 데 아무런 문제가 없다. 왜냐하면 오직 이러한 제도하에서만이 환자는 그들이 원할 경우 증명 없는 의사에게 가는 선택을 할 수 있기 때문이다. 어려운 처지를 있는 자를 도와야 한다는 사회의 의무에 근거해서 볼 때는 면허제도를 채택해야 한다. 왜냐하면 면허 없는 치료자를 이용하고자 하는 그릇된 판단으로부터 사람들을 보호할 수 있는 것은 바로 그러한 제도이기 때문이다.

바로 이 점에 있어서 우리는 이와 같은 두 가지 요인에 대한 앞장의 논의를 그대로 적용할 수 있을 것으로 보인다. 따라서 우리는 증명 없는 의사를 이용할 사람들의 권리가 그에게 도움을 주어야 할 우리의 의무보다 덜 강력한 것이라고 판단할 수 있는데 왜냐하면 증명 없는 의사를 이용하려는 결정은 보통 그 사람의 강력한 어떤 근본적인 신념에 근거한 것이 아니며 그것은 흔히 그의 질환으로 해서 생겨난 두려움과 불안의 감정에 바탕을 둔 것이기 때문이다. 이에 반해서 사람에게 도움을 주고자 하는 우리의 의무 — 이 경우에는 그들의 그릇된 결정으로부터 그들을 보호함으로써 — 가 매우 강력한 의무일 것으로 생각되는데 왜냐하면 그러한 무면허 의사에게 가게 되고 따라서 제대로 면허를 딴 의사에게 치료를 받지 않음으로써 문제의 그 사람은 자기의 건강을 심각하게 해치거나 심지어 죽음을 유발하게 되기 때문이다. 간단히 말해서 이러한 주제를 앞절의 주제와 비교해 보면 우리는 대안적인 증명제도보다 현행 면허제도를 옹호해야 한다는 결론에 당연히 이르게 될 것이다.

그러나 이러한 결론은 그른 것일 수도 있다. 왜냐하면 그것은 두 가지 경우들 간의 중대한 차이를 설명해 주지 못할 것이기 때문이다.

그 차이라는 것은 입증되지 않은 약품을 사용하고자 하는 결정과는 달리 면허 없는 의사를 이용하려는 결정은 타당한 논변에 근거를 둔 것일 수 있다는 점이다. 공리주의자와는 달리 의무론자는 그것을 존중하는 타당한 이유를 발견 할 수가 있다. 이 주제를 좀더 면밀히 살펴보기로 하자.

무면허 의사에게 가는 사람들을 돕는 방식으로 그들이 가는 것을 금지하는 것이 옳은 일이라고 판단할 경우 우리가 그런 판단을 내리게 되는 것은 무면허 의사를 이용하고자 하는 그들의 결정에 따름으로써 그들에게 생기게 될 결과가 매우 나쁜 것이리라는 믿음에 의거한 것이다. 그러나 반드시 그러할 것인지 명백하지가 않다. 사실상 그들은 자신들이 감당할 수 있는, 덜 유능한 무면허 치료자의 의료봉사를 받는 것이 더 나을 수도 있으며 따라서 의사에게 전혀 가지 못하는 것보다 무면허 의사를 이용하고자 하는데, 왜냐하면 그들은 대부분 면허 있는 의사들이 요구하는 고가의 치료비를 지불하기를 원치 않기 때문이다. 이런 경우에 현행 면허체제는 사람들을 그들의 결정으로부터 보호함으로써 도움을 주기보다 그들이 감당할 수 있는 의학적 치료를 박탈함으로써 일부 사람에게 해악을 끼칠 수도 있는 것이다.

아마도 의무론자도 공리주의자와 같이 의료행위자들에게 다양한 전문성의 수준에 따른 증명서를 주고 이러한 의료행위자들 중에서 사람들이 자신의 필요와 지불할 수 있는 정도에 의거해서 선택을 허용하는 제도를 내세우는 것이 가장 나을 것이다. 그럴 경우 우리는 전문기술이 없는 자가 의료행위를 하는 것을 금지하게 된다는 점에서 면허제도의 일부를 견지할 수가 있다. 이런 유형의 제도를 통해서 자율적인 의사결정을 하려는 사람들의 권리가, 전혀 무능력한 의료행위자를 이용하려고 선택하는 경우를 제외하고는 존중될 것이다. 이런 경우 의무론자들은 위에 제시한 이유로 인해 무능력한 의료행위자를 선택하는 일을 간섭적으로 금지하는 것을 옹호할 수 있는 것이다.

요약하면 의무론자들은 순수 식품 및 약품 법안 아래 예상되는 약품 통제 체제를 인정하고 의사를 면허하는 우리의 현행 체제에 의문을 제기한다는 점에서 공리주의자들과 의견을 같이 하게 된다.

5. 비자발적인 시민 감금에 대한 의무론적 이론

우리가 자율 대 간섭 간의 갈등에 관한 의무론적 관점을 검토하고자 하는 마지막 문제 영역은 비자발적인 시민 감금의 영역이다. 제12장 5절에서 살핀 바와 같이 이런 유형의 감금은 범죄적 정신이상자의 감금, 정신질환이 있는 자의 자발적 감금, 그리고 사회에 대해 위협적인 인물들의 비자발적인 시민 감금과 구분되어야 한다. 자기 자신에게 위협적 존재라 생각되는 자의 비자발적인 시민 감금만이 자율 대 간섭의 문제를 제기한다.

제12장 5절에서와 같이 우리가 가정하고자 하는 것은 사회가 비자발적인 시민 감금을 위한 절차상의 보장책을 강화함으로써 그것의 오용 가능성이 극소화된다는 점, 그리고 이러한 제도들이 실제로 우리가 감금하게 되는 자를 도울 수가 있다는 점이다. 그러면 의무론자들은 이러한 형태의 감금에 대해 어떠한 이야기를 할 것인가? 제13장 5절에서 본 바와 같이 공리주의자들은 각 경우의 감금이 가져올 결과들을 검토함으로써 이러한 문제를 다루었다. 물론 의무론자들은 그러한 접근 방식을 채택하지 않을 것이다. 그 대신 그들은 이러한 형태의 간섭적 대우가 자율성에 대한 그들의 권리를 침해하는 경우에도 도움을 필요로 하는 자를 돕는다는 우리의 의무를 이행하는 방식으로서 정당화될 수 있는지 여부를 묻게 될 것이다. 다른 경우들에

있어서와 같이 이러한 경우에 있어서도 의무론자는 문제의 사람들이 선택한 대로 행동할 권리와 사회 측에서 그들의 도움이 되어야 할 의무 간을 대조하고 그 비중을 평가하는 데 관여하게 된다.

자살하지 못하게끔 감금하고자 하는 자살성 환자의 경우로부터 시작해 보자. 제11장 2절에서 본 바와 같이 의무론자들은 자살하려는 자는 자신의 행위를 통해서 죽음을 당하지 않으려는 자신의 권리를 포기했다는 근거에서 자살이 도덕적으로 허용될 수 있다고 생각한다. 그럼에도 불구하고 도덕적 허용 가능성을 옹호하는 그러한 논변으로는 우리의 문제가 해결되지 않는다. 아직 우리는 이와 같이 허용될 수 있는 선택을 그 사람이 실행에 옮기는 것을 막을 의무를 우리가 갖는지의 여부, 다시 말하면 도덕적으로 허용될 수는 있으나 잘못 생각된 판단을 그가 따르지 못하도록 막을 의무가 우리에게 있는지 여부를 확인해야 한다.

어떤 경우에는 그 사람이 자살하는 것을 허용해야 한다는 결정을 하기는 비교적 쉬울 것이다. 이러한 경우들 중 한 가지 친숙한 사례는 서서히 죽어가는 고통과 불명예를 피하고자 하는 불치병 환자의 경우이다. 의무론자들은 이런 경우에는 그를 돕는 한 가지 방식으로 그가 자살하는 것을 막아야 한다고 말하기가 어려울 것이다. 왜냐하면 그가 자살하지 못하게 하는 것이 그를 돕는 일이라고 믿을 아무런 이유가 없기 때문이다. 사실상 그것은 이해할 만한 것으로서 그가 피하고자 하는 부담을 아무런 이유 없이 그에게 부과하는 일이다.

잠재적 자살 환자를 감금하고자 하는 결정과 관련된 더욱 어려운 경우는, 그 사람 자신이 죽는 것이 더 나으리라는 그의 판단에 우리가 동의하지 않을 경우이다. 우리의 관점에서 볼 때 이러한 경우의 비자발적 감금은 그 사람을 돕는 한 가지 방식이 되는데 왜냐하면 그가 계속 살아 있는 것이 더 나을 것이기 때문이다. 인간 생명의 상실은 중대한 문제인 까닭에 그 사람을 도와야 하는 우리의 의무 또한 중대한 것이다. 하지만 이러한 의무와 대비해서 우리는 자율적인 의사결정자로서의 그 사람의 권리의 비중을 평가해야 한다. 어느 것이 더 우선적인 것인가? 대답의 대부분은 그 사람이 자살하고자 하는 결정을 내리게 된 정신적 과정에 달려 있다. 만일 그 결정이 안정된 합리적 사고 과정에 바탕을 두고 그 사람이 간직한 근본적인 신념과 가치관에 근거한 것이라면 자율적 의사결정자로서 그의 권리가 매우 강할 것이며 따라서 그것이 그를 돕고자 하는 우리의 의무(확실히 그가 우리에게 면제시키고자 한 의무)보다 우선적인 것이어야 할 것이다. 그러나 자살하고자 하는 결정이 일시적인 위기로 인한 절망감에 근거한 것이라면 그 각각이 갖는 상대적 비중은 전혀 달라 보일 것이다. 이 경우에 우리는 그 사람의 판단이 그릇된 것인 까닭에 그 자신으로부터 그를 보호해야 할 우리의 의무가 자율적 의사결정자가 되고자 하는 그의 권리보다 우선적인 것이라고 당연히 결론 지을 수 있을 것이다.

그래서 자살성 개인의 비자발적 감금에 대한 의무론자의 접근은 특정 경우에 대한 응답에 따라 다양하게 나타날 것이다. 제13장 5절에서 살핀 바와 같이 이 점은 이들 경우들에 대한 공리주의적 접근에 있어서도 역시 사실이었다. 두 가지 접근 방식이 동일한 결론에 이르기는 하나 그들은 다른 경우들을 아주 다른 평가를 이용해서 분석할 것이다. 공리주의자는 문제의 사람에 대한 결과에 의거해서 자율적 의사결정을 존중하는 일과 간섭적으로 행위하는 일 간에서 하나를 선정할 것이다. 의무론자는 자살하고자 하는 그 사람의 결정이 의거하고 있는 평가에 근거해서 그러한 행위들간에 결정하게 될 것이다.

의무론자는 자신을 돌보기 위해 요구되는 의사결정을 할 능력이 없어 자신에게 위협이 되는 사람의 경우에 대해서 우리가 해야 할 바를 결정함에 있어서는 훨씬 적은 어려움을 갖는다. 예를 들어 제

13장 5절에서 설명된 버스 은신처에 머물러 있는 사람의 경우에 의무론자는 도움을 주어야 할 우리의 의무가 매우 강한 것으로 보며 자율적인 의사결정자가 될 그 사람의 권리를 매우 약한 것으로 본다. 사실상 의무론자들에 따르면 우리가 행해야 할 것은 그의 자율적인 의사결정으로부터 그를 보호하는 것이 아니라 자율적 의사결정을 그가 하지 못함으로써 생기는 결과로부터 그를 보호하는 일이다. 이런 경우에 그 자신의 의사결정 결과를 감수하도록 그를 내버려둔다는 이야기는 거의 의미 없는 것이다.

사회가 사람들을 그 자신으로부터 보호하기 위해 비자발적인 시민 감금을 수행하는 많은 경우들 중에서 우리가 살핀 것은 단 두 가지에 불과하지만 이러한 검토는 그와 같은 경우들에 대한 의무론적 분석이 공리주의적인 분석과 어떻게 다른지를 분명히 해주고 있음에 틀림없다.

6. 결 론

우리가 살핀 바와 같이 의무론은 자율적 의사결정자가 되고자 하는 사람들의 권리와 사회가 그 성원들을 돕고자 하는 의무를 대조 평가함으로써 자율 대 간섭의 문제에 접근한다. 때로는 의무론적 접근으로 인해 특히 개인의 의사결정이 그의 근본적인 가치관에 근거하고 있고 세심한 반성에 의거하고 있을 경우 우리는 그의 자율적 의사결정을 존중하게 될 것이다. 그래서 의무론자들은 가끔 의학적 치료를 중단하고자 하거나 자살을 하고자 하는 사람들의 의사결정을 사회가 존중해야 한다고 주장한다. 그러나 다른 때에는, 특히 의사결정이 일시적인 여건이나 혹은 비합리적인 고려에 근거해 있는 경우 의무론자는 사회가 사람들을 그 자신으로부터 보호하기 위해 간섭적으로 행위할 것을 주장할 것이다. 비록 이러한 결론들이 가끔 공리주의적 분석에 입각한 결론과 동일한 것이긴 하나 중대한 차이점이 존재한다. 예를 들어 공리주의자들과는 달리 의무론자들은 여호와의 증인인 경우에 있어 설사 그것이 그의 죽음을 결과할지라도 수혈을 포함하는 의학적 치료를 거부하고자 하는 그의 의사결정을 존중하게 될 것이다. 상이한 접근 방식은 비록 그들간에 상당한 의견의 일치가 있는 이런 문제 영역에서조차 몇 가지 서로 다른 결론에 이르게 되는 것이다.

연습문제

▪ 아래의 용어들을 우리 자신의 말로 설명해 보자.

1. 자율성에의 권리
2. 근본적 믿음에 근거한 선택
3. 성숙하고 유능한 성인

▪ 복습을 위한 문제

1. 간섭주의 문제에 대한 의무론적 분석과 공리주의적 분석 간의 근본적인 차이점은 무엇인가?
2. 자율 대 간섭의 경우에 있어서 어떤 주요 권리들이 상충하고 있는가? 의무론자들은 그러한 권리들의 비중을 어떻게 평가하고 있는가?
3. 여호와의 증인이 수혈을 거부하는 데 대해서 의무론자들이 공리주의자들보다 더 공감을 느끼는 이유가 무엇인가?
4. 의무론자들이 래트라일 이용 금지를 옹호하게 되는 이유는 무엇인가? 예외가 있을 수 있다면 어떤 경우에 예외를 둘 것인가?
5. 면허제도에 대해서 의무론자들이 공리주의자들과 의견의 일치를 보는 까닭은?
6. 의무론자들은 잠재적 자살자의 비자발적인 시민 감금과 관련된 경우를 어떻게 분석하는가? 다른 경우들을 그들은 어떻게 분석하는가? 그들의 분석이 공리주의적 분석과 어떤 식으로 다른가?

• 더 생각해 볼 문제

1. 의무론자는 어떤 사람이 자발적인 의사결정자가 되고자 하는 자신의 권리를 상실했는지 여부를 어떤 기준을 이용해서 결정해야만 하는가?

2. 선택이 이루어지는 근거가 그 선택을 존중해야 하는지 여부를 결정하는 데 있어 아주 중요한 까닭은? 이것이 자율적인 의사결정자가 되고자 하는 사람들의 권리를 존중할 것인지 여부를 결정하는 것과 어떤 관련을 갖는가? 우리가 반드시 평가해야 할 또 다른 요인들은 무엇인가?

3. 공리주의적 분석과 의무론적 분석 모두에 있어서 여호와의 증인의 선택이 종교적 근거를 갖는 선택이라는 사실에 대해 별다른 주의를 기울이지 않고 있다. 종교적 자유의 중대성에 비추어볼 때 그것은 우리의 분석이 갖는 결점이라고 할 수 있는가?

4. 의무론자들은 정통적인 의학적 치료에 의해 도움을 받을 수 없는 사람들을 예외로 규정해야 할 것인가? 이러한 사람들의 래트라일 이용을 금지할 수 있는 의무론적 이유가 있는가?

5. 문제된 사람에게 나타날 결과에 의거해서 간섭적으로 행동하기를 결정하는 공리주의자와 그 사람의 의사결정의 근거에 의거해서 간섭적으로 행위하기를 결정하는 의무론자 간의 차이는 무엇인가? 이러한 접근 방식들이 상이한 의사결정에 이르게 되는 몇 가지 예를 제시해 보자.

옮긴이 약력

황 경 식

서울대학교 철학과 졸업.
동대학원 석사 · 박사 과정 수료.
서울대에서 철학박사 학위 취득.
미국 하버드대학교 객원 연구원, 동국대학교 철학과 교수 역임.
현재 서울대 철학과 교수, 한국 사회 · 윤리학회 회장.

주요 저서 및 역서

『사회정의의 철학적 기초』,『삶과 일』,『나와 우리』,『한국 사회와 시민의식』(공저),
『철학 속의 논리』,『사회정의론』(J. 롤즈 저),『윤리학』,『응용 윤리학』,『실천 윤리
학』,『생의윤리학이란』,『환경윤리와 환경정책』,『개방사회의 사회윤리』등.

토론 수업을 위한 응용윤리학
·
2000년 3월 20일 1판 1쇄 인쇄
2000년 3월 25일 1판 1쇄 발행

지은이 / 바루흐 브로디
옮긴이 / 황경식
발행인 / 전춘호
발행처 / 철학과 현실사
서울시 서초구 양재동 338-10
TEL 579-5908 · 5909
등록 / 1987.12.15.제1-583호

ISBN 89-7775-289-2 03190
값 12,000원

잘못된 책은 바꾸어 드립니다.